志兴大明，败局难挽

崇祯帝传

丁振宇 著

远方出版社

图书在版编目（CIP）数据

志兴大明，败局难挽：崇祯帝传／丁振宇著. --

呼和浩特：远方出版社，2021.1

（"观史明智"传记丛书）

ISBN 978 - 7 - 5555 - 1198 - 4

Ⅰ.①志… Ⅱ.①丁… Ⅲ.①崇祯帝（1611 - 1644）

- 传记 Ⅳ.①K827 = 48

中国版本图书馆 CIP 数据核字（2020）第 031696 号

志兴大明，败局难挽：崇祯帝传

ZHIXING DAMING BAIJU NANWAN CHONGZHENDI ZHUAN

著　　者	丁振宇	
责任编辑	孟繁龙	
责任校对	秋　生	
封面设计	刘红刚	
版式设计	王志利	
出版发行	远方出版社	
社　　址	呼和浩特市乌兰察布东路 666 号　邮编：010010	
电　　话	（0471）2236473 总编室　2236460 发行部	
经　　销	新华书店	
印　　刷	天津中印联印务有限公司	
开　　本	170mm×240mm　1/16	
字　　数	273 千	
印　　张	16.5	
版　　次	2021 年 1 月第 1 版	
印　　次	2021 年 1 月第 1 次印刷	
标准书号	ISBN 978 - 7 - 5555 - 1198 - 4	
定　　价	48.00 元	

【前言】

志兴大明，败局难挽

说到中国的帝王，人们会不由自主地想到秦皇汉武、唐宗宋祖，想到由乞丐变为皇帝的明太祖朱元璋，想到把帝王之术运用到极致的康熙帝玄烨，想到精书法、工绘画、通音律、善诗文的南唐后主李煜，甚至会想到暴戾荒淫、挖运河下扬州的隋炀帝杨广……却很少有人会想到他——

他生在帝王家，可惜母亲只是一个地位低下的宫女，所以他从不被人看好，成了被遗忘在深宫角落的孤寂少年；

他少年丧母，虽然连换了两个继母，可都没能陪他走太久，以致那点来之不易的母爱也随之而去；

他贵为亲王，却不能到生母坟前磕个头上炷香，每到母亲祭日只能托小太监到母亲坟前烧些纸钱聊表孝心；

他从来不是别人心目中的皇帝人选，也从没想过有朝一日能荣登大宝，但上天却做了一个大大的馅饼，生生砸在了他的头上；

当他无限接近皇位的时候，才发现自己居然也有一颗狂热的、不安分的心，他要用满腹经纶、满腔激情去力挽狂澜，让祖辈留下的已经破旧不堪的帝国再次扬帆启航，实现自己的中兴梦；

当他坐上皇位的时候，才发现这个位置表面上荣耀光彩，实则处处暗流涌动，他不得不小心谨慎，步步为营，铲除了中国历史上最大的宦官集团，让天下臣民在惊讶的同时也再次看到了一线希望……

他就是大明王朝最后一位皇帝，中国几千年历史里挨骂最少、最不像亡国之君的亡国之君——明思宗朱由检，世人口中的崇祯皇帝。

崇祯是个勤勉的皇帝：他自登基便开始参加"日讲"，寒冬酷暑无一日懈怠，还恢复"经筵"，恭听阐释经典，无丝毫倦意；他勤于政事，每日召对于"平台"，探求治国方策；为了更好地处理政务，他甚至与臣下一起办公。

崇祯是个节俭的皇帝，过着苦行僧般的生活，曾在御讲筵上因"袖微损"令讲官交口称赞；因"不忍以衣被组绣之工，重困此一方民"，他下旨撤回苏杭织造，使苏杭之地万民称颂。

崇祯很体恤百姓，逢大旱他披鹤衣、登云台为民求雨；逢蝗灾他吃斋焚香为民祈福；为振兴农业他亲自参加耕藉仪式；他还减膳乐，下诏罪己……为自己在老百姓中赢得了不错的口碑。

崇祯想要一个理想的清廉官场，于是开始整顿吏制，可他只想着如何整治贪官污吏，而忽略了贪风乃制度使然。明朝官员俸禄很低，不贪难以维持生活用度，所以几乎无人不贪，连科举状元都可以用银子堆出来。官场上贪风之甚、贪风之久，不是他一个空降的皇帝突然来一场反腐运动便能搞定的。他忽略了"水至清则无鱼"的历史规律,而他的臣下也结成团伙来联合蒙骗他。

崇祯感到孤独,更感到不幸。吏制腐败,百业待兴,为了找到一个可以真正辅佐自己的贤臣良相,他足足换了50个阁臣。辽东战事不断,关内暴民四起,为了找到一个可以真正为自己分忧的掌兵之人,他起用了对后金作战世有战功的阎鸣泰,最后又将其发去边疆;他起用了王在晋,最后以"削籍归"将其送回老家;他起用了王洽,最后判其死刑;他起用了熊明遇,最后将其罢官;他起用了梁廷栋,最后梁廷栋自杀了;他起用了张凤翼,最后张凤翼自杀了;他起用了杨嗣昌,杨嗣昌也自杀了;然后又起用傅宗龙、陈新甲、张国维……17年间,他将六部尚书换了一任又一任,却始终没有找到一个自己中意的贤臣。

就这样,在李自成、皇太极的轮番攻击之下,在"朝臣皆不用心国事"的怨声中,他走完了17年的帝王之路,断送了祖宗留下的近300年的大明江山,最后在煤山上吊自杀,因觉无颜见列祖列宗于地下,他以发遮面。

但崇祯显然是不甘心的,临死前他还在说:"朕非亡国之君,诸臣皆亡国之臣。"他把自己的失败归结于臣下无能。跟不少人说项羽是大英雄一样,很多人认为崇祯并不似亡国之君,只是赶上了天灾人祸、积重难返的亡国运气，就连李自成也说他"君非甚暗"。

为君者向来誉满天下，也谤满天下！对于崇祯这个明朝紫禁城里的最后一位皇帝，历史上有很多不同的声音：有人说他是一个精明强干的天子，一个励精图治的勤政皇帝；也有人说他是一个苛察残暴的专制帝王，一个刚愎自用的亡国之君。他能重用孙承宗、袁崇焕、洪承畴、卢象升、孙传庭等能臣名将，却又亲自将他们引入了悲剧的深渊。他的血液里承续着太祖的刻薄寡恩，同时又是一个爱好广泛而多情体贴的丈夫。他不幸生在"天下汹汹"的多事之秋，不幸与皇太极、李自成、张献忠这样的乱世枭雄成了对手，尽管他殚精竭虑，华发早生，但终究无法实现自己的强国之梦，无力挽救病入膏肓的大明王朝……

本书以翔实的资料、通俗的语言，再现崇祯这个与众不同的亡国之君、令人同情的末路皇帝的生平史事；以严谨的论述品评崇祯一朝的功过得失，从不同的角度分析"君非甚暗"之说的成因；以广阔的视野、有趣的历史假说，引导读者体会历史的进程，品味历史的沧桑，感悟兴衰的真谛。

目　录

Contents

第一章　深宫少年藩王路

一、默默出世

万历三十八年（1610 年）十二月二十四日。

这一年的北京城似乎格外的冷，屋中生着火，仍难以驱除浓重的寒意。人们刚刚送走上天言好事的灶神，鞭炮的火药味还没散去，便开始忙着准备过年了。紫禁城里的嫔妃、宫女和太监们，也都在为即将到来的新年兴奋地忙碌着，蒸点心、办年货，贴春联、剪窗花，裁绸制衣，设鳌山①，扎彩灯，备办烟火，喜庆热闹的气氛冲淡了不少严寒之气。

此时，慈庆宫也被装扮一新，可是却没有一丝生机，给人一种沉寂压抑之感。临近而立之年的太子朱常洛坐在宫中，表面看起来十分平静，心中却隐隐泛起一种熟悉的不安情绪，多年来战战兢兢的太子之路禁不住在脑海重现。

明朝自太祖朱元璋建国以来已经有 200 多年，历经 13 个皇帝。在这 200 多年间，朱氏皇族子孙兴旺，仅各支各脉的男性宗室便多达数十万人。不过，这些皇室族人虽然都姓朱，地位却有着天壤之别。那些远支别脉的小宗子弟并不比寻常百姓强多少，有的甚至衣食无着，年过半百仍未成家；而大宗的亲王、郡王们往往拥有数万顷良田，家中妻妾成

---

① 鳌山：元宵节用彩灯堆叠成的山，像传说中的巨鳌形状，亦作"鰲山"。

群、金银无数，在朝中也享有尊贵的地位。朱常洛作为当朝太子，不出意外就是未来皇帝，为何会一脸焦虑，心中不安呢？问题就出在这个"意外"上。不出意外的话，万历帝去世后，他将继承皇位成为帝国最高统治者，而一旦出了意外，他的下场将比一般人更惨。

眼下朱常洛最担心的是万历帝对自己的态度，他明显感到父皇并不喜欢自己这个皇长子。这主要是因为他的母亲王氏，原来只是慈圣皇太后的一个宫女。有一天，万历帝到慈宁宫向慈圣太后请安，刚好慈圣太后不在，他刚要离开，无意中发现了清秀可人的王氏，一时心血来潮便把王氏给临幸了。按照宫中规矩，如果皇帝临幸某个宫女，会赐给对方一个物件，作为临幸的凭证。但万历帝认为在母后宫中临幸宫女是一件不光彩的事情，所以根本没打算给王氏任何信物，事后便匆匆离去。他完全没有料到，这片刻的风流，居然使王氏怀上了龙种。幸好慈圣皇太后也是宫女出身，知道这种事情不是一个小小的宫女能把控得了，所以她不但没为难王氏，反而因盼孙心切，高兴地召来万历帝问个究竟。

万历帝临幸王氏只是一时兴起，根本没想过要负责任，但《内起居注》①中记载了这件事，他实在无可抵赖，只得红着脸默认了。认是认了，但他对王氏仍没有什么安排，就是这个意外的龙种也想舍去。慈圣皇太后急了，激动地说："所幸先皇不像你这般狠心，不然就不会有母后的今日，因为母后也是宫女出身，被先皇私幸而生下你，你今天还不是一样当了皇帝？"慈圣皇太后把这老底一揭，万历帝无话可说。很不情愿地认下了这个儿子，并取名朱常洛。尽管如此，他心里总是别别扭扭的，因此朱常洛基本没有得到什么父爱。

按明代宫廷旧制，皇帝有了儿子，应该尽早立为太子，以定"国本"。而且，王皇后生了皇长女荣昌公主朱轩媖后多次流产，很可能不能再生了，所以大臣们便开始上疏奏请，按照"有嫡立嫡，无嫡立长"的祖制，立皇长子朱常洛为太子。可是5年过去了，万历帝一直拖延不

---

① 《内起居注》：记录皇帝在宫中的生活起居的书。

决，理由是皇后尚在盛年，还有可能会生育嫡子。

其实，万历帝是有私心的，当时他最宠爱的是郑贵妃，郑贵妃不但貌美，而且工于心计，总能把万历帝哄得开开心心，甚至使这位君王相信了爱情，到了至死不渝的地步。郑贵妃为万历帝生下了皇三子朱常洵①和皇四子朱常治（另有一个皇二子少年夭折）。皇三子朱常洵出生那一天起，朝野便开始传出一些煞有其事的流言，都说皇帝之所以迟迟不立太子，就是等着立郑贵妃的儿子。有些流言甚至有鼻子有眼地道出郑贵妃一党阴谋活动的各个环节。加上皇三子朱常洵聪明可爱，深得万历帝的欢心，在爱屋及乌的情感支配下，万历帝也产生了立朱常洵为太子的想法。

所幸不少大臣认为这不合祖制，纷纷把矛头指向郑贵妃，指责后宫干政，使明朝廷展开了旷日持久的"国本"之争。为了平息皇储争议，万历二十九年（1601年）十月，万历帝终于正式册立20岁的朱常洛为太子，同时封朱常洵为福王。朱常洛贵为太子，其实荣宠远不及这位弟弟，所以围绕他们二人的话题一直没有停歇，保太子一党也从来没有放松过警惕。

朱常洛封太子不久，有人投书说万历帝有意更换太子，矛头直指郑贵妃。这就是当年轰动一时的"妖书案"，受株连被捕者达上百人。但最后只是将此书的作者皦生光处死，草草结案。就在郑贵妃一党认为事情终于平息，万历帝认为终于可以清静几日的时候，风波再起：有人上疏说郑贵妃指使同党搞巫蛊之事，想以妖术谋害太子。巫蛊是历代皇家都很忌讳的事情，所以此风一起便席卷了整个京城，后因内阁首辅叶向高②从中调和斡旋，才没有再起大狱。这些事虽然没有对朱常洛构成什么实质性的伤害，但也说明了他的危险处境。

---

①　朱常洵（1586—1641）：明朝宗室，万历帝第三子，明安宗朱由崧之父，母为郑贵妃。封福王，就藩河南洛阳。闯王李自成攻占洛阳后将其处决。

②　叶向高（1559—1627）：字进卿，号台山，福建福州府福清（今福建福清）人。明朝大臣、政治家，万历、天启年间两度出任内阁辅臣。善于决断大事，任首辅期间，为万历帝出谋划策，调剂大臣之间的关系，更对维护太子正统、遏制魏忠贤的势力起到了不可替代的作用。

而万历帝把朱常洛立为太子，主要是因为大臣们的逼迫，所以他始终心结难解，并一直为此事闹别扭。他在位的后 20 年里，基本不理朝政，不上朝接见大臣，也不批阅事关政务的各种本章。就连山东、河南、四川等数省饥荒，以陈自管为首的农民在河南等地揭竿造反，以努尔哈赤为首的女真势力在辽东连败明军，他也只是让臣下献"足国长策"，并明令臣下不得请发内帑①。

在封建社会，皇帝就是国家政治结构的核心，皇帝消极怠工势必给大臣们处理日常政务带来极大的不便。大臣们为此多次抗议，但万历帝依然我行我素，你说你的我做我的，君臣之间开始对立起来，而且愈演愈烈。

对于万历帝的反常举动，朝野上下产生了种种猜疑，最终将众多猜疑归于一点，那就是"国本"之事。大臣们认为，既然万历帝对立太子事一直耿耿于怀，完全有可能在某一天改变原来的决定，另立太子。这样一来，大臣们特别是保太子一党，对于各种风吹草动表现出近乎病态的敏感，或借题发挥，或小题大做，或捕风捉影，或无中生有，一次又一次地掀起政治波澜。面对如此复杂的政治形势，朱常洛又怎么有心情去感受新年的欢乐呢。

就在这个时候，一阵婴儿的啼哭声从宫中传出，朱常洛终于想起了自己的刘妃临产之事，随后便有人来报，他的第五个儿子出生了。这个孩子，就是日后的崇祯帝朱由检。

二、父登大宝

朱由检虽生在皇家，是太子之子，但他的生母刘氏只是太子宫中的一个小妾，身份卑微，所以他在众多兄弟中的劣势也很明显，大家一致认为，这个新出生的皇子日后决不会有什么远大前程。

---

① 内帑：皇帝、皇室的私有财产。

这是因为，明代宗室封爵有祖制，如果朱常洛最终登上皇帝宝座，也只有日后的皇后、现在的太子妃之子有资格继承帝位，或者如朱常洛一般以皇长子的身份继承，其他皇子继位的可能微乎其微，而且还得看生母的地位及其家族的实力，而这些朱由检都没有，所以他只能跟大多数皇子一样被封为亲王，远徙他乡，永不得干政。正因为如此，慈庆宫里只是趁着过年的机会，为这次弄璋之喜小小地庆祝了一下，比起朱长洛的长子朱由校出生时的排场差了不知几个档次。

不过，朱由检的生母刘氏（后来追封为贤妃）认为，自己的儿子作为当今太子之子，日后也有坐上皇位的机会，哪怕概率很小很小。所以，慈庆宫中可供驱使的下人奴婢虽然很多，但她一个都不放心，生怕有人被歹人收买，神不知鬼不觉地把自己的儿子暗算了，那样她就什么希望也没有了。为防儿子出现什么闪失，她不顾自己产后身体虚弱，尽可能亲自照料儿子，可以说将全部心血都倾注在了儿子身上。

在担心儿子的同时，刘氏也很自豪，开始不满足于以前卑下的地位。她自恃生了皇子，有了骄傲的资本，渐渐有些气壮起来，说话做事也不像以前那样唯唯诺诺了。生皇子本来就容易招来其他嫔妃的嫉妒，何况她不再像以前那样低眉顺眼，于是就有人开始在朱常洛面前进谗言，但此时朱常洛心事重重，并没有太在意这些争风吃醋的事情。

万历四十三年（1615 年）五月初四傍晚，慈庆宫发生了一件怪事。蓟州一个叫张差的男子，居然手里拿着根枣木棍硬闯慈庆宫，还打伤了上来阻拦的看门人，随即被宫中护卫抓住。这就是被称为"明末三大案"之一的"梃击案"。慈庆宫是太子的住处，张差闯入慈庆宫行凶，谋害朱常洛的嫌疑极大，于是他被打上了刺客的标签，谋害太子的指使者，人们自然而然地想到了最有动机的郑贵妃。有人甚至指名道姓，说此事乃郑贵妃与其弟郑国泰共同谋划。审讯开始后，郑贵妃宫中的太监庞保和刘成很快便被牵连进来。这时，多年没有上过朝的万历帝急了，忙召见群臣，有意无意地暗示此事与郑贵妃无关，还拉着太子朱常洛的手，声言父子情深，决无废掉太子之意。

　　此时到处都是对梃击案的猜度，如果继续追查下去，难免引起更大的事端。朱常洛也不愿牵连过多，于是接受父亲的暗示与温情，极言张差为疯癫之人，才做出如此疯狂之事，与郑贵妃无关。万历帝听罢暗暗松了一口气，遂命人将张差秘密处死，随后将庞保、刘成磔杀，想要尽快平息此事。但越是这样不明不白，人们就越是胡乱猜测，当然也有很多人暗中感到高兴，其中就包括朱由检的母亲刘氏。

　　不过，刘氏想得没那么深，在她看来，既然皇上当着群臣的面公开表明了态度，肯定不会再更改，太子之位就再也没有人可以动摇了……所以，朱常洛一回到慈庆宫，刘氏便喜行于色地表示祝贺，见太子面带愁容还进行了劝说，但她的话确实说得太多了，多得让朱常洛把她的话与一直以来其他嫔妃打的小报告联系到了一起。结果，刘氏不仅招来了一顿责骂，还被直接赶出了慈庆宫。被赶出宫后，刘氏感到自己"前途"渺茫，竟然积郁成疾，不久就抛下了年仅 5 岁的朱由检撒手人寰。

　　幼年丧母，在朱由检幼小的心灵中留下了一道永远无法愈合的伤痕。刘氏死后，朱常洛不得不给朱由检找一个继母，把他交给李选侍①抚养。

　　朱常洛有两个李选侍，以东与西来区分。东李的地位虽然在西李之上，但远不及西李受宠。西李人称康妃，因后来参与移宫案等政治斗争而名声大噪。西李曾抚养过朱由检的长兄，也就是后来的明熹宗朱由校，深得朱常洛赏识。如今 11 岁的朱由校已出阁就学，所以朱常洛又将年幼的朱由检交给她抚养。不久，西李生了一个女儿，没有太多的精力去照顾朱由检，朱常洛只好将朱由检交给东李抚养。东李人称庄妃，为人心地善良，平日里话语不多，因为没有生过孩子，她对朱由检视如己出，把自己的爱全部倾注在了朱由检身上。自幼失去母爱的朱由检，总算在庄妃这里得到了一些补偿。

　　万历四十八年（1620 年）七月，在位 48 年的万历帝驾崩。八月初

---

　　① 选侍：明代妃嫔的称号。

一，太子朱常洛继承皇位，定年号为泰昌，称光宗。对于朱由检来说，父亲终于成为一国之君，日子总算好过了些，然而这样的好景实在是太短了，短得让他来不及品味。

三、兄长即位

朱常洛苦熬那么多年，终于等来了大好结局，他坐在龙椅上，接受百官拜祝，心里总算松了一口气。郑贵妃适时送上了能歌善舞的美女，而且一送就是 4 个，大家都认为是她想讨好明光宗，以消除嫌隙，所以都没太在意。但没过几天，大臣们便看出了明光宗显露出来的病态，开始怀疑郑贵妃包藏祸心，想用女色迷惑皇帝，以达到她那恶毒的目的。

尽管病体沉重，明光宗仍坚持上朝理政，但他支撑了几天就一病不起了。经太医院御医崔文升诊治、用药后，他的病不但没有好转，反而更加严重，原来一天拉痢十几次，现在一天要几十次。俗话说，铁打的汉子架不住三泡稀，仅几天工夫，明光宗就拉得枯瘦如柴、不成人形。

此时郑贵妃仍住在乾清宫，她串通明光宗宠爱的康妃，请明光宗册封她为皇太后。明光宗经不过她们一再乞请，便下诏册封，可诏书刚下便引起了一场不小的风波。

既不是太子生母，又不是嫡母，郑贵妃凭什么做皇太后？那是有悖礼法的！礼部侍郎孙如游①拒不应命，并上疏明光宗，请他收回成命。明光宗将此疏转示郑贵妃，想让她主动撤回前请，谁知郑贵妃不但不撤请，还四处活动。于是，一些大臣泣诉宫禁危急，说郑贵妃勾结康妃请封是图谋不轨，还说是她指使崔文升故意给皇上投泻药。杨

---

① 孙如游（1549—1625）：字景文，号鉴湖，余姚人。明光宗时升任礼部尚书，明熹宗时以东阁大学士入阁，参预机务。

涟①和左光斗②等大臣更是找到郑贵妃的侄子郑养性，责以大义，要他劝郑贵妃尽快移出乾清宫，并主动收回前请。眼见群情激昂，郑贵妃也怕惹出大祸，只得万般不情愿地答应搬出乾清宫，并请明光宗收回册封诏敕。

但明光宗的病情仍在一天天加重，鸿胪寺③丞李可灼上疏说自己有仙药可治皇帝的病。所谓"病急乱投医"，明光宗和大臣们一听能治病，就像抓住了一根救命稻草，也不多做研究便让李可灼进药。不久，李可灼献上红丸一粒，明光宗服后顿觉四肢和暖、通体舒畅，也有了食欲，大臣们见状都很高兴。本来心里还在打鼓的李可灼，顿时信心大增，回去又拿来两粒红丸，明光宗看到药丸，不禁两眼放光，迫不及待地服下。不料他傍晚服下药，夜里病情便急剧加重，宫中立刻传出急旨，召诸大臣入宫。结果，大臣们还没赶到，明光宗便一命归西了。

大臣们痛哭过后，惊异地发现太子朱由校居然不在。好在太子伴读王安留了心，知道太子在康妃那里。明光宗即位后，朱由校和康妃随之移居乾清宫。于是，一班大臣遂前往乾清宫。

朱由校也是幼年丧母，由康妃监护着长大。明光宗把两个幼年丧母的儿子都交由康妃抚养，可以看出康妃的受宠程度。

加上明光宗还是太子的时候，正妃郭氏便已去世，所以明光宗即位后，一直没有立皇后。康妃因为自己正得宠，理所当然地将皇后之位看成自己的囊中之物。明光宗倒也许过她皇贵妃之位，但礼部认为，明光宗刚刚即位，连两位太后和元妃的谥号还无暇议及，晋封皇贵妃的事也只宜缓办。皇贵妃在宫中的地位仅次于皇后，现在没有皇后，皇贵妃自然就是后宫之主，所以每每想起皇上的许诺，康妃心中便一阵欢喜。至

---

① 杨涟（1572—1625）：字文孺，号大洪，湖广应山（今属湖北广水）人。明末著名谏臣，"东林六君子"之一，因弹劾魏忠贤二十四大罪，惨死狱中。

② 左光斗（1575—1625）：字遗直，号浮丘，安徽桐城（今安徽枞阳县）人。明末水利专家，官至左佥都御史，"东林六君子"之一。为官清正、磊落刚直，被誉为"铁面御史"。

③ 鸿胪寺：官署名，掌管朝会、筵席、祭祀赞相礼仪的机构。

于缓办她并不怎么担心，因为在她看来那是迟早的事，但她怎么也没想到明光宗当了一个月的皇帝就故去了，别说晋升皇后，她连皇贵妃的名号也没有捞到，在悲痛、懊恼之余，她居然想"绑架"小皇帝来与朝臣们谈条件。

这一年朱由校已经16岁，可是这位皇子不但幼稚晚熟，甚至直到当上皇帝，他在许多方面仍然像个孩子，毫无主见和独立意识。正是因为他的晚熟，康妃只是说了一些暖心的话，便把他留了下来。明光宗驾崩当天，群臣到宫中跟明光宗的遗体告别，她却把小皇帝藏了起来，不让群臣与其见面。

礼部侍郎刘一燝在宫前叫了很久，康妃就是不应答，大臣们都十分气愤。然而后宫禁地不能越礼，大臣们无奈，只得让太监王安进去寻找。王安进去时，康妃正拉着太子的手与魏忠贤密谋着什么，王安也顾不了那么多了，向康妃说明来意之后，拉起太子就往外走。康妃拉着不放，王安只得用力把她推开，生生把太子抢了出来。眼见康妃追出，刘一燝等人忙上前连喊万岁，立马将太子扶上辇舆，直奔文华殿行礼。

康妃并非太子的生母，也不是嫡母，但她曾经抚养过太子，郑贵妃、魏忠贤撺掇她利用朱由校年幼之机，坚持住在朱由校所在的乾清宫内。吏部尚书周嘉谟[①]、御史左光斗等大臣上疏，要康妃移出，康妃不得已移至仁寿殿，太子入乾清宫。

九月六日，太子朱由校正式即皇帝位，即明熹宗，定年号为天启。可是他的孩子气与依赖心理，使他的乳娘客氏与太监魏忠贤有了把持朝政的机会。

对于时年10岁的朱由检来说，连续发生的"红丸"和"移宫"两大宫案，使他深刻意识到皇宫的复杂和诡诈，在当上皇帝前，他一直活得战战兢兢。

---

① 周嘉谟（1546—1629）：字明卿。祖籍湖北汉川，世代居于天门。明末大臣，天启五年（1625年）遭魏党迫害，被削籍；崇祯元年（1628年）复用，任南京吏部尚书，加太子太保。

四、受封信王

明熹宗即位时才十几岁，毫无主见，依赖心理严重，这使朝廷中出现了臣强君弱的局面。明熹宗被一群强悍的朝臣抢来夺去，除了哭天抹泪之外毫无办法。

年幼而又毫无权势的朱由检，自然也无力对宫中、朝中的局势产生任何影响，只好听从那些忠臣与他们在宫中的内应——大太监王安的安排，跟着庄妃老老实实地住进勖勤宫，从不过问外面的事情。不过，明熹宗没有忘记他，于天启二年（1622年）九月二十二日，册封他为信王。

太祖朱元璋在位时曾定下祖制，诸藩王享受"下天子一等"的待遇礼仪，所以明朝的藩王都拥有很大的权力，边塞上的几个藩王更是手握重兵。当初燕王朱棣便是利用手中的权力与兵力，发动了"靖难之役"，生生从侄子、建文帝朱允炆手中夺取了皇位。由于深知藩王权重对皇权的危害，朱棣当上皇帝后开始大力削夺藩王的权力：权势较重的几个藩王被迁回内地，其护卫军也被大幅削减；诸王节制武臣的权力被废除，而且不得干预地方事务，军事指挥权转移到朝廷任命的将领手中。朱棣的孙子、明宣宗即位后又增加了藩禁措施：皇族人员不得参政、出仕，不能从事士、农、工、商等"四民之业"；出城二王不能相见，严禁藩王与官府结交。之后，又规定藩王只能待在自己的封地，无诏不能入朝。从此，明宗室成员就成了摆设，过着"坐縻厚禄"的寄生虫生活。不过，这些却是身为信王的朱由检所喜欢的，因为他厌倦了不稳定的生活。朱由检同明熹宗因为小时候经常在一起玩耍，二人十分友爱，所以明熹宗还是很庇护他的，5年的信王生活被朱由检视为一生中最愉快的时光。

被封为信王后，朱由检身边增添了不少侍奉的下人，他那去世多年的生母也被封为"贤妃"，此后他便无忧无虑、痛痛快快地过起了"两耳不闻窗外事”的日子，开始“一心只读圣贤书”。

在老百姓看来，皇家子弟衣食无忧，在宫廷里风刮不着雨淋不着，生活非常幸福。其实不然，除了富足的物质生活以外，他们的生活并没有多少乐趣，甚至可以用枯燥乏味来形容。他们经常要参加各种朝见和祭仪，还要一本正经，不能有半点儿戏。除此之外，就是跟随几个大儒一天到晚地诵读儒家经典。只有遇到郊祭之类的祭祀时，才能偶尔到郊外走动，目睹一些民间的生活情趣。

信王时期的朱由检基本上都待在宫廷里，每当皇帝举行大祭，他便要去助祭。例如郊祭，即冬至到南郊祭天，夏至到北郊祭地；谒庙，即谒祭太庙，这里供奉着朱氏皇族的列祖列宗；另外还有春节和冬至举行的大型朝贺。这些事情成了信王宫廷生活的重要内容。虽然他年龄还小，但在这种场合也必须规规矩矩，不能嘻嘻哈哈。第一次参加可能还觉得挺新鲜，但时间一久，其枯燥乏味就不难想象了。

另外，学习儒家经典也是宫廷生活的重要内容之一。太祖朱元璋小时候家穷，没有机会上学，因此他特别重视对子孙的文化教育。他在皇宫中建有大本堂，作为皇家子孙学习的场所，堂中藏有大量历代典籍，供皇家子孙观览，还征聘了一些大儒轮流进行授课，主要讲授四书五经与封建礼法，尤其是讲到历代兴亡事迹时，都会详细说明某事应该怎么做，不应该怎么做。但孩子喜欢的是无拘无束，在这个一举一动都要合乎封建规范的地方读儒家经典，读朱元璋命儒臣们编写的《昭鉴录》《祖训录》等书，对于这些天真烂漫的孩子来说无疑是一种煎熬。唯一能勾起他们些微兴趣的，也就是一些搜集了古代藩王的善恶事迹，借以教育明王朝后世子孙的读本。

为了提高皇家子孙的学习兴趣，朝廷经常从外廷找一些年龄相仿的孩子进来充当伴读。起初这些伴读大都是功臣子弟，明朝中期以后，有时也用一些伶俐的小宦官充任。通常这些伴读的命运就此与主子紧密联系在了一起，比如天启初年任秉笔太监的王安就是其中之一。

相对来说，朱由检似乎挺适应这种读书生活，他平日不苟言笑，读书认真，字也练得舒展流畅，在学堂里从来不惹是非，颇得老师们的喜爱。

当朱由检以为自己终于能过上一段平静的生活时，抚养他的庄妃却抑郁而死，幕后黑手就是当时最得势的魏忠贤与客氏。

庄妃素恨魏忠贤弄权，在背后常称不阴不阳的魏忠贤为"女鬼"，魏忠贤听到后很是忌恨，便与客氏串通一气，将庄妃宫中供应的衣食一减再减。庄妃为此终日闷闷不乐，只有当朱由检从外面回来时，她的心情才稍微好点。即使抱病在身，她也尽可能地陪着他到庭院中走走，因为她知道这样的时刻将越来越少了。

自从朱由校当了皇帝移居乾清宫，勖勤宫就成了朱由检的信王府。据说夏日的一天，天气闷热，朱由检在宫中睡觉，梦见两条乌龙盘在殿柱上，他正觉得好玩，突然一声惊雷将他惊醒，惊雷过后大雨从天而降。雨后天气凉爽了许多，他便到院子里呼吸新鲜空气，发现院里的一口井水位浅了很多。他仔细看去，发现井中居然有两条尺余长的金色鲤鱼。他十分高兴，便把两条金色鲤鱼捞上来，放入西苑的水池里。后人为此事还写了一首诗：

> 勖勤宫里雷初动，西苑池中浪几重。
> 金柱旧曾占好梦，锦鳞今始识真龙。

事后，朱由检去找庄妃向她说了金色鲤鱼之事及自己的梦中所见，庄妃听后笑颜稍开，对朱由检说："这是你以后大福大贵的吉兆。"说完，庄妃的脸色突然又变得沉重起来，颇为伤感地说："我大概见不到那一天了。"

当时朱由检并不知道庄妃为什么那么高兴，但他知道，庄妃身体不好都是因为魏忠贤和客氏，但他此时贵为亲王，也只能眼睁睁地看着养母的身体一天天地垮下去。天启四年，庄妃愤郁而亡。

朱由检与庄妃感情很好，庄妃死后，他终日精神恍惚、闷闷不乐。

明熹宗很心疼弟弟，就让张皇后为弟弟张罗婚事，试图以此转移他的注意力。

按明朝祖制，天子和诸王的后妃一律不能出自权贵家族，只能选清白平民之女，为的是防止世家大族通过与皇家的姻亲关系干政擅权，不过这些平民也往往因为女儿入宫而渐渐成为世家大族。信王的王妃也不例外，她来自于周姓平民家庭，父亲叫周奎，祖籍苏州，是京城的一户普通居民，家境相当清贫。

选择王妃一事本来是先由外朝和内府的有关衙门联合主持，照例定出候选者，然后再由太后最终确定。可是明熹宗的生母早逝，太后印信一直由万历帝的刘昭妃掌管，宫中相关事务则由张皇后定夺。为信王选妃的时候，张皇后觉得周家女子过于瘦弱。刘太妃说："现在虽然瘦弱一点，将来一定能发福的。"张皇后也就同意了。

不久，朱由检搬进了属于自己的信王府，并于十二月举行了标志着长大成人的冠礼。这一期间，信王府内也在紧张地筹备婚礼事宜；周家则备办嫁妆，给新娘开脸，也是忙得四脚朝天。待万事具备，周氏被娶进了信王府，朱由检也因此有了一个自己的家。

周氏身体孱弱，但体态端庄、性情谨慎，颇得朱由检的欢心。二人相亲相爱，大大减轻了朱由检内心因失去养母庄妃而产生的苦闷。成婚以后，他除了参加一些必要的活动，整天和周氏厮守在一起，儿女情长，道不尽的恩爱。

也许是为了更好地体会家的温暖，蜜月刚刚结束，朱由检又同时娶回了两位次妃：一个是田氏，一个是袁氏。田氏从小生长在扬州，音乐、绘画、书法样样精熟，又体态清丽，风格秀雅，颇受朱由检的喜爱。如此，原本形影相吊的朱由检一时妻妾满堂，死气沉沉的信王府一下子变得欢乐热闹起来。

正所谓乐极生悲，不久，朱由检的精神开始萎靡起来，没精打采的，没几天就卧床不起了。下人忙找来御医诊治，但朱由检并不服药。大概是因为知道自己的病因，所以他对御医解释说："服药千剂，莫如独宿。"朱由检这时才 16 岁，两个御医听了这个年轻人的话都颇为敬佩，认为他"天性过人"。果然，他独宿了一段时间，经过调养，身体很快就恢复了过来。

在朱由检看来，他这辈子大概也就这样过了，无论如何也没想到有朝一日会有一个天大的"馅饼"生生砸在自己头上。

第二章　朱家江山客魏朝

一、客魏乱朝

明熹宗即位时年纪尚轻，虽然康妃的势力不久便被彻底摧垮，但那些所谓的忠臣仍放心不下，只是身为外臣又不能天天守着，关键是不能时时把持小皇帝让他们很不安心，于是这项工作就落到了他们在宫中的内线大太监王安身上。

王安是朱常洛幼年时期的伴读太监，为人严肃机灵，从不多嘴，加上他自幼在内书房读书，也有相当的文化水平，深得朱常洛赏识，也是朱常洛最信任的人。后来，朱常洛当了太子，王安更是终日不离其左右，而且与保太子的东林党人交往密切，是太监中少有的东林密友。朱常洛即位后，他被封为司礼监掌印太监，接管了宫中大权。但朱常洛的突然去世，使得宫廷的格局发生了微妙的变化。

王安的严厉是出了名的，就连朱常洛对他也有几分忌惮，何况明熹宗只是个十几岁的孩子。加上当初正是王安不顾一切地把他从康妃手中抢出来，否则他能不能当上皇帝尚未可知，所以明熹宗即位后对这个宫廷内侍最高首领仍旧充满了敬畏，但也只是敬畏，并无一丝亲近之情。也正是这种敬畏，让他在王安面前总有些战战兢兢。他不喜欢这种感觉。在宫中，让明熹宗感到最亲切的是他的乳母客氏。客氏原是河北农妇，定兴县民侯氏之妻，于万历三十三年（1605年）被选入宫中为明熹宗哺乳。她目不识丁，但很精明，记忆力极强。因为缺乏来自生母的温暖，明熹宗自小就把对母亲的依恋全部寄托在了这位容貌端正、态度亲切的乳母身上，这种依恋之情直到他当上皇帝后依然存在，而且有增无减。他不但封客氏为奉圣夫人，给客氏的兄弟、儿子全部加官晋爵，而且不顾朝臣的强烈反对，一直让客氏滞留宫中，极尽孝敬之情，几乎言听计从。

在明朝宫廷里，宫女和太监常常会组成"家庭"，这种关系又被称作"对儿"或"对食"。"对儿"中的太监俗称"菜户"，这些"菜户"虽然有致命的残疾，但到底曾经是男儿之身，在深宫这个缺少须眉男子的天地里就成了宫女们寄托情感的对象。他们帮助相好的宫女料理各种外勤事务，宫女则为自己的"菜户"操持内务，其中感情深厚的也像世间的伉俪那样，缠缠绵绵。客氏在宫中待久了，自然也有了"菜户"。起初她的"菜户"是皇长孙朱由校一房中的主事太监，叫作魏朝，但魏朝平日里很忙，难得照顾客氏，于是一个专门负责管理朱由校伙食的办膳太监就钻了空子，这个太监叫魏忠贤。

魏忠贤是北直隶肃宁（今河北肃宁县）人，家境贫寒，因为好赌欠了一屁股债，为了逃避债务，于万历年间自行阉割入宫。当时魏忠贤已经娶了妻子，并有了一个女儿。他这样的年龄入宫通常意味着绝没有发展前途，加上不识字，他只能干些看门守夜之类的杂务，地位极其低下。他在宫中混了多年，一直没有什么起色，同时因为表面憨直老实，还得到了一个"傻子"的绰号。后来，他在老乡魏朝的帮助下，谋得了一个在皇长孙朱由校房中办膳的差事，进入了庞大太监群体的中间层。

魏忠贤虽不识字，但并不是像别人给他起的绰号一样是个傻子。相反，他很精明，而且极能忍，所以以后的十几年中他在兢兢业业地管理着自己事务的同时，时刻准备着能够一朝登上枝头。在皇长孙房管伙食，少不了与客氏打交道，那时客氏虽没有什么权力，可是她能接触皇长孙。皇长孙很有可能是未来的皇帝，生性好赌的魏忠贤决定在这个潜力股上赌上自己人生最大的一把。为了讨好客氏，他对客氏十分殷勤，言听计从，时间长了，客氏与他的感情远超过了魏朝。

由于"对儿"不是真正的夫妻关系，在一起也只是虚凤假鸾，加上魏朝和魏忠贤原本是好朋友，所以他们并没有因为客氏争风吃醋，大家长期和平共处。随着明熹宗的即位，客氏跟着一步登天，谁是奉圣夫人的相好，就成了关系权力与利益的大事，于是，这两个姓魏的朋友也就不那么礼让了。最初他们只是暗中较劲，后来终于撕破脸皮，发展成了公开冲突。

泰昌元年（1620 年）冬天的一个晚上，魏朝和魏忠贤一起在乾清宫的暖阁里喝酒，原本是想和平解决客氏的归属问题，可是两人互不相让，越吵越凶，最后还惊动了明熹宗。明熹宗了解他们争吵的原因后，决定为自己的乳母出头。他问客氏更心仪哪一个，客氏毫不犹豫地选择了魏忠贤。于是，在皇帝的介入下，奉圣夫人的两位相好有了截然不同的命运。魏朝当场被王安打了一个耳光，并罢免了乾清宫管事的显要职务，后来又被流放到凤阳去看守皇朝祖陵，最后被魏忠贤的爪牙勒死；而魏忠贤则赢得了客氏这个人生跳板，从此飞黄腾达。

为了自己的亲切感，更为了让心爱的乳母风光体面，明熹宗毫不犹豫地提拔了魏忠贤。

天启元年（1621 年），人称"内相"的司礼监王安，莫名其妙被革除了全部职衔（不久便被秘密杀害），由王体乾接任。魏忠贤则兼任东厂太监总管，主管组织严密的皇家特务机构。在庞大的宦官系统中，东厂太监总管是名列第二位的职务。不过，宫中的宫女、太监，乃至后宫嫔妃都很清楚，魏忠贤之所以没有充任司礼监掌印太监，完全是因为他大字不识一个，根本无法掌管那些繁复的文书庶务。若论在宫中的实权，他和他的相好客氏的权力早已超过了历代司礼监掌印太监。事实上，依靠魏忠贤的抬举才获得司礼监掌印太监职位的王体乾，从来都把魏忠贤当作主子一般。大臣们为了拍魏忠贤的马屁，更是称魏忠贤为"九千岁"。

明熹宗呢，是个玩心极重的人，特别醉心于斧斤之事，越是复杂他就越喜欢，远比国家大事更加用心。他每天在宫里制造各种桌椅板凳和精妙的自动玩具，做好了拆，拆了再做，乐此不疲。据说他曾自己动手做了一张床，床架镂花，床板能折叠，甚至可以携带外出。床做好后，他叫来不少老工匠，说是让人指教，其实是为了炫耀，不出所料大家都齐声夸赞。这更给了明熹宗无穷的动力。他不但用木头做出了各种花样精巧的小玩具，还雕了很多栩栩如生的小木头人。这些木头人五官四肢齐备，而且男女老少神态各异，让人为之赞叹。据说他把这些小人涂上五色油漆，派内监拿到市场上去拍卖，居然卖到了万两银子的天价。明熹宗听了汇报，兴奋不已，从此干得更起劲了。他在庭院中仿照乾清宫的样式，建造了一座小宫殿，高不过三四尺，曲折微妙，巧夺天工；他还做过一座沉香假山，其中池台林馆无不俱备，雕琢细致，堪称一绝。至于繁复乏味的政务，他是既弄不明白，也毫无兴趣，于是把更多的朝政事务交给魏忠贤，而魏忠贤也很乐意效劳。

有了魏忠贤代为处理政事，自己才能安心做木工活，这笔账明熹宗算得很清楚。作为回报，他荫封魏忠贤的侄儿为肃宁侯、同乡同族魏广微为大学士。朝中许多大臣或因得罪客氏，或因得罪魏忠贤，先后被罢免。

天启三年（1623 年）秋，明熹宗不顾兵部尚书董汉儒、给事中程注、御史汪泗论的极力劝谏，诏令客氏的儿子侯国兴所庇荫的锦衣官准予世袭。有了皇上的庇护，魏忠贤更加肆无忌惮，将内操军增加到一万人，内穿甲衣出入宫禁，恣意作威施虐。

皇帝的喜好就是宫中的风向标，看到客、魏得势，无数趋炎附势者极尽钻营巴结之能事，拼命地讨好他们，试图在这突如其来的权力再分配中得到一点好处。于是，魏忠贤所到之处，无不前呼后拥，显赫道路，"士大夫遮道拜伏，至呼九千岁"，而魏忠贤神采飞扬，连看也不看一眼。有些无耻官员百般阿谀，向魏忠贤"行五拜三叩头礼，呼九千九百岁爷爷"，听之令人作呕。

二、即位登顶

对于客氏和魏忠贤的嚣张跋扈，也有一些因为年轻不识利害、看不惯，公然或私下发难的人，但都没有什么好下场。比如，裕妃张氏有身孕，被客氏阴谋杀死；李成妃被革除封号；宫嫔冯贵人，太监王国臣、刘克敬、马鉴等，无一不受其害而死于非命；就连张皇后也因得罪客氏，被施计堕胎。

此前因客氏的阴谋暴行，张皇后将其召来要绳之以法，但是因他人劝解，加上客氏哭求，训斥一通后放回。至于魏忠贤，张皇后更是多次对明熹宗加以暗示。一天，张皇后故意趁明熹宗回宫时看书，推迟接驾而引起他的注意。明熹宗见后问她看什么书，张皇后回答说是《赵高传》，显然是用秦时的大宦官赵高来隐喻魏忠贤。明熹宗听后沉默了好一阵子，似若有所悟，但事后还是没有把魏忠贤怎么样。这件事很快传到了魏忠贤的耳朵里，对张皇后恨得咬牙切齿。经与客氏商量，他暗地在外面广布流言，说张皇后并非张国纪之女，而是某个罪犯的女儿，几乎使明熹宗信以为真，差点将张皇后废掉。

天启三年（1623 年），张皇后怀了孕，明熹宗十分高兴，盼望她生个儿子，以便日后继承皇位。客氏得知这个消息后，开始对张皇后身边的人下手，不听话的统统撤换成她和魏忠贤的心腹，然后暗中使用狠毒的手法，使张皇后不正常流产，"竟损元子"，再也无法生育。

在客、魏专权之时，信王朱由检想得更多是如何保住自己的身家性命，至于日后成为国家的主宰，他连想也不敢想一下。但明熹宗的突然病倒，使这个并无非分之想的人，心中生出一丝莫明的期望。

天启七年（1627 年），正值盛年的明熹宗突然一病不起。事情还要追溯到去年秋季，一天，明熹宗突然心血来潮想去游湖，于是带了几个小太监去西苑泛舟。他们刚上船时还是风和日丽，不想船行至水最深处时，忽然一阵风将船打翻，明熹宗和两个小太监落入了水中。

幸亏随从跟得紧，明熹宗除了喝了几口水，并无大碍，只是两个可怜的小太监溺死水中。

也许是被吓着了，回宫后明熹宗就生病了，虽然御医多方诊治，但他的身体就是不见好，反而一天不如一天。如此勉强坚持了一年，他连床也起不了了。他自知大去之日不远，于是让魏忠贤去召皇五弟朱由检入宫，只要动动脑子，谁都能料到这是要交代后事。魏忠贤内心一阵狂喜，忙出宫把义子、同党召集起来密谋，最后商定假称某宫妃子有孕，试图暗示明熹宗不必匆匆将皇位传给朱由检。待明熹宗死后，魏忠贤将养子魏良卿的儿子带入宫中，假借此妃之子上位，之后由他摄政，就像王莽挟孺子婴①以令群臣一样，窃取朱氏江山。

魏忠贤自恃大权在握，以自己的淫威足以钳天下之口。然而这件事有一个重要环节，那就是宫妃说自己怀有身孕，必须得到张皇后的认可。于是，魏忠贤命心腹去张皇后处委婉劝谕，但张皇后根本不听这一套，大有天子无嗣、信王继位之意，相比之下她对皇五弟的印象要比魏忠贤好不知多少倍。但她也知道，若不按魏忠贤及其同党的意愿行事，说不定会遭到陷害。果然，魏忠贤开始对她进行威胁。张皇后也豁出去了，激愤地说："我从命是死，不从命也是死，只不过早晚而已！从命而死，还有什么面目去见祖宗于地下。"魏忠贤无奈，只得承命将朱由检召进宫来。

朱由检虽然心中害怕，但在无边权力的诱惑下，他还是选择了入宫，走向魏忠贤一党的包围圈。也许是突如其来的狂喜和兴奋使他有点失去了警惕，他只带着几个贴身随从就进了宫。张皇后知道魏忠贤等人心有歹意，于是秘密叮嘱朱由检，要他千万不要在宫中饮食。因此朱由检从周皇亲家做了一些大饼带在身上。

这一夜对朱由检来说实在是太漫长了，长得让他害怕。他不敢睡

---

① 孺子婴（5—25）：即刘婴，汉宣帝的玄孙、广戚侯刘显之子，王莽呼之为"孺子"，世称"孺子婴"。

下，怕睡着了以后有人悄悄摸进来，所以他一直枯坐在书案旁，一遍又一遍地给自己打气。时值深秋，一阵阵肃杀之气不断传入深宫的殿堂里，暗夜中不时有巡逻守夜的内官从殿门外匆匆走过，但没有人看一眼这位未来的皇帝，对他说一句话，这情景让他更感到一种诡谲的恐怖。

殿内太安静了，静得让人喘不过气来，朱由检实在无法忍受，便在半夜时让人叫住一个带剑巡夜的太监，把他的剑要过来放在几案上，为自己壮胆。他见自己的举动没有引起什么不良反应，胆子也壮了一些。他问身边的人，要用酒饭犒赏巡夜的人，应该诏令哪个部门，随从表示应该找光禄寺①。于是，他以皇帝的名义发布了平生第一道"圣旨"：命令光禄寺给在大内巡逻的人预备酒饭，以示慰劳。他发现自己的"圣旨"还是相当"灵验"的，没过多久酒食真的准备好了，并且向巡夜者宣布这是新皇帝的恩赐。很快，受到恩赏的巡夜者欢呼"万岁"的谢恩声响彻了整个紫禁城。

朱由检的心终于慢慢平静下来。他开始不停地回想自己第一道"圣旨"颁布和执行的过程，第一次亲身体验到了身为皇帝的威严和权力。于是，他开始畅想未来——他要靠着上天和祖宗的福佑，靠着天子的地位和手中的权力，清除奸党，重振朝纲。随着天色渐渐放亮，他也逐渐进入君临天下的状态。

第二天，内阁大学士等文武重臣补上劝进的程序，朱由检接连推辞三次后接受。礼部为新皇帝拟定了四个年号，分别是"乾圣""兴福""咸嘉"和"崇贞"，朱由检自称不敢当苍天之圣，也不敢以中兴自任，又嫌"咸"字藏有刀"戈"不吉，于是圈定了最后一个，并把"贞"字改为"祯"，这是他对未来的憧憬，也是他的抱负，他将为大明王朝开创一个吉祥如意、充满幸福的新时代。

天启七年（1627 年）八月二十四日，朱由检举行了盛大的登基典礼，并下诏改明年为崇祯，大赦天下。这一年，朱由检 17 岁。

---

① 光禄寺：官署名，掌管祭祀、朝会、宴乡酒醴膳羞之事。

登基典礼完毕，新皇帝照例要搬进作为天子寝宫的乾清宫，并在乾清宫的正殿接受内官的朝拜庆贺。以往在乾清宫中举行的"庆贺山呼礼"，都是魏忠贤居于首位。他已经被晋封为公爵，因而每次内朝都头戴公侯品级的簪缨，也就是所谓的"貂蝉冠"，在内官中显得分外招摇。不过，在这次庆贺崇祯登基的大典中，魏忠贤穿的却是高级太监礼服，裤子也只是四品。他行为上的微妙变化，引起了宫廷上下的注意。他的收敛和顾忌显然表明，他希望能够得到新皇帝的理解和信任，希望以卑微臣服的姿态来保住自己的权势和地位。崇祯当然也注意到了魏忠贤的姿态，但他不愿意让这个大太监继续在朝中作威作福。

天启时期，明熹宗醉心于木匠活儿，魏忠贤一有什么事，总是故意在明熹宗干得正起劲的时候去奏请。这时明熹宗往往会说："你们用心办去，我知道了。"就这样，魏忠贤一步步把明熹宗控制在自己的股掌之中。事无大小，无一不是魏忠贤专擅。下面似乎逢事必请，如果不在京师，必"星夜驰请"，得到魏忠贤点头后，诏旨才能下达，就连明熹宗颁发谕旨时也都称"朕与厂臣"如何如何。在这种情况下，魏忠贤俨然成了皇帝的政治代理人，明王朝实际上的最高主宰。

明熹宗之所以如此，不仅是出于感情因素，更因为他厌恶政务。而崇祯对治理国家有着很大的兴趣，无法容忍任何人侵夺他身为天子的神圣权力。何况他对愚憨狂放的魏忠贤本来就没有好感，在勖勤宫和信王府担惊受怕的日子里，他内心早就埋下了对魏忠贤和阉党仇恨的种子。但他也明白自己现在羽翼未丰，还需要与势力庞大的魏忠贤集团小心周旋。

三、内藏心机

崇祯上位之初，面临的形势还是很严峻的。当时，魏忠贤因明熹宗的荒嬉贪玩，已经成为明王朝事实上的皇帝，自内阁、六部至四方总督、巡抚，均遍置其死党，军政大权基本掌握在他手中。外廷文臣兵部尚书兼左都御史崔呈秀、左副都御史李夔龙、工部尚书吴淳夫、太常卿倪文焕、兵部尚书田吉，号称"五虎"，主谋议；武臣左都督田尔耕、锦衣卫都指挥佥事许显纯、锦衣卫指挥使崔应元、东司理刑杨寰、东厂理刑官孙云鹤，号称"五彪"，主杀戮；吏部尚书周应秋、太仆寺少卿曹钦程等号称"十狗"；另外还有"十孩儿""四十孙"。仅这些人就足以让人心惊，更别提他手中还握有数万阉军和锦衣卫了。

而明王朝之所以会出现如此严重的宦官干政现象，是有着其深层原因的。

中国古代一直存在着皇权与相权的矛盾，总体呈此消彼长之势，皇权逐步强化，相权则日渐消弱；反之，相权过大，皇权则弱。

洪武十三年（1380 年），朱元璋废除丞相制度，并把这一点立为"祖训"，要后世子孙奉行不渝。后来虽设有内阁，但也只是"备顾问"，内阁大学士"终明之世不过正五品"，就地位而言远不能与前代的丞相相比。废除丞相之后，专制帝王就不只是代天行命的国家元首，而且是事必躬亲的行政首脑。这使高高在上的帝王往往有"分身乏术"之感，朝夕相伴的宦官也就成了皇帝的得力帮手。

自永乐开始，面对日益激化的内外矛盾，皇帝不得不设立由宦官掌管的特殊机构，以侦刺天下臣民隐事，打杀不臣者。东厂就是那个时候的产物，提督东厂的宦官个个气焰万丈，到魏忠贤时更达到了登峰造极的程度。正统年间有大宦官王振、成化年间有宦官汪直、正德年间有宦官刘瑾，但他们的权势都无法与魏忠贤相比。著名的东林党就是被魏忠贤亲手毁灭的。

东林党人多是些注重道德修养的正人君子，在政治上一般不太得志。这个集团的首脑人物顾宪成等人曾在无锡的东林书院聚众讲学，所以人称东林。既然有了宗派，他们在有意无意间就会利用各种手段为自己的宗派争取利益，特别是政治权力。那些对东林宗派很不以为然的人，或他们的敌对方就送给他们一个名称，叫作"东林党"。由于东林党多次与魏党作对，魏忠贤便对其进行了无情的打压，先后制造了惨绝人寰的"六君子狱"和"七君子狱"。

天启四年（1624 年），经多方准备，魏忠贤首先指使党羽诬告东林党人、内阁中书汪文言，并将其搜捕下狱。他本想借汪文言案大肆罗织，但由于大学士叶向高从中周旋，并没有牵连到更多的人。不久，杨涟毅然上疏，一口气弹劾魏忠贤 24 大罪状。东林党的突然袭击使魏忠贤深感恐慌，他到明熹宗面前哭诉申辩，还假惺惺地表示要辞去东厂提督之职，以表无辜。客氏和王体乾也在明熹宗耳边扇风，结果，心有偏向的明熹宗把杨涟斥责了一顿，然后罢免其官职，逐出朝廷。魏大中等东林党人气不过，连续上疏，弹劾魏忠贤的种种不法行径，但明熹宗根本不理会。这样一来，魏忠贤的气焰更加嚣张了。

为了报复东林党人，魏忠贤于次年再兴汪文言狱，令爪牙对汪文言严刑逼供，企图让他诬告杨涟、左光斗等人收受熊廷弼①的贿赂，败坏封疆，致使明军大败，山海关②外基本落入努尔哈赤之手。但汪文言即使受尽酷刑，奄奄一息仍不肯承认。魏忠贤便命掌诏狱的干儿子许显纯，以汪文言的口气代写供状，并强行让汪文言在上面按手印，后以畏罪自杀的名义将其勒死狱中。

之后，魏忠贤以此假供为凭据，将杨涟、左光斗、魏大中、周朝瑞、袁化中、顾大章 6 人逮捕下狱，以酷刑逼他们在两天之内输金赎罪，如输金银不足额，则要受全刑。由于不堪忍受魏忠贤一伙的酷刑，他们只得屈打成招，以求能送刑部治罪。在他们看来，刑部狱简直就像天堂。然而，他们并没有被送往刑部，仍在诏狱受刑，结果除顾大章一人被送刑部狱外，其余 5 人都惨死在诏狱之中。随后，许显纯居然让人把他们的喉骨割下，用小盒封好送到魏忠贤处示信请赏。顾大章被送至刑部狱后，对前来探监的家人说："这里是福堂，我还是赶紧死在这里

---

① 熊廷弼（1569—1625）：字飞白，号芝冈，湖广江夏人。明末将领，由推官擢御史，巡按辽东。后为阉党所害。
② 山海关：也叫榆关、渝关或临闾关，是明长城的东北关隘之一，位于今河北省秦皇岛市东北 15 公里处，素有"天下第一关"之美誉，亦被称为"边郡之咽喉，京师之保障"。

为好!"当天便自尽于刑部狱中。这就是历史上著名的"六君子狱"。

不久,魏忠贤又想除掉周起元等东林党人,他得到消息说苏杭织造太监李实与周起元素来不和,便指使党羽李永贞冒充李实上疏,诬告周起元任巡抚时曾贪占库银10多万两,并用这些钱与高攀龙等人往来讲学,其中,周顺昌的名字纯粹是后加上去的。这就是一些史籍中所说的"李实诬奏"。之后,魏忠贤以此诬奏为由,矫诏将周起元、周顺昌、高攀龙、缪昌期、李应升、周宗建、黄尊素7人逮治入狱。结果,除高攀龙投河自尽外,其余6人全死于诏狱之中。他们有的因大骂魏忠贤而被打掉全部牙齿,有的被用石头压住头活活压死,以致鼻子被压平;有的十指尽脱,有的被钉以铁钉;有的被沸汤浇顶,皮肉溃烂。他们死在狱中数天后,才有旨让家人领尸,此时个个已是面目全非。

这仅仅是冰山一角,东林党人被借故迫害者不胜枚举。于是,朝中的东林党人或杀或逐,无人再敢对魏忠贤说三道四。

为了将东林党人一网打尽,魏忠贤一党还编了《同志录》,其实就是东林党人的黑名单;后又编了《天鉴录》,先列"东林渠魁",后列"东林协从"。另外还有《东林籍贯》等黑名单。魏忠贤的党羽还拟过一个《百官图》,对迫害人员的先后顺序做了详细规划。

正所谓"一人得道,鸡犬升天",之后的几年里,魏忠贤晋为上公,"加恩三等";魏忠贤的义子兼侄子肃宁侯魏良卿,升为宁国公,食禄如同开国功臣魏国公徐达;侄子魏希孟被授世袭锦衣同知;侄子魏良栋晋为东安侯;外甥傅之琮、冯继先升都督佥事;还在襁褓中的侄孙魏鹏翼也被封为少师。明熹宗甚至命魏良卿代替自己去祭太庙,朝野为之震惊。

至此,魏忠贤作为宦官,一个被世人鄙视的"刑余之人",却处于一人之下,万人之上,百官进退几乎完全操于他一人之手,朝中正直之士被他贬斥一空。

崇祯在即位后的几个月里,不但对魏忠贤礼貌有加,对他的手下也很尊重,客气程度甚至超过了明熹宗。当然,他与魏忠贤从来没有如同明熹宗那样的密切关系，所以这种礼貌和尊重仅存于表面。

新旧朝廷交替之后，各地称颂魏忠贤的表章、请求为他建立生祠的报告还在源源不断地送进京城，其中绝大部分是明熹宗驾崩之前所呈，因为路上耽搁太久才姗姗来迟。

祠是封建制度下供奉祖宗、鬼神或有功德的人的房屋。在中国古代，如果一个人有大功德于民，民众往往会为他建祠，以供瞻仰和纪念。但这种祠大都建在人死后，为活人建祠极为罕见。魏忠贤身为宦官，居然让各地在他活着的时候为他广建生祠，其气焰熏天的情形由此可见一斑。

为魏忠贤建生祠是从天启时期开始的，当然也是经过明熹宗允许的。现在明熹宗已经死了，崇祯也已即位一两个月，仍有大臣继续称颂魏忠贤功德，请为魏忠贤再建生祠，真是令人哭笑不得。

崇祯认真地阅读了这些不合时宜的本章，但他没有表态，而是不置可否，于是这些本章就犹如泥牛入海，下去就没了音儿。

在明代，如果本章在第一次进宫的时候或是经内阁票拟之后被皇帝扣住，既不批旨又不表态，叫"留中不发"，这通常表明皇帝对于本章中谈及的问题抱着某种微妙暧昧的态度。这一次，对吹捧魏忠贤及提出要为其建立生祠的本章留中不发，乃是崇祯的谋略。这是因为对于这件他讨厌甚至恨之入骨的事情，他不会像自己的哥哥那样一律批准，更不会像自己的哥哥那样在圣旨上随声附和、大肆吹捧魏忠贤，这不是他的行事作风，也有悖于他性格中固有的那股傲气。但是，如果对这些让自己痛恨气恼的本章进行批驳，甚至勒令禁止，他又怕激怒魏忠贤及其阉党同伙，生出意外事端。在还没有将魏忠贤一党尽除的实力之前，为免打草惊蛇，他只能选择留中不发。这也在无形中产生了一种神秘效果，好像皇帝暗藏着很深的心机，让魏忠贤和他的党羽们大费猜度，备感压抑。

魏忠贤因为摸不透崇祯的意思，有些坐卧不安，于是向崇祯奏言，请明谕各地禁止再为自己建造生祠。

这次崇祯批了，而且批得极有水平。他说："为你建祠当然是因为你功劳大，现在你有功不居，更见你劳谦之美，我当然要准，以成你高雅之志。"句句都是褒赞之语，却又有着强烈的讽刺意味，关键是魏忠贤也挑不出什么毛病。这以后，那些精滑至极的朝臣和地方官员便不再忙着为魏忠贤建生祠了。弥漫全国的建祠之风一下子被刹住了，魏忠贤似乎一下子从云端落回了平地上。

但在客氏的问题上，崇祯的态度则相当鲜明。他似乎根本不知道客氏与魏忠贤的关系，毫无先兆地把客氏客客气气地送出了宫。当然，崇祯也有自己的理由，客氏作为先帝的乳母，在天启年间留在宫内已经不合规矩，新皇帝即位之后更没有继续赖在宫中的道理。所以，魏忠贤再不情愿，也没有反对的理由。就这样，客氏带着一万个不舍与不情愿，哭哭啼啼地离开了皇宫。自此，魏忠贤在宫中最重要的内援不复存在了。

宫内格局的变化还不仅仅是赶走了一个客氏。按照传统惯例，新皇帝上台，御前任用的太监也会进行一次大换班。崇祯从信王府带过来了一批亲随，新人来，旧人就得去，李朝钦、裴有声等只好告假乞休，尽管他们还存有一丝侥幸心理，但崇祯御笔一挥，彻底断了他们的幻想。

这些人都是魏忠贤在宫中的死党，撤除他们无疑是打了魏忠贤一记响亮的耳光，不过崇祯没有忘记给魏忠贤一个甜枣。他以登基大典加恩的名义，赐给魏忠贤的侄子、宁国公魏良卿丹书铁券，表示对魏家子孙世世代代信用恩宠。

铁券可是货真价实的"免死金牌"，由历代皇帝赐给功绩最卓著的勋臣，作为千秋万代永远享受特权的象征。不过，它是否有那么大的作用最后还是由皇帝说了算。魏忠贤自然明白这个道理，但这至少代表着皇帝目前的态度，所以他仍然感到很欣慰，对前途不免又多了几分幻想。

四、大打太极

抱着在新天子手下继续得宠的一丝幻想，魏忠贤想方设法地讨好崇祯。

崇祯刚即位没几天，魏忠贤便大献殷勤，向这位新皇帝献上了 4 个大美女。崇祯对美色毫无兴趣，本不想接受，但他转念一想，这或许是魏忠贤在试探自己，如果拒不接受，反而会引起魏忠贤的猜疑，打草惊蛇于大局不利，于是就笑纳了。但崇祯并不放心，这 4 个美女入宫以后，他命人将她们全身仔细搜查了一番，果然在她们衣带中各发现了一粒细小的药丸。一问才知，这居然是人们平时所说的"迷魂香"。人闻到这种香味后，会心神荡漾，魂不守舍。崇祯并没有处理几个美女，只是命她们以后不得再带此物，还严令知情人不得外泄。

此事过去不久，一天，崇祯和几个臣子讨论治国之道，很晚还没有休息。忽然一股异香传来，崇祯顿时觉得心神不定，身体燥热。他猛地站起来，命内监点上蜡烛，查看室内有什么异样，但什么也没有发现。崇祯坐下后若有所思，沉默不语，几个臣子也不敢贸然进言。过了一会儿，崇祯让人把灯熄掉，很快发现殿角处有火星闪现。他命内监把墙壁毁掉查看，发现墙后居然坐着一个小太监，手中拿着一支正在焚烧的香，经询问才知道又是魏忠贤所遣。小太监说，凡临幸之所，例焚此香。崇祯听罢，立即命人撤去，并严禁今后不得再用。

从历史上看，宦官们如果想要弄权，无不希望皇帝荒淫无度。因为只有皇帝耽于享乐，不理政事，他们才有机会窃权行私。魏忠贤正是用这种手段将明熹宗玩弄于股掌之中。如今他又想在崇祯身上故伎重施，以达到继续作威作福的目的，只是他小看了这个年仅 17 岁的年轻人，不但计谋没有得逞，还引起了崇祯的警惕。

正式登基之后，崇祯一家搬进了紫禁城。正妻周氏住在皇后居住的坤宁宫，田氏、袁氏则分别住在东路的承乾宫与西路的翊坤宫。这也就是民间所谓的正宫和东宫、西宫娘娘。居住的分散和宫廷里刻板的制度，使以往信王府中亲近热闹的生活无法延续，幸好3位娘娘的关系还不错，免除了崇祯的后顾之忧，让他能够专心应付朝堂斗争。

不久，在文武大臣的簇拥下，崇祯第一次以皇帝的身份参加了太庙里祭祀列祖列宗的典礼。随后，他又主持完成了对先帝（明熹宗）谥号和庙号的确定，全部称号是"熹宗达天阐道敦孝笃友章文襄武靖穆庄勤悊皇帝"。他对先帝的遗属张皇后也做了妥善安排，让她住进了宽敞的慈庆宫，后来还为她上尊号为"懿安皇后"。

对于这位曾为自己主过婚，并在魏忠贤威胁下仍力挺自己的皇嫂，崇祯极为敬重，每逢重大节日都会亲自到慈庆宫拜祝，她的生日更是一次也没有忘记。但因叔嫂之间的不方便，崇祯每次只在殿堂门外行礼，张皇后也隔着竹帘在殿内回拜。尽管如此，外面还是传出了绯闻，说崇祯与张皇后有某种暧昧的亲昵关系。

这段时间，魏忠贤及其在宫中的爪牙们尽量簇拥在崇祯身边，表面上是亲近关怀，其实不乏监视和竭力施加影响的意思。崇祯很清楚这个势力集团有多庞大，所以他不敢小觑，表面一副无可无不可的样子，心里却在打着自己的算盘，暗中做着准备。有的时候，他也会有意无意又极有分寸地，不时踩踩君臣之间那条红线，又不至于让魏忠贤狗急跳墙。

"遣散内丁"是崇祯踩红线的第一脚。内丁是一支由宦官组成的内廷武装，说是魏忠贤的私人军队也不为过。就像外廷士兵需要进行操练一样，内丁也经常进行"内操"，以便迅速高效地执行特殊任务。内丁常住内廷，就在皇帝的肘腋之间，若作起乱来，危害也会特别严重。遣散内丁，不仅能使崇祯稳定宫廷统治，也使魏忠贤失去了崇祯作乱的重要资本。首先批准李朝钦、裴有声、王秉恭等人的乞休，然后把内侍换成自己从信王府带过来的人，之后遣散内丁，新选一些宦官入内侍奉。一切走得稳当而有分寸，魏忠贤只好打碎了牙齿往肚子里咽。

随后，崇祯又把目光投向了东厂。东厂成立于永乐年间，是明朝恶名昭著的特务组织，也是魏忠贤作恶的主要阵地。东厂机构之大、耳目之广、权势之重令人生畏，不但大臣们的一举一动都会有人向魏忠贤回报，而且普通百姓也处于东厂特务的控制之下。据说有一次，4个男子在一个小酒馆饮酒，一个辽阳男子趁着酒兴骂了魏忠贤两句，另外3人吓得面如土色，连忙制止他。辽阳男子大概觉得自己关门说话，魏忠贤不会知道，反而骂得更起劲了。同伴再劝，他却说："魏忠贤还能把我的皮剥了不成！"很快，这4个人就被逮至魏忠贤处。魏忠贤看着辽阳男子，慢悠悠地说："看我能不能剥了你的皮！"他一使眼色，几个东厂番役就将辽阳男子绑在一根木柱上，将他的皮剥了下来。另外3人在一旁吓得魂飞魄散。在魏忠贤擅权期间，类似这样草菅人命的事屡见不鲜。

按说掌印太监王体乾位于魏忠贤之上，但迫于魏忠贤之势，他不得不让出首位，凡事都听魏忠贤的。他们互相配合，挟制和打压群臣，气焰熏天。他们还创设了一种大枷，重达百斤，每抓到与自己作对的人必用此枷，不少大臣因不堪其苦，当场毙命。这样既不用下刑部审讯，又达到了打击异己的目的，手段残忍，令人胆寒。

据说，有一回崇祯装做不经意间问及此刑，王体乾回答说："对于那些大奸大恶之人，用普通的刑法不能惩治，就用这种大枷来惩治他们。"崇祯露出很难过的样子，慢慢地说："话虽如此，这种刑罚还是太残忍了，不是盛世所应该有的事情。"显然不无责备之意。王体乾和魏忠贤听后忙叩头连呼万岁。

从这次当众责备中，魏忠贤看出了崇祯对自己态度的变化，再联想到自己的党羽乞休的乞休，调走的调走，显然不是好兆头。从表面上看，崇祯对自己客客气气，谁知道他什么时候翻脸不认人，说不定会突然将自己杀掉。想到这里，魏忠贤内心油然产生了一种危机感。

回去后，魏忠贤再次梳理当前形势，发现崇祯的皇位一天比一天稳固，自己的势力则一天天被蚕食，心中大惊。既然自己对崇祯没有一击必杀的力量，不如示弱以待时机，魏忠贤思来想去，决定以退为进，向崇祯请求辞去"东厂提督"一职。崇祯当然知道这是对自己的一种试探，如果立即表示同意，无疑会引起魏忠贤的恐慌，说不定会逼他狗急跳墙。所以，他稍加思索便予以拒绝，还对魏忠贤好言安慰了一番，说自己刚即位不久，正需要君臣同心协力，共安社稷，要他尽心国事，不要有他意。魏忠贤见崇祯对自己还颇为信任，态度也很真诚，不禁安心了许多。但也正是因为魏忠贤的这一丝错觉，让他陷入了万劫不复之地。

第三章　除奸恶君临天下

一、初试牛刀

面对魏忠贤集团的刚猛之势，崇祯心里明白必须以柔克刚，借力打力。

此时崇祯能利用的武器有两个：一是他皇帝的名分；二是广大民众以及官绅贵族普遍的不满情绪。从表面上看，崇祯拥有的名分和民心处于不利地位，但这两大武器正好都属于力量含蓄但有冲击力的那一类。

近两个月以来，崇祯虽然一直与魏忠贤和平共处，但即使最没有政治眼光的人也看得出来，崇祯表面上对魏忠贤客气礼貌，实际却十分冷淡，魏忠贤与皇帝亲如骨肉的时代已经一去不复返了。阉党集团的人多为利益而聚，而这样的联盟也是最不可靠的，其中不乏见风使舵之人，何况里面还有相当一部分人早已对魏忠贤有所不满，于是，这些人就先行动起来了。

比如云南监察御史杨维垣，他对阉党出力不少，却没有得到什么实惠。以前见皇帝宠信别人，他也只能背地发点牢骚。如今看到了新皇帝的态度，他决定赌一把，赌赢了不但有可能抹去过去作的恶，说不定还能继续自己的仕途；赌不赢大不了也就是个死，与魏忠贤倒台后一起死没什么两样。几经权衡之后，杨维垣上疏朝廷，专攻魏忠贤的第一号心腹崔呈秀。

　　崔呈秀为人贪墨狡诈，天启初年，身为御史的他见东林党势头正盛，以力荐东林首领李三才入文渊阁为投名状，请求加入东林。但他在士人中声名狼藉，东林党人根本看不上他。崔呈秀因此对东林党人恨之入骨，但也无可奈何。天启四年（1624 年），高攀龙弹劾崔呈秀贪污，吏部尚书赵南星拟将他谪戍边地，明熹宗下令将他革职候勘。崔呈秀恐慌如丧家之犬，他思来想去，于一天夜里偷偷来到魏忠贤家，进门就叩头乞哀，称东林党人排陷自己，希望魏忠贤能施手援救，并表示只要魏忠贤答应，自己甘心给魏忠贤当儿子。当时魏忠贤也受到东林党人的攻击，常言道，敌人的敌人就是朋友，于是二人一拍即合，魏忠贤得了一心腹，崔呈秀认了一干爹。没过多久，魏忠贤让人明里为崔呈秀诉冤，自己则暗中使劲，使崔呈秀很快官复原职。崔呈秀人品虽差但事情办得漂亮，又听话，深得魏忠贤信任。在魏忠贤的帮助下，第二年便升任工部尚书，加太子太保、左都御史。第三年又加太子太傅，并转任兵部尚书，仍兼左都御史，可谓"出入煊赫，势倾朝野"。

　　崔呈秀跟随魏忠贤多年，可以说坏事做尽，随便拎出两件便够他死上几个来回。但杨维垣专挑那些无关痛痒的，比如与前内阁大学士冯铨争权夺利、服丧期间仍然督理宫殿建设工程……更重要的是，他把魏忠贤撇得干干净净。

　　崇祯很快就明白了杨维垣是别有用心，他对崔呈秀的攻击，无非就想牺牲他人来保全自己，而且包含着对自己不信任的试探。尽管如此，崇祯心中还是一阵兴奋。但他很沉得住气，不仅没有借此去查崔呈秀，反而在批复中为其辩护，说是"不得苛求"。明眼人一看便知，以崔呈秀的特殊身份，这句"不得苛求"等于是鼓励朝臣进一步对他进行攻击。果然，几天后便出现了一股攻击崔呈秀的风潮，其中还包括在阉党中颇有影响的几个人物，几位主事级的小臣用词还十分激烈。

　　崔呈秀不久之前刚刚丧父，但因为他是魏忠贤的主力干将，并没有马上离职丁忧。这在许多人看来不但违背了制度，也违背了孝道。事情发展到这个地步，崔呈秀再也坐不住了，赶紧提出辞职。崇祯果断做出反应，批准崔呈秀回籍守制，为父服丧。这当然只是一个借口，因为几天后，崇祯以"罪状明悉"为由将崔呈秀削职为民，并且追夺诰命。这也意味着崔呈秀被彻底打倒了。

崔呈秀是魏忠贤的心腹爱将，除掉崔呈秀等于砍掉了魏忠贤的一条臂膀，可谓与魏忠贤集团较量的关键一步。在此之前，崇祯对魏忠贤集团还是颇为忌惮的，一直小心翼翼地不去激怒他们。当他以"丁忧"为借口免去崔呈秀的官职之后，对方并没有做出激烈的反应；当他进一步以并不明确的"罪状"将其革职削籍，仍然没有遇到什么抵抗，这让他勇气倍增。于是，他开始再次紧逼，以求在时机成熟时给对手致命一击。

而对大臣们来说，能在朝堂上混，特别是在一个动乱的朝堂，有才还是其次，更重要的是感知风向的眼力。崇祯此次小试牛刀，无疑是一个风向标，朝堂上由此掀起了攻击阉党的浪潮，起初只是针对阉党的一些重要成员，渐渐地便有人开始试探性地附带上了魏忠贤。

对于这种试探，崇祯不动声色，一是他不敢肯定这种试探是不是魏忠贤的意思；二是他还在等着专门弹劾魏忠贤的本章出现。显然，魏忠贤的对立者没让他等太久，在崔呈秀被罢职后，一份专攻魏忠贤的劾疏被送到了他的书案前。

十月二十五日，兵部主事钱元悫上疏弹劾魏忠贤，称巨奸崔呈秀虽已除去，但崔呈秀后面的魏忠贤才是罪魁祸首，魏忠贤居心险恶，靠着为先帝操服贱役窃取了朝政大权。奏疏中还连用七八个典故，把魏忠贤比作历史上的奸雄赵高、王莽之类，称其仗势弄权，搅乱朝纲，危害朝廷，请求朝廷以雷霆手段除去罪大恶极的魏忠贤及其党羽。

钱元悫的劾疏对形势的分析准确无误，且言辞犀利，但崇祯认为内容过于空洞，还不足以治魏忠贤之罪，无法一击致胜。所以，他并不急于出手，而是等着更多的劾疏出现。

很快，一份更有分量的奏本出现了，它出自嘉兴贡生①钱嘉徵之手。钱嘉徵他在奏章中罗列了魏忠贤十大罪状：处处与皇帝并驾齐驱；蔑视诬陷皇后；在宫内操练阉军，图谋不轨；以宦官掌握内外大权，违背祖制；克剥藩封，侵夺皇室利益；目无圣贤，建祠与孔子分庭抗礼；无劳而冒滥爵赏；窃没边功，无功而封至上公；搜括民脂民膏；扰乱科举制度。桩桩件件都是杀无赦的死罪。而一个贡生居然能将弹劾魏忠贤的奏疏送达御前，足见魏忠贤的末日已然不远。

二、魏阉之死

明朝规定，凡国立学校的学生，不论是监生、贡生还是普通生员（秀才），一律不准议论国政。然而这一次，崇祯没有纠结于祖制，因为钱嘉徵说的正是他想要的，所以他立即作出了批复，连同钱元悫的劾疏一起送交六科抄录，以邸报的形式公布于天下。他这明确的态度，无疑给了朝臣莫大的鼓励，于是，类似的奏章如雪片般飞来。

朝堂之上，崇祯很是客气地将魏忠贤叫到阶前，让内侍当面把钱嘉徵的劾疏内容一字一句给他读了一遍。这种耿直的态度让本已六神无主的魏忠贤更加慌乱，额角冷汗连连，此时的他脑子里只剩下一个念头，那就是尽快缓和与这位年轻皇帝的关系。回去之后，魏忠贤马上去拜访了老友徐应元。魏忠贤和徐应元早年同在太子宫中，关系不错，如今徐应元是崇祯的亲从太监，魏忠贤想让他为自己疏通关系，并送上了厚礼。徐应元答应带魏忠贤活动一下。但崇祯根本不吃这一套，他严厉斥责了徐应元，并将这位本来可能前程远大的亲从打发到湖北钟祥的显陵，之后又罚为净军（由犯罪太监组成的清洁队），继而转调凤阳，悲惨地度过余生。

---

① 贡生：科举时代，挑选府、州、县生员（秀才）中成绩优异者或资格优异者，进国子监读书，称为贡生，是以人才贡献给皇帝的意思。

　　魏忠贤脑中也有过一不做二不休的念头，但如今已失去先机，他不得不放下那些毫无胜算的想法。经与手下智囊商量，他于十月二十八日主动上疏，自称身体多病，请求辞去爵封。意外的是，崇祯只许他辞爵，东厂仍由他掌管，而且只是将其养子宁国公魏良卿降为锦衣卫指挥使，侄子东安侯魏良栋降为指挥同知，侄孙安平伯魏鹏翼降为指挥佥事。魏忠贤见那么多人弹劾自己，揭露自己那么多的恶迹，但崇祯只是将自己一家人降职处理，大有到此为止之意，心中不禁一阵窃喜。

　　其实这个时候，心中暗喜的不只魏忠贤，还有一手导演剧情的崇祯。他知道就算剪去了魏忠贤不少羽翼，其势力仍不容小觑。所以他决定仍以安抚为主，以便将魏忠贤身上的"羽毛"一根根拔去，到时就算魏忠贤是一只老鹰，再凶猛也只能任自己发落了。

　　这以后，崇祯对魏党发动了一次又一次的进攻，每一次都能取得实质性的打击，但又很有分寸，使魏忠贤始终抱有一丝幻想。在魏忠贤一步步退却，崇祯觉得可以一击必杀的时候，他便不再兜圈子，立刻显现出自己性格中刚猛的一面。

　　十一月初一，崇祯发布上谕：魏忠贤专务逞私殖党，盗弄国柄，擅作威福，难以枚举……通同客氏，表里为奸，罪恶滔天。本当寸磔（凌迟处死），但看在先帝的份上，从轻将其发往凤阳看守祖陵。其滥冒宗亲俱发烟瘴地充军。并特别指出：魏忠贤之侄魏良栋（4岁）、孙魏鹏翼（3岁），收去爵封，不予追究，以彰朝廷法外之仁。

　　发往凤阳看守祖陵基本就是无期徒刑了，魏忠贤一时方寸大乱，居然老老实实地接受处理，幻想还能保全性命。

　　明代官僚机构执行皇帝上谕历来是拖拖拉拉，但这一次却是雷厉风行，魏忠贤第二天便被赶出了京城。或许他也认为早点离开京城可以减少皇帝和在京官员们注意力，使自己安全一点，所以没有怎么收拾便上路了。正所谓百足之虫死而不僵，魏忠贤看起来是倒台了，可还没到墙倒众人推的地步，不少人认为他有朝一日可能东山再起，所以都想给自己留条后路。于是，在魏忠贤离京的时候，仍然有一大批人前去送行，跟随他南下的仆从更是数不胜数。当时共有 40 辆车为他拉运财宝，良马千匹、壮士八百。这些人都是魏忠贤平时豢养的亡命之徒，身怀利器，沿途环拥随护。

如此招摇过市，通政使①杨绍震得知后忙上疏朝廷，弹劾魏忠贤沿途拥兵自重，请早作处置以免后患。这极大地伤害了崇祯的自尊心，于是他再次发布上谕，指责魏忠贤竟然毫无改悔之心，南下路上居然还带着众多亡命之徒，显然是有意谋反，命令锦衣卫前往押解……随从群奸，全部擒拿，如有反抗就地格杀。

兵部得旨后，马上命吴国安率锦衣卫前去追赶。此时魏忠贤的车队已到北直隶河间府的阜县（今河北阜城县）县城约 20 里的新店。在死党李永贞飞马通报皇帝旨意后，魏忠贤才真正意识到，新天子是绝不会给自己留活路了。他本是河间府肃宁县人，所以这里也算是他的家乡，他决定当晚入住阜城的尤家老店。

夜间，魏忠贤坐在店中榻上，回想起往日的风光，神情一阵恍惚。这时，隔壁房间悠悠传来苍凉的歌声。原来是一个从京城来的白姓秀才，见到万人痛恨的大太监魏忠贤终于得到了应有的下场，激动得当场当下写了一首《挂枝儿》，高声唱了起来：

听初更，鼓正敲，心儿懊恼。想当初，开夜宴，何等奢豪。进羊羔，斟美酒，笙歌聒噪。如今寂寥荒店里，只好醉村醪。又怕酒淡愁浓也，怎把愁肠扫？

二更时，展转愁，梦儿难就。想当初，睡牙床，锦绣衾稠。如今芦为帷，土为炕，寒风入牖。壁穿寒月冷，檐浅夜蛩愁。可怜满枕凄凉也，重起绕房走。

…… ……

---

① 通政使：正三品官名，即通政使司通政使。明代中央负责审阅校阅题本的官员。

闹攘攘，人催起，五更天气。正寒冬，风凛冽，霜拂征衣。更何人，效殷勤，寒温彼此。随行的是寒月影，吆喝的是马声嘶。似这般荒凉也，真个不如死！

书生一直唱着，从一更到五更，苍凉的歌声如丧钟般，声声敲击在魏忠贤的心上。他彻底崩溃了，于是让亲随太监李朝钦找来绳子，吊死在尤家老店的房梁上，结束了 60 年的肮脏人生。

三、除恶殆尽

魏忠贤的死讯很快便传到了京师，也传到了正在河北蓟州家里守孝的死党崔呈秀耳中。崔呈秀重返朝堂的美梦彻底破灭了，当下如泄了气的皮球，一屁股跌坐在地上，半晌才缓过神来。他知道魏忠贤完了，下一个就是自己，于是，他把府中的姬妾召集到前堂，罗列八珍，通宵痛饮，每饮一杯就把手中价值昂贵的酒杯摔个粉碎。痛饮之后，他以同样的方式步了魏忠贤的后尘。除爱妾萧灵犀以身相殉外，其他人各抢财宝四散奔逃。

尽管魏忠贤已死，但崇祯仍不解恨，命人将他的尸体寸磔于其老家河间府。与此同时，魏忠贤的家产也在清理统计之中。当崇祯看到从魏忠贤家中抄没出来的堆积如山的奇珍异宝时，不禁感慨道："天下脂膏，被这个奴才刻剥殆尽了！"其中还有大学士张瑞图①亲书的金字贺屏，崇祯知道后勃然大怒，当即下旨命张瑞图回籍闲住。实际上，在魏忠贤一手遮天时，类似的向魏忠贤献媚之事不胜枚举，所以，崇祯此举让很多人暗中捏了一把冷汗。

魏忠贤的财产除了金银珠宝，还有宽宏壮丽的宅院。崇祯命人将此

---

① 张瑞图（1570—1644）：字长公、无画，晋江二十七都下行乡（福建晋江青阳下行乡）人。明代画家，四大书法家之一，与董其昌、邢侗、米万钟齐名，有"南张北董"之号。

宅封存，用于日后赏赐功臣。另外，魏忠贤还在西山碧云寺为自己建造了一座陵墓，其规制堪比皇帝陵寝，规模之大令人咋舌。但不知为何，崇祯没有下令将其毁掉，直到明朝灭亡，它依然存在。后来被康熙帝命人毁掉。

魏忠贤死后，与魏忠贤关系最为密切的客氏，首当其冲成了被诛连的对象。魏忠贤之所以能在天启年间气焰熏天，很大程度上得力于客氏的内援。崇祯对此也心知肚明，所以在即位之初便命客氏"告归私第"。后来客氏的恶行越来越多地暴露出来，崇祯考虑到她曾抚育皇兄多年，不忍心将她处死，所以只是降旨抄没其家产，并将她发往浣衣局收管。算是对她多年为虎作伥的一种惩罚。没想到太监王文政居然查出了被客氏隐藏的 8 个身怀六甲的宫女。

原来，客氏见明熹宗没有子嗣，便利用自己出入宫廷方便之机，先后带出 8 个宫女，并命自家男子与她们同寝，使她们怀孕，意在重演吕不韦偷天换日的故事。这些宫女经不住严刑审讯，先后说出了实情。崇祯闻知此等丑恶之事，这才感到客氏野心极大，他立即派人赶赴浣衣局，将客氏乱棍打死。他不解气，又将客氏的儿子侯国兴处死弃市，客氏的弟弟客光先、女婿杨六奇则发往南方烟瘴之地充军。

之后，刑部正式提出了对魏忠贤、客氏和崔呈秀的司法处理意见。崇祯在刑部的题本上批旨："逆恶魏忠贤，原本是宫中杂役，凭借先帝恩宠，肆意迫害良善；无开国定策之功而封爵，威逼天子自命为上公；盗窃皇家财物，擅自弄兵大内，阴谋作乱，图为不轨。串通逆妇客氏，暗中传送声息，把持宫廷内外。崔呈秀投身魏忠贤，于君不忠，于父不孝，操持权柄，作威作福，残害官绅，屡兴大狱。罪恶累累，国法难容……"这道圣旨连同刑部拟定的魏忠贤等人的罪状书就成了魏忠贤、客氏、崔呈秀三人的最终定案材料，并大量刊印，在全国广为散发。

短短两个多月，曾经不可一世，让崇祯提心吊胆，令朝臣百姓谈之如虎的魏党，便灰飞烟灭了。天下百姓和先前被罢去官职的东林党人，无不为魏贼的覆灭而欢欣鼓舞；未受魏党牵连的朝臣们也在竭力表现自己的兴高采烈，高声称颂当朝天子的神勇英明。

在这种气氛中，崇祯感到了前所未有的舒畅，并且信心大增。他对自己的政治手腕欣赏至极，对自己的经邦治国之才更没有了丝毫怀疑。他以为，靠着自己的天纵英明，在剪除魏忠贤集团这个政治障碍之后，已没有什么解除不了的危机，也没有什么克服不了的困难。

崇祯元年（1628 年）春节，是崇祯即位后的第一个新年。半夜，新旧年相交之际，崇祯接受了大臣们的隆重朝拜。金吾卫和锦衣卫的将军、甲士们的仪仗队从丹墀一直排到午门外，伞盖幢幢，旌旗猎猎，仪仗队中的骏马也都精神抖擞。文臣武将有秩序地鱼贯而入，匍匐在冰凉的丹墀上，静候皇帝的到来。在静鞭声中，崇祯稳步登上宝座，微笑着俯看群臣一遍遍地行完三跪九叩大礼。透过古朴的礼乐声和大臣们的致贺声，他隐约听到远远的宫墙外面，京城的百姓人家也正在用鞭炮迎接新岁。宫里宫外都是一片太平景象，崇祯内心充满了喜悦之情，似乎看到一个中兴盛世正在向自己走来。

四、裁撤阉党

随着魏忠贤、崔呈秀和客氏先后被诛灭，依附于他们的阉党集团也随之土崩瓦解。为了继续巩固自己的统治，崇祯决定彻底扫除魏忠贤在宫廷内外的各种残余势力。

针对"五虎""五彪"等魏忠贤死党，崇祯专门批旨："五虎李夔龙等，依附权阉，希图升赏，仗势横行，罪恶累累；五彪田尔耕等，助纣为虐，草菅人命，屡兴冤狱，残害无辜。……虎、彪俱由法司依律拟罪，以伸国法。"

王体乾协从魏忠贤也作了不少恶，被革职查办，家产籍没入官；涂文辅因依附魏忠贤，为客氏之子侯国兴授课，被削职籍家。在魏忠贤如日中天时期，公然宣称魏忠贤功德不在孔子以下的监生陆万龄，首先上疏攻击张皇后的刘志选、梁梦环等，也都被逮捕入狱。其他阉党官僚也一批批地被查黜，与魏忠贤有说不清道不明的关系的，纷纷被罢官削籍。

之后，崇祯又对内阁九卿①中依附魏忠贤的官员进行清洗。明朝中期以后，内阁渐渐成为外廷的中枢，内阁首辅俨然成了百官之长的丞相，其他内阁大学士也被以"相"作称。因此，内阁首先成为崇祯整饬的对象。六部九卿大臣几乎被撤换了个遍，被撤换的大臣有的罢职闲住，有的遣边戍境，罪大恶极者则被处死。

崇祯以未及冠即位便沉机独断、不动声色，连除大奸大恶，令天下人交口称颂。尤其令天下人称道的是，魏忠贤死后，崇祯马上撤回了各地的监军宦官，并一再颁诏，严厉限制宦官的权力和影响。

天启以来，边疆一直多事，尤其在蓟辽②一线，多次大的军事行动因监军内臣之故而失败。只是当时魏忠贤擅权，很多大臣敢怒不敢言，说得激切了可能会被治罪，而不疼不痒地说上几句，又根本引不起朝廷的重视，因此宦官监军的积弊长期不得消除。崇祯一举除此积弊，被天下人称为莫大之善政。

由此可知，崇祯对内臣监军的危害有着深刻的认识。可惜他的这种认识并没有坚持下去，不到两年，他就变本加厉地起用宦官监军，而且至死不悟。

不久，崇祯又连续颁诏，进一步限制宦官的权力和影响，规定内臣"非受命不许出禁门""戒廷臣结交近侍"。这就极大地限制了宦官的活动范围，使他们难以危害朝政。另外，崇祯还下令撤回苏杭等地的织造太监，表示自己"不愿因衣被锦绣之工，以累此一方之民，待东南太平后再行开造"。这实际上也是限制宦官权势的一项措施。

鉴于宦官危害朝政，崇祯还特谕礼部，严禁百姓自行将自己的子弟

---

① 九卿：明代以前是指奉常、郎中令、卫尉、太仆、廷尉、典客、宗正、治粟内史和少府九个部门的长官，到明代与六部合称六部九卿，即六部尚书与通政使司长官通政使、大理寺长官大理寺卿、都察院长官左都御史。

② 蓟辽：辖顺天、保定、辽东三抚，蓟州、昌平、辽东、保定四镇。

阉割后送入宫中为宦，借此谋求富贵。当时，一些愚民见魏忠贤等人权势熏天，将此视为通达捷径，自小便将自己的儿子阉割，以图日后进宫当宦官。其中尤以河北、福建最多。崇祯对此感到十分痛心，遂下诏规定：一家有四五个儿子的，可有一个儿子报官登记，待宫中需要时净身待用。以前私自阉割的不得选用，以后再有人私自阉割，不但本人及操刀之人皆处斩刑，全家还要发往烟瘴之地充军，邻里发现不举报者也要治罪。这项措施受到了广泛称颂。

五、拨乱反正

为了彻底清除阉党，崇祯起用了一批东林党人。而魏忠贤是以反东林起家的，曾经编写过一部以排斥、诛杀异己为目的的书，即《三朝要典》。该书共 24 卷，由内阁大学士顾秉谦等人纂辑前朝档案资料，按照阉党的需要记述万历、泰昌、天启三朝有关"梃击案""红丸案""移宫案"的经过，书中极力贬损东林党人，为阉党涂脂抹粉。所以，东林党人二次上台后，一心想要翻案，销毁《三朝要典》。但《三朝要典》是明熹宗钦定的史书，书中还有御制序，如果毁掉它的话，就等于否定了明熹宗的结论。因此，朝中大臣围绕是否销毁《三朝要典》展开了激烈的争论。

崇祯深知阉党成员仍遍布朝廷各衙门，势力仍然很大。尤其是科道言官，几乎清一色是阉党成员，如果贸然行动，对整肃朝政极为不利。所以，他不敢重新评价三案，也不敢轻易触动《三朝要典》，只能先对受魏忠贤等迫害的人进行局部的平反。他下令部院、九卿与科道共同负责，对以前冤死诏狱中的大臣从公酌议，该赠爵的赠爵，该荫亲的荫亲，被削职的复官起用，被诬陷仍在狱中的开释。

魏忠贤专政时期一手制造的"六君子案""七君子案"等冤案，都是在崇祯手中平反昭雪的。案中诸人当年全部被害死在狱中，但他们的家属仍需要限期缴纳数额巨大的所谓"赃银"。"六君子"之首的杨涟家境贫寒，"赃银"全靠乡人资助交纳，仅有的家业也因此破败，杨妻带着婆婆在谯楼居住，由两个儿子乞食维持一家生活。左光斗一家更惨，14个人被地方官府逮捕入狱，其兄长左光霁惨死狱中，母亲悲极而亡，整个家族为了"缴赃"而破产败落。其他人虽不至此，但也悲惨之极。魏党覆灭不久，崇祯便指示刑部和地方停止对罹难东林诸臣的追赃活动，并释放其家属。这种救人于急难的举措，不但使那些罹难家庭对崇祯感恩戴德，也使他收获了广大人民的好评。

这以后，为东林党人平反的呼声日渐高涨，崇祯也顺应民意，下旨为东林党人平反冤狱，让有关部门将以前被迫害的诸臣列出名单，从公酌议。对已经被非法禁毙者，酌情追赠名号或荫升子弟；被削籍夺职者，酌情复官；仍在监禁中的，酌情开释。就这样，在崇祯的亲自督促下，被判处死刑但尚未处决的方震孺等人全部被释放，而且官复原职；几年来被非法禁毙的杨涟等人，也纷纷得到了赠恤。

同时，崇祯开始着手考核地方长官，分出优劣，优者升迁，劣者贬谪，以达到变相清除阉党、肃清朝政的目的。这就是当时所谓的正月"大计"。吏部尚书房壮丽、左都御史曹思诚、考功郎中①李宜培等人主持了这次大计，另有杨维垣协助。人们满以为这是天子第一新政，定能将"媚珰诸奸痛加扫除"。然而结果并不令人满意，其中涉及多年来一直连绵不断的党争问题。几年来在魏忠贤府中共事的，即使不是魏忠贤的死党，多数也是长期站在东林党人对立面的"邪党"人物，依靠攻击东林党而飞黄腾达。魏忠贤倒台后，这些人的势力并没有一下子土崩瓦解，还占据着许多要害部门。房壮丽、杨维垣等人虽貌似公允，实际上仍在附和阉党人员。他们在弹劾魏忠贤的同时，也攻击东林党人，将东林党人和魏忠贤阉党并称为邪党，对此，很多人颇为不平。

实际上，房壮丽、杨维垣等人的做法代表了不少人的态度，他们害怕受到牵连，既想及早摆脱阉党，又深怕东林党人翻案，剥夺自己的既

---

① 考功郎中：官名，负责京官的考课。

有利益。所以，他们的主要策略是想保持前朝对东林党"乱臣贼子"的定性，甚至把东林党与魏忠贤集团说成是性质相同的两个罪恶团伙。

翰林院编修倪元璐看穿他们的企图后，上疏辩驳道："如果说东林是邪党，那又该怎么样评价崔呈秀、魏忠贤等人呢？崔呈秀、魏忠贤是邪党已明，那么反对崔呈秀、魏忠贤的人怎么也能说是邪党呢？如果说东林攻击邪党言辞过激，还说得过去，如果说东林狂狷则不可。以前那么多人向崔呈秀、魏忠贤颂德不已，还为其建生祠，这时又说无可奈何，不得不如此。对这种人尚且以宽厚之心百般原谅，那么，对东林那点过激的言辞又为什么如此苛求呢？"他言辞颇为激烈，一时成为舆论的中心。

当时朝廷中仍有许多阉党余孽，他们极力诋毁倪元璐，杨维垣也上疏反驳。于是，倪元璐二次上疏，反驳杨维垣。崇祯对倪元璐所言深以为然，遂将他提升为侍讲。大臣们看到崇祯的态度后，渐渐有人敢公开为东林党说话了。

崇祯元年（1628年）四月，倪元璐再次上疏，请求销毁《三朝要典》。倪元璐认为，对于三案的争议是廷臣之间不同观点的冲突，尽管水火不能相容，终究大家都是为了天子和国家的利益，因而很难说哪一派是出于公心，哪一派是出于私心。但《三朝要典》这部书则不然，它是魏忠贤、崔呈秀之流为了打击正人君子，为自己歌功颂德而盗用先帝名义炮制的"私书"。如今魏忠贤、崔呈秀已遭惩处，他们的私书也不应保留在世上，应当予以焚毁。

对于倪元璐的主张，有人支持，也有人反对。反对者主要是当年参加过编撰工作或是积极支持过《三朝要典》编纂的大臣们，其中态度最坚决的是翰林院侍讲孙之獬。

孙之獬得知有人请求毁掉《三朝要典》，马上上疏坚决反对。他在疏中说："近来有人称《三朝要典》为魏忠贤禁锢人才之书，如果祖宗在天之灵知道此事，一定会愤然不安。"他不但反对销毁，还公然请求崇祯亲自为"要典"作序，置于篇首，由史馆附上魏忠贤、崔呈秀之事，这样就可使"要典自明，逆党自正"。很显然，孙之獬仍在为阉党助长声势，只因他在天启年间不那么锋芒毕露，没有干多少坏事，所以崇祯才未对他进行深究。

大臣们沸沸扬扬地闹了半年后，崇祯元年（1628年）五月，崇祯下令毁《三朝要典》。孙之獬得知后，先抱着《三朝要典》到太庙痛哭，又大哭着当廷力争，说"要典必不可毁"，并力陈毁书的种种不应该，用语相当激烈，而后又告病请求回家调养，作为一种消极的抵抗。崇祯对此一笑置之，没有多加理会。这或许也说明，他本来没把这个专论三案的《三朝要典》看得太重。但他对倪元璐这个分清三案与《三朝要典》不同性质的提法很是赏识。

当然，崇祯对三案也有着自己的看法，他说："这三件事东林说得不对。当年皇考（明光宗朱常洛）要吃红丸，方从哲①是极力劝阻的，当时朕就在身边，怎么能说是方从哲主使呢？至于梃击，那张差确实是个疯子。移宫的事情，都是王安挑拨，完全不合情理。但《三朝要典》却从另一个极端颠倒了是非，成了阉党登台、魏忠贤专政的舆论工具。而按照倪元璐的提议，正好做到既澄清前朝的大是大非，又不至于让东林党人过于得意忘形。"因此，他决定批准倪元璐的奏请，通令全国把现存《三朝要典》的全部原书和几种书版彻底焚毁，严禁官府和私人收藏阅读，从而除掉了加在东林党人头上的紧箍咒。

尽管反对东林党的声音仍然甚嚣尘上，但东林党还是借着舆论的东风一天天做大。那些在魏忠贤时期被罢官惩处的人在平反后重新任职，还有不少人得到了提升。有些人本来不属于东林党阵营，但因为长期与东林党人同甘苦共患难，现在也以东林党自居了。一些资格很老，原本就是东林党中坚人物的，更是开始在朝廷中占据要职。东林名臣曹于汴被任命为主管监察工作的都察院左都御史，原吏部右侍郎何如宠升任为

---

①　方从哲（？—1628）：字中涵，湖州德清（今浙江湖州）人。明末大臣，官至内阁首辅。

礼部尚书。此时，天下舆论也普遍倒向东林党，人们把对魏忠贤及阉党的痛恨与对东林党的敬重对立起来，于是，东林党人成了精忠报国的赤诚君子，凡有可能挤进东林党队伍的都自称是东林一员。

在这种形势下，东林党人当然不能不会听凭对立势力对己方的肆意攻击，开始进行反击，一时朝堂大乱，争论不休。

在这次争论中，崇祯并没有失去立场。一方面，他承认东林党与阉党确实不一样，并对东林党人在抗魏斗争中表现出来的情操给予了肯定，这也是他不顾阻力坚持为东林党的受害者彻底平反的重要原因之一。另一方面，他对东林党的偏执和党私也颇怀戒心。对于朝臣各分门户、结党营私，他一直深恶痛绝，所以力图通过自己的政治手腕来遏制党争，保持一种平衡的政治格局。因而，他在给东林党人翻案平反时表现得很果敢，但在任用东林党人时十分慎重。

六、精明表演

在崇祯加紧清理阉党余孽的时候，阉党分子一个个惶惶不可终日，表现出大难临头各自飞之势，想方设法为自己开脱罪责，各显高招。一些"觉悟"较高的人，甚至早在魏忠贤如日中天的时候便已开始为自己谋划后路。

比如兵部尚书霍维华，靠弹劾东林党人起家，他在明熹宗病危时，故意在一个封赏问题上顶撞了魏忠贤。这次与魏忠贤闹小别扭，虽然使他遭到了斥责，但却成了他日后的政治资本。崇祯即位之后，他多次提及此事，博取崇祯好感。魏党将败时，他又摇身一变成为反对魏忠贤暴政的英雄，并竭力申请到辽东主持军务，试图依仗边防的危急来巩固自己的地位。直到崇祯元年（1628年）夏，这位政治手腕高明的阉党大僚才在一片攻击声中引咎辞职。

又如御史杨维垣，第一个在阉党内部造反，他攻击崔呈秀后，又像疯狗一般乱咬乱攀，揭发朝中的大小官员，揭发宫中的大小太监，揭发魏氏、客氏的亲朋好友，最后连与魏忠贤接近的浴光和尚也揭发了出来，企图把水搅浑掩护自己。

魏忠贤生前笃信佛陀，曾以 10 万两银子买下一座庙宇供自己礼拜之用。浴光和尚作为这座私人寺庙的住持，与魏忠贤交往密切，难免让人觉得他趋炎附势，但他在魏忠贤走下坡路，人人唯恐避之不及时，仍一如既往地对待魏忠贤。杨维垣为了巴结魏忠贤，与浴光和尚也有来往，但为了与魏忠贤一党划清界限，他决定牺牲浴光和尚。当时，他打听到浴光和尚离开了京城，认为朝廷抓不到这个不知所踪的和尚，用不着担心浴光和尚反咬自己一口，便把浴光和尚供了出去。出乎他意料的是，他的揭发材料刚刚报上去，浴光和尚竟自行到京城来投案自首了。好在浴光和尚相当磊落，只承认自己与魏忠贤交情密切，并没有牵连他人，杨维垣这才躲过一劫。但杨维垣最终没有逃过挖地三尺式的大清查，以魏忠贤死党的罪名被贬。

再如司礼监秉笔兼巾帽局掌印太监，魏忠贤临死前还给其送信的李永贞，在万历年间曾因触怒皇帝而被关入大牢，一关就是 18 年。这 18 年里他读了很多书，知识广博起来，能写诗作文，加上为人机敏善辩，在投入魏忠贤门下后成了魏党的重要智囊，凡重要奏章，魏忠贤都让他先拟出要点。李永贞袖中经常藏有东林党人的名录，陷害了很多东林党人。

李永贞绝对是政治嗅觉灵敏、眼明手快的人物。明熹宗刚死，他就感到前途不妙，于是主动请求引退，告病回家休养。他把自己住的小院用砖砌死，"闭关"不出，以示不再与世人交往。直到魏忠贤被迫离职，他才出墙见人，并四处活动，企图摆脱与魏忠贤的关系。他向王体乾、王永祚、王本政各行贿 5 万两银子，但王体乾等人一是厌其反复无常，二是看到当时的政治气候不对，便一起向崇祯告发此事，并将李永贞贿赂的 15 万两银子交出。李永贞知道后连忙收拾行李秘密逃亡。谁知没过多久，一桩引起崇祯关注的大案牵连到他，在朝廷的大力追查下，他很快便被缉拿归案。

这桩受到崇祯关注的大案就是前面曾提及的"七君子案"。"七君子案"中被迫害致死的 7 个人都是东林党中赫赫有名的人物，其中的高攀龙更是东林书院的创始人之一，在社会和官场上影响很大。所以，参与构陷"七君子"的太监李永贞、刘若愚等都被抓获归案，并接受九卿科道①会审，因为案情本来就很清楚，刑部很快便按会审的结果，判他们斩立决。

关于这个案子还有一个小插曲。案件本来已经结了，但崇祯对李永贞等没有动刑就主动招供产生了疑问，觉得不合常理。于是，他在召对的时候问了代理部务的刑部侍郎丁启浚，丁启浚不觉得有什么问题。崇祯又问当日主持会审的吏部尚书王永光。当他听说李实一开始不承认、用刑之后才招供时，断定里面一定有问题，不能就这样糊里糊涂地定罪。大臣们不愿与皇帝顶撞，只好听凭皇帝"圣裁"。于是，崇祯让人把当初李实的原疏找来，让众臣亲自看一看，是朱在墨上，还是墨在朱上。大家看后，发现确实是墨在朱上，也就是先盖过印后才写上字，这也说明李实弹劾周起元的本章，是魏忠贤向他要的盖过印信的空白本，由李永贞填写的。基于此，崇祯判决李永贞斩立决，刘若愚次一等，李实又次一等。

本来李实为了表明对魏忠贤的忠心而甘愿把空白本章交出去，任由魏忠贤随意害人，早已是罪不容诛；何况从劾疏的内容来看，所说的大多是苏州发生的事情，若没有李实的配合，居于京城的李永贞是编不出来的，因此李实被判死刑完全是罪有应得。崇祯之所以偏要为他翻案，并不是因为与李实有什么特殊关系，而是因为他发现了墨在朱上的疑点，想向群臣乃至天下人显示自己的英明能干。

但他所得意的英明能干却没有招来欢呼喝彩之声，反而让几个主持此事的大臣对这个年纪轻轻的小皇帝深究小节而不着眼大处的做法

---

① 九卿科道：九卿，指六部尚书、都察院左都御史、通政使、大理寺正卿；科道，指都察院六科给事中、十五道监察御史。

深感失望。丁启浚在回答皇帝问话的时候更是显示出不满情绪。聪明的崇祯自然也听出来了，以至于后来朝臣与皇帝的隔阂、矛盾不断加深。

这件事唯一的获利者应该是案件的主犯李实。因为崇祯一减再减的判定，他被改判为戍，竟然保住了性命，后来再次轻判，改成"革去冠戴，为民当差"，竟什么事情也没有了。而他那倒霉的同犯李永贞，则在当年被斩首弃市。

七、天命内阁

魏党虽除，但它给国家留下的阴影并未马上随之消散。更让崇祯忧心的是，大明王朝已是千疮百孔，内忧连绵，外患难平，主要表现在以下几个方面：

一是边患。东北女贞后金政权自万历年间迅速崛起，其军事力量直逼山海关，给明王朝的边防造成极大的威胁。

二是民饥。魏忠贤集团长期的黑暗统治，加上连年的水旱灾害，使全国各地相继出现了大饥荒，百姓大量死亡，幸存者大批流亡，或揭竿而起。崇祯元年（1628 年），陕西多县爆发农民起义，农民军陷城杀吏，事态大有愈演愈烈之势。

三是财匮。防边要花钱，平乱要花钱，赈灾要花钱，庞大的政权机构和皇家开支更需要钱，但阉党给崇祯留下来的财政基础却是挖空了的国家府库和亏空赤字。

四是朋党。自万历时期延续下来的党争不仅没有消除，反而有愈演愈烈之势。朋党交哄于朝，常常耽误国家大政，弄得人心惶惶。

以上几个难题，没有一个是容易解决的，加上官僚腐败、法纪松弛、道德沦丧、世风不古，要开创一个中兴局面可谓千难万难，但是崇祯壮志满怀，决心为此而努力奋斗。而他首先要做的是整顿内阁。

内阁最早产生于明朝永乐年间。内阁代行相权，但与丞相又有着本质的区别。起初，内阁大学士品级很低，至多是正五品，而且事权也不重，远不能与古代的丞相相比，也没有法定的政治权力。以前，六部隶属丞相，丞相可以直接对尚书发号施令。六部有事也可以直接向丞相请示和汇报。但内阁根本没有这种权力，六部是直接向皇帝请示和汇报，而不需要经过内阁。

宣德年间，阁权明显上升。一是有了"票拟"权，即对臣下的各种章奏拟出处理意见，然后经过皇帝"批红"付诸实施。但是，皇帝的批红往往是走走形式，尤其是懒于理事的皇帝，连勾都不愿打，而是让司礼监秉笔太监代劳。所以，通常是按照内阁票拟的意见来执行。这样一来，内阁的票拟就显得特别重要。二是内阁成员的品级有所提高，可兼有师、保、尚书等头衔，多是一品或二品大员。这使内阁在人们心目中的地位也大大提高。

内阁初置时，大学士们往往一起议事，没有主次之分，所以谁也无法专权。明中期以后，内阁中出现首辅，大学士们都唯首辅马首是瞻。票拟一般也由首辅执笔，其余大学士只能提提意见。嘉靖时的严嵩①、万历初的张居正②都是内阁首辅，其权力之大无人不晓。

自明武宗朱厚照开始，明代皇帝越来越懒得理事。比如明武宗朱厚照素来不喜欢在京师居住，且讨厌繁杂的政务，忽而张家口，忽而南、苏、杭，日常政务基本是由内阁处理；明世宗朱厚熜信仰道教，一天到晚在宫廷里做斋醮，后期更是一连二十余年不上朝，政务主要由内阁首辅负责处理。因此，内阁首辅权势暴增，几乎与古代的丞相相同。这也使内阁首辅之权成了争夺的焦点。

在魏忠贤擅权时，南京礼部侍郎魏广微，因为与魏忠贤同姓同乡，很快被魏忠贤提升为礼部尚书，并进入内阁，目的就是为了争首辅这一

① 严嵩（1480—1566）：字惟中，江西新余市分宜县人，明朝著名权臣，擅专国政达 20 年之久，在职期间祸国殃民败坏朝纲，后被没收家产，削官还乡，无家可归。

② 张居正（1525—1582）：字叔大，湖北江陵（今湖北荆州）人。明朝中后期著名政治家、改革家，万历时期入内阁任首辅，推行"一条鞭法"，辅佐万历帝开创了"万历新政"。

肥差的拟票权，以方便行私。

天启、崇祯年间，官场中私下里也确实把内阁成员称作相国、相爷，被任命进入内阁称作"大拜"（就是拜相）。对于文官来说，入文渊阁充任辅臣，成了终身追求的最高理想。

崇祯即位之初，继承的是一个阉党充斥的内阁。主要有 4 个人：黄立极①、施凤来、张瑞图、李国楮，首辅为黄立极。黄立极是魏忠贤的同乡，天启五年（1625 年）入文渊阁，第二年即代顾秉谦居首辅位，他对魏忠贤唯命是从，做了不少坏事。其余几人的情况也差不多。在这种情况下，崇祯没有马上动手，而是像起初安抚魏忠贤那样，暂时保留了内阁成员班子。

魏忠贤被铲除后不久，监生胡焕猷上疏对内阁 4 位成员进行了集体攻击，说他们在魏忠贤专权之时，不能有所匡正，反而揣摩意旨，专事逢迎，都应该被罢免。

按说官学生是不准议论国事的，但自从贡生钱嘉徵攻劾魏忠贤博得了好名声以后，监生、秀才们上疏议政连绵不绝，竟一时成了风气。崇祯认为此风不可长，而且他对一介书生轻议内阁重臣也颇感厌恶，于是下令对胡焕猷施以杖刑，并革去其监生功名。

攻讦者受到了惩治，但被攻击的人却无法自安。很快，黄立极等 4 位内阁大学士联名启奏，说自己罪恶深重，竟引起一个书生的指责，给朝廷带来了莫大耻辱；同时又辩解说是因魏忠贤之势，不得已而为之。崇祯对这种"不得已"论反感痛恶，就是朝野舆论也不能谅解。所以，黄立极在几天后托病辞职，天启七年（1627 年）十一月，崇祯令黄立极致仕。其余几人的地位也岌岌可危。

随后，崇祯命各部门的主要负责人共同推举 10 个候选阁员，明里是为了充实内阁，实际上是为了早日建立起一个完全属于他的行政班

---

①　黄立极（1568—1637）：字石笥，又字中五，号我范，直隶元城（今河北大名营镇乡黄庄村）人。明末大臣，历任礼部侍郎、礼部尚书兼东阁大学士、文渊阁大学士、武英殿与建极殿大学士，为首辅。

底。一般来说，皇帝通常会按照廷推的顺序画定最前面的三四个人，但是当时官员之间攻击成风，谁也不服谁，所以既选不出人，也没有人敢主动出头。崇祯无可奈何，最后想出了一个听天由命的办法——举行多年没有实施过的"枚卜"大典，也就是通过抽签的方式让老天来确定哪个人入选。这样做，一是为了避免陷入别有用心的大臣们设定的圈套，二是他当时还不了解朝中大臣的基本情况，不知孰贤孰劣，自己不能判断，又不愿让大臣们代为判断，那就只能由老天裁决了。

"枚卜"大典在乾清宫举行，内阁的几位辅臣，五府、六部和都察院的主官都督、尚书、侍郎、都御史，中央各寺、司和顺天府的负责官员，所谓的大小九卿，以及六科给事中和十三道御史都参加了典礼。崇祯首先向苍天焚香祷祝，行一跪三叩之礼，而后用象牙筷子从金瓶里夹出纸签，最后，吏部侍郎钱龙锡、礼部侍郎李标①、礼部尚书来宗道②、吏部侍郎杨景辰③、礼部侍郎周道登④和少詹事刘鸿训幸运地成为了"天命"的内阁大臣。

据说在此过程中还发生了一个小事故：崇祯从金瓶里夹出一个纸签，但忽然刮来一阵风，把那个纸签吹落在地上。侍从太监们忙了半天也没有找到，只好当作天意作罢。大典结束后，人们才发现那个纸签落到了大学士施凤来背后的衣褶里，打开一看，是王祚远。可怜王祚远大好的前程，就这样被一阵风给吹跑了。

不管怎样，阁臣总算是选出来了，但这次"枚卜"所得的6位阁臣却良莠不齐，来宗道是阉党余孽，杨景辰素无操守，周道登更是老而

---

① 李标（1582—1636）：字汝立，号建霞，河北高邑李家庄人。明末大臣，历任礼部尚书、户部尚书、少保兼太子太保、武英殿大学士，两次出任内阁首辅。

② 来宗道（1571—1638）：字子由，号路然，廪生，萧山长河人（今杭州滨江区长河街道）。明末大臣，历任光禄大夫、少傅兼太子太傅、户部尚书、礼部尚书、文渊阁大学士，七次进阶，显赫一时。

③ 杨景辰（1580—1629）：字载甫，晋江二十六都芙蓉乡（今罗山乡后洋村）人。明末大臣，历任礼部侍郎、礼部尚书兼东阁大学士、文渊阁大学士。曾为《三朝要典》副总裁。

④ 周道登（？—1632）：苏州吴江人（今江苏吴江），周敦颐后裔。明末大臣，崇祯朝内阁首辅，历任东阁大学士兼礼部尚书、上书房总师傅、国史馆正总裁。

蠢钝，只有李标、钱龙锡、刘鸿训比较清正有为。所以，第一次"天命"内阁班子的弱点很快便显现出来。

渐渐地，崇祯也发现，不论是靠天命选出来的新内阁班子，还是按资历德才循例推升的部院大臣，实际能力没有一个合乎要求。在他看来，那些翰林出身、号称才学优长又有几十年从政经验的大学士，那些自诩老谋深算、精通政务的卿贰大臣，大都是老滑有余，干练不足。他每次要召集内阁成员讨论国务，阁臣们总是唯唯诺诺，很少能提出什么建设性的意见。这让崇祯失望至极。而且，阁臣们专司的票拟也难入他的法眼，且不说内容因循守旧、毫无建树，就连错字错句也时有发生。

比如周道登，此人看起来一副老学究的样子，学问却一点也没有表现出来，"老"字倒表现得淋漓尽致，迟钝得让人震惊。据说有一次崇祯问他，为什么说宰相要用读书人。周道登想了好久才说，这个问题他要回阁中查一查书才能确切回复。崇祯当时就很不高兴，后来大概觉得如此草包实在少见，于是又笑问道："近来本章中总是提到'情面'，这'情面'二字如何解释呢？"周道登居然答道："'情面'者，'面情'之谓也。"崇祯十分无语，左右人等都憋不住笑出声来。

所以也难怪崇祯生气，主要是这些阁臣自己也不争气。加上当时的内阁班子是从魏忠贤时期过来的，成员成分比较复杂，随着清查阉党工作的深入，一些阁员的问题暴露出来，崇祯元年（1628 年），施凤来、来宗道、杨景辰先后被罢免，当时来宗道仅出任首辅一个多月。李标入朝继为首辅。不久，周道登也因敷衍了事、暮气沉沉而被罢撤。

八、夙夜焦劳

客观地说，无论是道德品质还是政治素质，崇祯都具备成为一代名君的条件。他自幼好学，读过不少历史著作，对于《资治通鉴》《贞观政要》《帝鉴图说》之类帝王必修的历史读物更是一个不落。登上皇位后，他把这些书籍作为日常读物和参考资料排列在案头和隔架上，以便随时查看。他很羡慕历史上那些君臣相得、共创丰功伟业的盛世，也希望在自己统治时期再现那样的盛世，就连平时对朝臣讲话，他也常说要效法尧舜。

崇祯即位不久，便开始参加"日讲"。所谓"日讲"，是指由内阁和翰林学士为他朗读和讲解四书五经和《通鉴》《祖训》等经史著作。这原本是皇帝应该严格遵守的政治学习制度，除了节假日、大典礼及逢三、六、九的常朝仪式之外，每天都要进行。然而，从100多年前的明武宗朱厚照开始，天子们或是懒惰，或是贪玩，基本不再参加"日讲"，甚至嫌烦而废除了这种制度。而崇祯在位时，规规矩矩地参加了17年的"日讲"，寒暑不辍。

除了"日讲"，还有"经筵"，春秋两季每月三次，是仪式性更强、规模更大的理论学习活动，崇祯同样坚持不懈。他立志通过不断的学习来增进自己的修养，砥砺自己的情操，提高自己的统治水平，使自己真正成为一个如唐尧、虞舜一般的君主。

可惜良相难觅，他这个未来的旷世名君，总是找不到盛世所需要的贤臣。为此他只能咬紧牙关，实行最彻底的亲政。

在中国古代，作为君主专治制度下的皇帝，对于国家政务的各个方面，事无巨细，都应当亲自过问、亲自处理。但在明代，除了明太祖朱元璋以及明成祖朱棣之外，几乎没有哪个皇帝真正对政务感兴趣。其中，埋头深宫者有之，沉溺于游乐者有之，很少理政者有之，根本不理朝政者亦有之；有的勉强支应，也只是象征性地进行一些朝事活动。这就逐渐形成了内阁拟旨、司礼监批朱等一套由臣仆为皇帝代劳的政治运作制度。而且，他们还为此找了理由，说这是为了贯彻圣贤们制定的"君逸臣劳"的原则。有了这套切实可行的制度，即使皇帝偷懒，也不至于给国家机器的运行带来太大影响，因而大多数明朝皇帝也就懒上加懒。

皇上懒政时，大臣们希望皇帝能够亲政、勤政，认真批阅本章，定期召见群臣。可是一旦皇帝真的认真、勤勉起来，臣子们反而受不了，甚至产生极大的反抗情绪。因为皇帝一旦亲自理政，势必重新拿回多年来已经分划给朝臣的一部分权力。崇祯年间的大臣面临的正是这样一种局面。

崇祯对政务的热衷可以说是出于一种天性。很多皇帝都受不了枯燥繁复的政务，但崇祯却乐此不疲，对调查处理那些头绪不清、疑点较多的案件甚至有着一种特殊的爱好。这种对政务的热爱加上自负、多疑等性格特点，使他对政务的操劳之多、关心之切，堪称自洪武、永乐以来之最，所以他也就成了最让朝臣受不了的一位皇帝。

认真批阅本章，经常召对朝臣议政，是崇祯勤政的主要表现。他非常重视中央各部门和地方送来的题本、奏本，对一切本章和内阁的票拟都会仔细阅读，对票拟提出修改意见，要求内阁重拟更是常有的事。实际上，除了极个别的情况，皇帝通常很少把内阁的票拟驳回重拟，这在多年以来已形成定例。但崇祯似乎过于珍惜自己所拥有的权力，只要觉得不妥，他就会立刻发回内阁重拟。在这种全新的形势下，一些内阁大学士在拟旨的时候干脆预先留下被驳回的余地，等着让皇帝驳回。可以说，这是明代政治运作方式的一大变化。

也正是因为对本章的格外留心，崇祯发现朝廷公文制度中有一个很大的弊端，那就是虚浮枝蔓。内阁送上来的本章常常下笔千言离题万里，使得真正的要点淹没在大量的虚话套话里，结果是累人累己，还耽误了宝贵的时间。其实这种情况古已有之。明朝初年，刑部主事茹太素上万言书，明太祖朱元璋读了近 7000 字仍未明白他要说什么，不禁大怒，命人把茹太素痛打一顿。第二天再读，好不容易读到 16500 字，才发现了他提的 5 条建议，也就耐着性子读完了。事后，朱元璋发布了一个特别文告，讲述了此事的情况，并且提出："若官民有言者，许陈实事，不许繁文。"

这个指示可以说是相当好的，但却没有被很好地执行。随着时间的推移，充满无用言词的本章又风行起来，一些自命才高的大臣将此作为卖弄文采的手段与工具。因此，崇祯在登基半年后正式颁布上谕，严禁章奏冗蔓，要求以后陈事一定要简明，不得超过 1000 字，如千字不足以表达其意，就另本再奏，但因风气所致，这个禁令并没有产生多大效果。而且，崇祯虽然讨厌奏章过于冗蔓，但他自己偏偏也是这样的人，撰写的上谕、诏令常常充满华而不实的辞藻。后来国家大事顾不过来，他也就不再过问此事了。

对于皇帝来说，不时与大臣议政也是其职责之一，但在崇祯即位前的 100 多年里，大臣们很少有机会与皇帝共同议政。崇祯的祖父万历帝更是多年不上朝，大臣们连他的面都见不着，根本就没有共同议政之说。一些稍微勤勉的皇帝，虽然能坚持三日一次的常朝，但也只是走走过场，人称是"跪拜起立，第如傀儡之登场"，大臣山呼万岁，内侍一句"有本上奏无事退朝"就算完事，大臣不奏皇帝不追，大家各自方便。而崇祯则常年不断地坚持与大臣会面，而且每次会见都要讨论实质性的问题。

明代天子会见大臣一般有两种方式：一是仪礼性的朝会，包括元旦、冬至、万寿节（皇帝生日）等重大节日的大朝会。平时例行的朝会是半仪礼性的，带有仪式色彩，也可能讨论一些特别重大的问题。二是办公性的会见，崇祯召见大臣一般在保和殿后的右门之处，宫中俗称"平台"，所以在后左门召开的办公会议又叫"平台召对"。

崇祯以前的几位帝王很少举行"平台召对"，但到崇祯时却成了家常便饭。根据需要"平台召对"的对象每次都有所不同，有时是九卿科道，即全体高级大臣和言官；有时是专召某一类官员；有时是与某一问题有关的官员。

起初召对是不定期的，也就是有事即召。崇祯即位之初，便主动向内阁等部门发布了一道上谕，讲述自己自登基以来夙夜焦劳，为国家民众呕心沥血的情状，进而责备大臣不够积极，正因为如此，他才屡次召对平台，希望能与大臣一同振作起来，扫除弊端，共创新政。然而，召见往往因时间短促，导致不能把问题讨论清楚。如果每天都与大小臣工共筹庶务，又打扰大臣的日常办公。但内阁辅臣本来就是天子亲近得力之人，应当时刻顾问于左右。所以，崇祯决定：以后除严寒酷暑之外，他会每日在文华殿工作，下面送来的所有奏章都与众辅臣当面商量定议，尽量做到处理得当。最后，崇祯还要求群臣秉公勤奋，一改以往欺玩颓靡之风，共创宏伟之功。

这道上谕充分反映了崇祯在执政初期的心理状况。此后，他一直坚持着这个新制度，直到被农民军赶下龙椅。

崇祯的出发点是好的，这种制度上的变化也的确给明朝末年的政治带来了一些新气象，但对这个破落的王朝却没有多少作用，因为多年来文武大臣早已形成了懒政怠政的运行机制。崇祯无论如何也不会想到，自己这样一个又勤政又精明的专制君主，给大明王朝造成的伤害，竟远远大过一个平庸、惰怠、无所事事的皇帝。他到死也没有弄明白其中的缘由。

第四章　走马内阁五十相

一、君臣蜜月

内阁办事得不得力，与首辅的能力和责任感不无关系。为了给内阁增加新鲜血液，也为了进一步寻找能够成为自己心膂股肱的能臣良吏，崇祯决定再次举行会推阁臣的活动。

如今，朝廷中的形势与一年前相比已经有了很大不同，东林党迅速壮大，更有不少东林党人占居朝廷要职，有侍郎、京卿一类的高级大臣，有掌握着很大实权的郎中、员外郎，也有能极大影响舆论和朝政的言官，而且他们空前团结，早已不是朝中那些散兵游勇式的小圈子、小宗派所能抗衡。这些一度星散蛰伏的东林党人怀着满腔的热情，把持朝政、排斥异己，俨然成了朝中主流。他们不满足内阁和七卿那少之又少的分量，一心想把自己的势力安插进去，建立一个真正的东林朝廷。

崇祯这次下令会推阁僚，使他们终于看到了机会。在他们的活动下，这次会推出来的内阁候选人员，要么是东林党人，要么是与东林党友好的人士。

经过仔细考察，崇祯最终决定任用前内阁大学士韩爌。

韩爌是山西蒲州（今山西永济韩阳镇）人，万历二十年（1592 年）进士，入翰林院，万历后期官至礼部右侍郎协理詹事府事，做过东宫讲官。由于和太子（明光宗朱常洛）的师生关系，他在"国本"问题上与东林党持同一立场，但因为他是北方人，加上他在"红丸案"等事件的争论中对东林党人一些不合理的观点提出过不同看法，所以同东林党中几位很有影响力的人物关系并不密切。韩爌于泰昌元年（1620 年）入文渊阁，素以老成持重而闻名。天启四年（1624 年），东林党魁叶向高被罢，韩爌升任内阁首辅，在阉党日盛的情况下苦力支撑残局，终被排挤出阁。次年，他又被阉党列为东林奸党，削籍除名，并诬坐赃银 2000 两。为了完纳赃银，他只能变卖田宅，和家人居住在祖墓。

崇祯之所以看中韩爌，除了他的才能与德望外，还有就是他与魏忠贤及阉党的界限清楚，宗派色彩不浓。此前已有人请求崇祯征召任用韩爌，但被杨维垣等人压制，所以崇祯只是赐圣旨慰问了他，并让他的一个儿子做官。崇祯元年（1628 年）五月，崇祯下旨让韩爌以原官职进京入文渊阁。然而，此时韩爌远在晋南，加之年事已高，行动不便，在接到圣旨之后，他用了半年多的时间才到达京城。在此之前，崇祯只好将就着使用现成的班子，也就是在这个时候，他发现了刘鸿训。

刘鸿训是长山（今山东淄博）人，万历四十一年（1613 年）进士，先授庶吉士，后改授翰林院编修。天启六年（1626 年）担任少詹事官，因不顺从魏忠贤专权，被贬职为民。崇祯举行"枚卜"大典时，他被抽中了。刘鸿训年纪轻，反应机敏，口才又好，更没有因为自己资历浅而畏首畏尾，每一次御前办公会议他都表现得颇为积极，更是能顶着崇祯的挖苦和训斥与崇祯讨论一些机务大政。崇祯看在眼里喜在心上，感觉自己久寻不得的良臣终于出现了。

在清查阉党和平反冤狱的一个月中，刘鸿训积极建议、具体主持，与崇祯配合默契，让崇祯大有相见恨晚之感。可惜这个温暖和煦的时期太短暂了，君臣关系很快就产生了裂痕。

崇祯元年（1628 年）秋，山海关外宁远卫①的驻军哗变，哗变部队把宁远巡抚毕自肃等官员绑在谯楼②上，催要拖欠了几个月的粮饷。毕

---

① 宁远卫：原名宁远卫城，位于辽宁省兴城市，是中国东北地区保存最为完整的古城，名将袁崇焕曾在这里大败努尔哈赤。

② 谯楼：即古代城门城楼，建在城门之上，用于瞭望。

自肃因惭愤自刎而死。消息传到京城后，崇祯大为光火，责备户部没有及时发饷。户部却表示：府库空虚，一时无力解决。这让崇祯更加恼火，当时就想向户部问罪，以显示自己的"不测之威"。刘鸿训心里很清楚现在的国库状况，认为此时让户部拿出那么多钱粮无疑是强人所难，责罚不但没有用，而且不公平。因此，他反对问罪户部，主张由皇帝出"帑币"30万发往辽东军前，以示"不测之恩"。

帑币是皇帝的私有财产，拿出30万应该不是什么难事。但崇祯生性吝啬，让他出帑币无疑是割他的肉，剜他的心，他是绝对不可能接受的。他不但不能接受，而且恨透了敢于提出这个建议的刘鸿训，认为他分明是心怀不轨。

所幸宁远兵变很快就被平定了。崇祯没有施"不测之恩"，也没发"不测之威"，但他与刘鸿训的"蜜月期"也就此结束了。没过多久，崇祯专门派去监视刘鸿训的人员汇报说：刘鸿训在家里竟然说当今皇上"毕竟只是个冲主"。意思是崇祯毕竟年轻，处事不明。崇祯十分气恼，当时虽然没有马上发作，但对刘鸿训来说却埋下了祸患的种子。

崇祯表面的自负，其实正是他内心深处自卑的表现。从他十几年君临天下的实际行动中可以看出，他平生最痛恨的就是别人看不起他。所以，他对别人的评价特别敏感，谁要是在背后评论他，就会触到他的逆鳞，可以说到了病态的程度。这病态的表现形式之一就是对身边所有的人都不相信，否则他也不会派人去监视刘鸿训。

这一年崇祯还不满18岁，仅确实也是个"冲主"，不过他在整人方面已经相当成熟。他知道不能仅凭刘鸿训在家中说自己"毕竟只是冲主"就给他定罪，这样不仅显得自己没度量，更会造成恶劣影响。所以，他得找到一个合情合理的借口，这是政治斗争的技巧和精髓。

机会很快便来了，这就是崇祯元年（1628年）十月闹得沸沸扬扬的改敕书案。这年九月，领巡捕军的郑其心向朝廷上奏说：新任总督京营戎政的惠安伯张庆臻的敕书（委任状）中有"兼辖捕营"的话，但按旧例，京营总督是无权管辖巡捕营的，郑其心认为这样就侵夺了自己的权力，因而请求核查。有关部门在检查中发现，敕书的内容是内阁中书舍人田佳璧私自加进去的，怀疑有贿赂作弊的可能。田佳璧很快被逮捕，与敕书事件有关的张庆臻及兵部、内阁的一些官员也受到了怀疑。因为按照规定，这类敕书应该由兵部拟稿，经阁臣审定后交中书缮写，再经大学士和兵部主官审阅后才能盖印生效。现在出了问题，内阁和兵部自然负有责任。

最喜欢调查疑难案件的崇祯立即亲自对这个并不重要的案子进行审讯。张庆臻表示他根本就不知道改敕书的事情，而且增加管辖巡捕营的权力并没有什么油水，怎么可能去重金行贿呢？但崇祯完全不相信张庆臻的辩解，又调来了兵部写给内阁要求发放敕书的揭帖，发现上面刚好有刘鸿训批的"由西书房办理"的字样，这证明了此事是由刘鸿训经办的，他的责任是脱不掉了。问题在于，刘鸿训仅仅是工作失误，还是接受了贿赂有意如此呢？

正所谓墙倒众人推，关键时刻朝中的一些言官开始大肆攻击刘鸿训，说他纳贿有迹，有人还扯上了一些捕风捉影的事情。随后，在狱中的田嘉璧也改口说自己是受了刘鸿训指使。内阁大学士李标、钱龙锡和礼部尚书何如宠[①]认为事情不可能这么简单，而且以刘鸿训的人品，不应该有这样的行为。但崇祯却一口咬定，称案情已经水落石出，没有必要再进行调查，严令拟旨惩办。于是，刘鸿训和张庆臻均被革职，逮捕听候审判。尽管刘鸿训极力否认，但崇祯认为这是一件罪不容恕的大事，对刘鸿训的连续申辩置之不理。而一些大臣以没有确证为由为刘鸿训开脱，让崇祯愈加愤怒。不久，刘鸿训被判处流放戍边代州（今山西代县），而且一直没有得到赦免，于崇祯七年（1634 年）五月在戍所去世。

崇祯元年（1628 年）十二月，韩爌奉召回到京城，入文渊阁，因

---

① 何如宠（1569—1641）：字康侯，号芝岳，南直隶安庆府桐城县（今安徽枞阳县枞阳镇何家青山）人。明末名臣，为官清廉，深得在朝官员信赖，官至少保、户部尚书、武英殿大学士。

他是元老重臣，李标遂避让以韩爌为首辅。由于韩爌、李标、钱龙锡等人都与东林声气相通，故人们称之为东林内阁。

这个东林内阁在协助崇祯拨乱反正、处置阉党方面起了很大作用，给人们带来了一线希望。也正是在这一时期，崇祯显得刚果有为，在人们心目中树立起了一个良好的形象。

二、党争再起

崇祯极其厌恶党争，但在崇祯元年（1628 年）冬天的这次阁臣会推中，他还是不可避免地被卷入到廷臣的党争之中。而这一切与一个人关系密切，这个人就是温体仁。

温体仁是浙江乌程人，万历二十六年（1598 年）进士，曾任翰林院编修，在魏忠贤专权时任礼部侍郎，但没有参与过阉党的政治阴谋，也没有吹捧逢迎过魏忠贤等人，崇祯即位后被晋升为礼部尚书衔，协理詹事府事。

按照惯例，像温体仁这样翰林出身的礼部高级官员是应该成为第二次内阁候选人的，但他在魏忠贤专权时期顺风顺水地做着高官使曾经备受迫害、刚刚翻过身来的东林党人产生了一种非我同类的感觉。东林人士大概以为，稍微压制一下在魏忠贤专权时也很得志的人是合情合理的，也是很公平的，于是在崇祯元年（1628 年）冬的阁臣会推中排挤掉了温体仁。

温体仁对此深感愤怒，自己释褐做官已经 30 年，好不容易熬到政治生涯的巅峰，却被东林党人毫无道理地半路阻截，真是欺人太甚！他是一个极有心机和城府，在关键时刻敢于出手的人，此时东林党虽然势力雄厚，但他仍决心与东林党斗上一斗。他第一个下手的对象就是钱谦益，这源于一桩科考舞弊案。

天启二年（1622 年），钱谦益以翰林院编修的身份主持浙江乡试。当时有两个无赖棍徒，一个叫徐时敏，一个叫金保元。他们假称上面有人而得到了考题，在参加乡试的生员中卖"考题"，宣称按题答卷定能高中，并说如果不信，可以中举后再收费。实际上，这两个棍徒上面并没有人，只是想采取广种薄收、愿者上钩的办法骗钱。因为交易是私下进行的，所以他们并不怕考生相互通气。而考生觉得反正是考不中试后交钱，考不中不给钱，自己也没什么损失，所以有不少考生预买了他们所谓的考题。当时有个考生叫钱千秋，徐时敏和金保元对他说，本次乡试只要他将"一朝平步上青云"一句分别放在每段文章的结尾，考官就能认出是自己人，就可以录取。结果，钱千秋真的得中浙江省第四名举人。徐时敏和金保元根据协议上门要钱，但钱千秋已经发现他们搞的是骗局，不想履约付钱。两边为此大闹起来，惊动了乡邻、官府，乃至整个京城。礼科给事中顾其仁上疏纠劾此事，朝廷下令严查，不久查清结案，钱千秋和徐时敏、金保元俱以科场舞弊罪判处流戍，钱谦益以及房考官郑履祥以失察罚俸 3 个月。

此案过去七八年后，朝中政治局势已历经过两次天翻地覆的大变化，主犯徐时敏、金保元死在了戍所，钱千秋则遇赦回了家。本来不值得再去纠缠，但温体仁深知崇祯生性多疑又酷爱调查各类案件，决定利用这桩历史旧案来搅局，即使不能遂自己所愿，也要把水搅浑，以出自己心中的一口恶气。

很快，温体仁上疏弹劾钱谦益"盖世神奸""结党欺君"，一面揭露钱谦益品德败坏，有受贿舞弊的前科；一面控诉东林党人把持会推，蒙蔽皇上。其实崇祯对于这次会推也产生了怀疑，但并不是因为温体仁，而是因为周延儒。

周延儒是宜兴（今江苏宜兴）人，万历四十一年（1613 年）中状元，授翰林院修撰，天启后期任少詹事掌南京翰林院事，与温体仁一样没有追随阉党的劣迹。崇祯即位后调升礼部侍郎。"平台召对"时，他和风度和才智都给崇祯留下了深刻的印象。周延儒不但聪明能干，而且为人圆滑，在一些具体问题的应对上，也很合崇祯的心意。在之前宁远兵变的讨论中，刘鸿训因提议发内帑充饷示"不测之恩"而得罪崇祯，而周延儒则利用不久后的另一次兵变，再次得到了崇祯的认可。崇祯元年（1628年）冬，锦州驻军因欠饷而哗变，诸臣又提出由皇帝自掏腰包发饷，周延儒却力排众议，说："军饷本来是为了防敌的，如今却要专门用来防兵了。宁远哗变给宁远发饷，锦州哗变又给锦州发饷，那么各地的驻军将来都要效法了。"崇祯一下子找到了知音，忙问："那你说有什么办法呢？"周延儒其实也没有什么办法，只是说："目前事急，饷不得不发，但应该筹划一个长久之策。"此言虽然空泛，但崇祯却颇为认同，周延儒也因此成了崇祯眼里的红人。

在这次会推中，如果说崇祯心中有目标人选的话，周延儒肯定是其中之一。然而会推结果出来后，偏偏没有周延儒的名字。一向多疑的崇祯便认为有人捣鬼，不仅是针对周延儒，更是针对自己。所以，他决定借温体仁的发难立案调查，以解自己心中之疑。

钱谦益没想到温体仁会突然针对科场旧案的问题向自己发动攻击，东林党同样始料未及，没有做好应对的准备，一下子慌了手脚。面对皇帝的质讯，钱谦益不知如何是好，只能回答："钱千秋通关节一案，当年已经疏参，由刑部勘问明白，现在有案卷在刑部。"

一个早有预谋，一个毫无准备，再加上一个存有私心的裁判，胜负早已分晓，钱谦益在朝堂对证中败得一塌糊涂。

这时，吏科都给事中、东林干将章允儒站了出来，为钱谦益出头，指责温体仁是因为怨恨会推无名而生事端。结果，温体仁当堂再提结党一事，把章允儒也拉了进来，并说自己并非出于私心，而是不忍见到皇上孑然孤立。温体仁这番话深深打动了崇祯。登基以来，他一直怀疑大臣们结党营私，也害怕被欺骗蒙蔽，更担心被大臣们所孤立，如今看到东林党势力大增，一股凉意不禁从心底升起。

恰在此时，章允儒为反击温体仁，冲动之下竟隐隐把崇祯比作昏聩无能的明熹宗。崇祯大怒，当场骂章允儒胡说，并喝令将他拿下，可是连呼几声，竟然没有人应旨拿人。崇祯只得直接命令锦衣卫，此时在朝班之中的锦衣卫总管只好出班承旨，但所谓"拿下"，只不过是把章允儒扶了出去。崇祯更觉失了颜面，伤了自尊，联想到温体仁的那句"满朝皆钱谦益之党"，以及东林党人在朝中权势涛天，他暗下决心，绝不允许朝中存在一个干扰天子权力的朋党集团。

周延需一直没有出声，但他儒看出了崇祯的心思，于是出面帮助温体仁。虽然不少部阁大臣坚持当年已经定案，并无疑点，崇祯还是命人从礼部调来钱千秋的考卷，亲自验看后，先入为主地罢了钱谦益。也正是这场风波，使崇祯将此次阁臣会推的结果全部推翻，会推的 11 个大臣都未入文渊阁。

这场会推风波，本质上是朝中新旧两个利益集团为争夺政治权力而进行的一场斗争，反映出明末官场的朋党习气已经严重到了难以禁止的地步。作为最高统治者，对于朋党交哄其实可以超然其外，也可以充分利用矛盾来平衡党争，但年轻而又颇为自负的崇祯显然不大明白这个道理，常常被一些别有用心的党争派别所利用，从而加剧了朋党之争。

三、首辅之争

东林内阁形成之时，明王朝可以说是内忧外患交相逼迫，不但朝政混乱，而且外患日益严重。新兴的后金势力不时袭扰，因兵饷匮乏，边兵哗变时有发生。同时，陕西等地的农民起事犹如星星之火，大有燎原之势。当此多难之际，崇祯身为一个年轻皇帝，极力振兴，力图挽回颓势，重振朝纲。他在清除阉党的基础上建立起东林内阁，相互配合，朝政一时颇有振作。可惜好景不长，这个局面仅仅维持了大约 2 年。

当时从边事上来看，最大的威胁是辽东的后金势力。崇祯即位后不久，皇太极便派兵征服了李氏朝鲜，使朝鲜由明王朝的藩属变为了后金的藩属。朝鲜原本是牵制后金的力量，现在却变成了后金的后方，不时为后金助兵助饷，辽东的局势变得更加严峻。经东林内阁推荐，名将袁崇焕督师蓟辽，辽东危局一时有所改观。

崇祯二年（1629 年）十月，后金兵绕过山海关，分三路南下，直达明都北京近郊。袁崇焕得报后，急忙从山海关率师入援。后金军击退后，崇祯以擅杀大将毛文龙、放清兵入关等为由，将袁崇焕逮捕下狱，并于次年八月将其凌迟。

袁崇焕一直与东林党走得比较近，当初他被魏忠贤贬谪在家，后经东林党人钱龙锡等推荐，才被重新起用为兵部尚书兼右副都御史，督师辽东。现在，一些素与东林党为敌的人见袁崇焕被逮捕治罪，乘机大作文章。其中以高捷、史𥟡做得最为明显，他们曾经被吏部尚书王永光引荐，但在钱龙锡的阻挠下未能如愿，所以对钱龙锡怀恨在心。此时二人已复为御史，袁崇焕案发生时，他们便极言袁崇焕的所作所为皆是钱龙锡指使，借此弹劾钱龙锡。袁崇焕被处死后，崇祯又将钱龙锡长期关押在狱中，数年后将他遣戍定海卫。钱龙锡被罢是对东林内阁的一个重大打击。

此时，周延儒也等来了机会，以特旨入文渊阁。崇祯三年（1630年）元月，内阁首辅韩爌被罢回籍，首辅由李标暂代。结果，李标共做了2个月又被罢，之后由成基命继为内阁首辅。

周延儒一直觊觎首辅之职，便暗中唆使亲信不断弹劾成基命。而崇祯内心也偏向周延儒，所以成基命任职仅半年，便被周延儒等人逐出了内阁。周延儒于当年九月如愿以偿地登上了首辅之位。至此，曾经风光一时的东林内阁彻底成为了过去。

由于周延儒八面玲珑，所言大多颇合崇祯心意，所以崇祯对他格外倚重。有一次，崇祯将周延儒单独召至文华殿，密谈至半夜，谈话内容无人不知。这引起了一些朝臣的疑虑。御史黄宗昌上疏弹劾周延儒品行不端。御史李长春也上疏说周延儒独自与皇帝密谈不合常典。南京给事中钱允鲸也上劾章，直言周延儒与阉党要员冯铨私交很深，让周延儒入文渊阁柄政，他肯定会为阉党翻案。面对接连不断的劾章，周延儒大感恐慌，连忙上疏辩解，同时请求罢归。然而他是崇祯好不容易找到的心仪之臣，所以崇祯认为这是某些人出于嫉妒故意倾陷，不但不许他罢归，而是好言相慰，还为他加了太子太保之衔。

崇祯三年（1630 年）六月，温体仁借助周延儒之势，以礼部尚书兼东阁大学士之职入文渊阁。他与周延儒颇为亲近，诸事都秉承周延儒的意旨去办。周延儒也想引温体仁为助，故温体仁入阁之初两人的关系颇为密切，然而他并不知道温体仁已开始觊觎首辅之位。为此，温体仁不惜与吏部尚书王永光联合为逆党人士翻案。

袁崇焕死后，辽东爆发危机，温体仁、王永光二人向周延儒推荐王之臣、吕纯如，说这两人边才可用。王之臣，在天启时被魏忠贤用为兵部尚书；吕纯如曾以兵部侍郎掌尚书事，是残害东林名士周顺昌的重要帮凶。在温体仁和王永光的活动下，周延儒也表示支持王、吕二人，温体仁心中不禁暗喜。因为此事一旦被批，崇祯早晚会追究周延儒的失查之过。

不出所料，对于此事，朝堂上一片反对声。起初周延儒倒是支持的，但他的一个亲信对他说："王之臣、吕纯如二人若上位成功，为逆党翻案的罪名便会安到你这个首辅头上。"周延儒听罢马上意识到问题的严重性，不禁倒吸了一口凉气。所以，当崇祯问到他时，他故意沉吟了一会儿，然后一字一顿地说："如果能重新起用王之臣，那也就能为崔呈秀雪冤了！"崇祯顿时省悟，态度随之变得坚决起来，不允许任何人为逆案中人翻案。一计不成，温体仁、王永光等人十分失望，又开始在暗中搜求周延儒的隐事，待机而发。

周延儒表面上是正人君子，暗地里却恶行累累。比如，崇祯四年（1631 年）钦点状元陈于泰，是周延儒妻妹之夫，对此人们纷纷议论，都认为这是周延儒在暗中操纵的结果。周延儒曾任用张廷拱为大同巡抚、孙元化为登莱巡抚，这两人都是周延儒的私党。周延儒的老家在江苏宜兴，他的家人子弟仗着朝中有人，横行乡里，无恶不作，乡人无以泄愤，竟在夜间将周家的宅院烧掉，这挖了他家的祖坟，可见周家子弟作恶之深。周延儒的兄长周素儒素无尺寸之功，竟以锦衣卫千户的头衔冒领钱粮。同族周文郁无才无能，居然做了副总兵。周延儒的这些黑历史被扒出来之后，温体仁暗中唆使亲信上疏弹劾，但崇祯对周延儒正倾心相倚，根本不为所动。周延儒有时因心中不安上疏请罢，崇祯还好言慰留。

崇祯五年（1632年）春，山东李九成造反，攻陷军事重镇登州（今山东蓬莱），巡抚孙元化被囚，引起满朝震惊，认为此劫之大不下于辽东之陷落。周延儒推荐兵部侍郎刘宇烈前去视师，但劳师无功。温体仁又逮住机会，暗中唆使言官们上疏弹劾周延儒，言辞激烈。周延儒深为不安，再次上疏乞休。崇祯虽仍以善言相慰，但内心已有所动摇，对周延儒的眷倚之情锐减。

崇祯六年（1633年），也就是周延儒担任首辅的第三年，他与温体仁的矛盾日益公开化，温体仁也加快了倾陷他的步伐。在温体仁的指使下，给事中陈赞化上疏朝廷，说周延儒豢养的游客李元功，经常借周延儒的权势在外招摇撞骗。因为陛下天恩，才使得天下冤狱得以平反，李元功却说这一切都是周延儒之功，以此向平反的因犯索取贿赂。他说周延儒眼里根本没有皇上，不止一次在下面说皇上对某事处置不当，都是他一力回天；还说周延儒私下称"皇上乃羲皇上人"。这道奏疏可以说击中了周延儒的要害。崇祯是个自尊心强到病态的皇帝，刚愎自用，无法容忍大权旁落，周延儒在外边说他是不管事的傀儡，即"羲皇上人"，恰恰触到了他的逆鳞。周延儒也深知此疏的厉害，忙上疏请罢。

在明代，阁臣被劾后，或是为了颜面，或是为了显示诚心认错，一般都上疏乞休。如果不是特别大的罪过，皇帝一般会温旨慰留。周延儒这次乞休其实也不是真心想走，而是以退为进，希望崇祯照例慰留自己。

但温体仁对首辅之位已经等了太久了，不想再给他这个机会，于是巧弄机权，票拟准予休告。圣旨下达后，周延儒毫无思想准备，一时无法接受。这个时候他也明白过来了，这是温体仁在倾陷自己。他恨得咬牙切齿，心想：你不是想当首辅吗！既然我做不了，你也休想得逞。于是，他暗中与某些内臣谋划，让他们劝崇祯召回原大学士何如宠任首辅。借助内臣谋私是他的一贯伎俩，何如宠屡次推辞，给事中黄绍杰说："君子与小人不并立，何如宠瞻顾不前，则温体仁也应好好自处。"崇祯为此将黄绍杰贬为外官，但何如宠最终还是推辞没有入阁。

周延儒压制温体仁的最后一招宣告失败，只好悻悻离去，"奋斗"了3年的温体仁终于如愿以偿，继为首辅。

四、温氏内阁

温体仁为了争夺首辅之位可以说不择手段，为了稳固个人地位，他一味地逢迎吹捧崇祯，而崇祯偏偏又喜欢在一些无关宏旨的小事上耍小聪明，比如有一次，明末著名将领曹文诏死难，奉旨抚恤祭奠，曹文诏的侄子、副总兵曹变蛟上疏谢恩。通常这种谢恩疏都是走走过场，但这次内阁连拟4次都被崇祯发了回来。原来，曹变蛟为了叔父的恤典派人上京活动，得知事情已经办妥就连忙谢恩，却忘了谢恩的日子竟在颁旨日子之前，结果露了马脚。当时温体仁正好因事没有值班，其他人抓耳挠腮不知如何是好。温体仁回来后，发现崇祯在奉旨恤典的日期和谢恩疏的落款日期上各点了一个点，当下便明白了，于是拟旨诘问其故，立即就被通过了。崇祯没想到温体仁竟能体悟自己这一细小的动作，顿有遇到知音之感，一时对温体仁很是欣赏。

其实，细细对比不难发现，崇祯与温体仁虽为君臣，地位悬殊、经历各异，年龄上又差了30多岁，但在性情气质上，两人颇有些相似之处，都是洁身自好、刚愎自用、刻薄残忍又好用聪明。或许这种性格上的契合，才是他们君臣遇合的真正基础。其实，温体仁虽然精明干练，但却缺乏经邦治国的才干，可惜崇祯被情感因素蒙蔽了双眼，在很长一段时期里都没有发现温体仁致命的弱点。

温体仁上位后，在政事上几乎没有什么作为，整天忙于两件事：一是培植自己的势力，吏部尚书闵洪学，御史史范、高捷，侍郎唐世济，副都御史张捷等都被他收为心腹；二是排除异己，他指示诚意伯刘孔昭弹劾倪元璐、给事中陈启新弹劾黄景昉……仗着崇祯的宠信为所欲为。

尽管有不少人状告温体仁，但崇祯一直不为所动。

温体仁自己毫无所长，又是靠特殊手段上位，打击排挤了很多人，他深知自己树敌太多，怕被人抓住把柄日后报复，故凡是他呈给崇祯的奏折以及内阁拟定的有关文件，全部不存档，企图毁灭罪证。在他辅政期间，上疏弹劾他的人不计其数，但都未能扳倒他，反而引火烧身。文震孟就是其中之一。

文震孟是南直隶长洲（今江苏苏州）人，官拜礼部左侍郎，兼东阁大学士。时逢天下多事，崇祯觉得《春秋》有利于当时治乱，便下令选择通晓《春秋》的人进讲。文震孟是讲《春秋》的名家，但他性情刚直，为温体仁所忌，所以温体仁故意不举荐他。次辅钱士升不知温体仁肚子里的小九九，点名上报了文震孟，温体仁为此很不高兴，明里暗里找了钱士升不少麻烦。

由于温体仁排斥异己、狠毒刻薄，许多大臣都被他借故逮捕入狱，文震孟深为不满，便在讲《鲁论》时对"君使臣以礼"一句大加发挥，反复规劝，暗示崇祯不能善待人才的弱点，还暗示温体仁利用了崇祯的这个弱点，极力排斥不附己的臣僚。经文震孟这么一讲，崇祯颇有感悟，马上降旨将刑部尚书乔允升①、吏部左侍郎胡世赏②等释放出狱。他还命温体仁进一步详查，看看哪些人属于冤案，尽快从狱中放出。这本是个平反的好机会，可惜崇祯用了温体仁，在温体仁的百般阻挠下，最后被放出的人寥寥可数。

文震孟在讲《五子之歌》时，崇祯不经意跷起二郎腿，这是对老师不恭敬的表现，文震孟便用其中"为人上者，奈何不敬"进行提醒，并用目光盯住崇祯的那只脚，崇祯察觉后忙放了下来，并对文震孟肃然起敬。

崇祯八年（1635年）七月，崇祯特点文震孟入文渊阁。文震孟两

---

① 乔允升（1553—1630）：字吉甫，号鹤皋，河南孟津县人。明末大臣，官至刑部尚书，以清廉正直、执法不挠、政绩卓著而闻名。

② 胡世赏：字存蓼，合州（今重庆合川香龙镇）人。明末大臣，官至工部尚书。

次推辞未果，只好入文渊阁任事。文震孟平日便对温体仁多有微词，所以温体仁对他入文渊阁自然十分不满。没过几天，温体仁便以文震孟所拟有疏忽处大加斥责，根本不听其辩解，还让他按自己的意愿改拟，如果他不从，温体仁便摆出首辅的架子径直抹去。二人矛盾更加尖锐起来。

不久，农民军掘毁了凤阳皇陵，不少大臣因此获罪，而温体仁却丝毫未受影响。给事中许誉卿上疏弹劾温体仁，说他身为首辅难辞其咎，但崇祯却不予置问。许誉卿又上了几疏，言辞越来越激烈。温体仁十分恼恼，指使吏部尚书谢升上疏弹劾许誉卿钻营求官，并利用首辅票拟之权，将许誉卿贬逐为民。

文震孟、何吾驺①对此事深感不平，便找到温体仁极言许誉卿冒死言事、忠贞可任，不应被贬，但温体仁一意孤行，根本听不进去。文震孟气不过，私下愤然道："言官被逐为民，这是天下极荣耀之事，幸赖温公成全了他。"温体仁闻知后不怒反喜，因为文震孟的话显然有责备皇帝之意，他马上去崇祯那儿打了小报告。崇祯知道后勃然大怒，斥责文震孟、何吾驺扰乱国政，将二人罢了官。

大臣们见崇祯对温体仁倾心相倚，一时难以除去，便利用各种场合揭露温体仁。据说有一次，礼部右侍郎罗喻义做日讲官，讲稿中多处论及时事，照例要先交内阁审视，温体仁认为其中有一句暗讽自己，很不高兴，便命正字官去让罗喻义修改。罗喻义颇为刚直，自认无错，便径直来到内阁找温体仁。温体仁知道来者不善，没有露面。罗喻义就隔着窗户大声指责温体仁，语言尖刻颇多羞辱之词。温体仁听了大为恼恼，又向崇祯告状，结果，罗喻义很快被革了职。

温体仁的名声本来就不好，加上他不断排陷他人，名声越来越坏。既然靠正常的途径扳不倒他，大臣们开始用别的形式对他进行攻击。

---

① 何吾驺（1581—1651）：字龙友，香山（今广东中山）小榄人。明末大臣，崇祯朝历任礼部右侍郎、礼部尚书、东阁大学士、文渊阁大学士。南明时历任内阁首辅、吏部尚书、兵部尚书、建极殿大学士。永历三年（1649年）剃发易服降清。

新安卫（今安徽歙县）千户杨光先痛恨温体仁之恶，便上劾章尽揭温体仁奸状。为了显示自己不达目的誓不罢休的决心，他命人抬一口棺木跟着上殿，说要为朝廷除奸，志在必死。温体仁得知后又羞又恼，便恶人先告状，说杨光先是奸人。崇祯也痛恨杨光先哗众取宠，下令对他廷杖八十，发配辽西极边。

礼部右侍郎陈子壮实在忍不下去了，当面指着鼻子骂温体仁，但不久便因议论宗亲藩王之事，被指责忤逆皇上旨意而被夺官下狱。其余相关人员有的被流放，有的甚至被当场杖击而死。

成德也是遭温体仁弹压排挤的一个。成德是山东滋阳（今兖州）知县，为官清正，廉洁自持。文震孟曾多次称赞成德是个难得的好官，但因温体仁等人拦阻，成德一直未得升迁。

成德生性刚直，从不向上级行贿，在御史禹好善巡视山东时，他只以常礼相见，未进献钱物。禹好善认为成德傲慢，对自己有失恭敬，便上疏对成德进行弹劾，恰巧成德也有疏上朝，弹劾温体仁。对温体仁来说，禹好善弹劾成德的奏疏犹如救命稻草，他马上拟旨将成德遣到边疆戍境。成母气愤不过，从山东来到京城，在温体仁上朝时拦路大骂，她越骂越气，见路边有断瓦碎石，拿起来对着温体仁就是一通乱砸。温体仁狼狈万状，慌忙离去。受此羞辱，温体仁又气又恼，马上去崇祯那里诉苦。崇祯也不管里面有何隐情，直接命五城兵马司将成母逐出京城。

此事传出后，人们对成德之母备加称赞，将她与刺杀秦桧的施全相提并论。拿这两件事类比，温体仁自然就成了臭名昭著的大奸臣秦桧。这件事对温体仁打击很大，好长时间振作不起来。

当时京城里流传着一些俚语，犹如现在的民谣，不少是嘲弄温体仁一党的。温体仁是乌程人，人们便称他为乌龟；同在内阁的王应熊是巴县（今重庆市巴南区）人，与温体仁同恶相济，人们便称他为王巴；同在内阁的吴宗达是宜兴人，漫无主张，平时只是秉承温体仁的意旨办事，被称为篾片，也就是帮闲的。适逢礼部堂官黄士俊①出身状元、孔贞运出身榜眼、陈子壮出身探花，人们便将他们联系在一起，编了一副讽喻联："礼部重开天榜，状元、榜眼、探花，有些惶恐（黄、孔）；内阁翻成妓馆，乌龟、王巴、篾片，总是遭瘟（温体仁）。"这在京师一时传为笑谈，虽说言词粗鄙，但可看出时人对温体仁一伙是何等鄙视。

崇祯十年（1637 年），温体仁听说钱谦益、瞿式耜在乡间支持张溥②、张采③等人组织复社，便指示张汉儒上疏弹劾他们结党倡乱、扰乱民心，准备以此兴大狱。钱谦益见势头不对，忙请司礼太监曹化淳帮忙。张汉儒侦知此事后，密告温体仁。温体仁又将这一情况密告崇祯，打算连同曹化淳一起治罪，但他万万没有想到，崇祯竟将他的密奏告诉了曹化淳。曹化淳颇为恐慌，便自请亲行究查。经过密查，张汉儒与温体仁的各种奸贪情事一一被翻了出来。

至此，崇祯才恍然大悟，原来温体仁也有参与党争。恰在此时，抚宁侯朱国弼④上疏弹劾温体仁，崇祯立即命人用大枷将张汉儒当堂夹死，随后将温体仁罢职放归故里。温体仁 8 年的内阁生涯就此宣告结束，在这 8 年里，朝纲败坏，天下纷乱，更毁了崇祯的中兴美梦。

五、遵旨患病

温体仁被罢免后，张至发成了继任者。张至发是山东济南府淄川

---

①　黄士俊（1570—1655）：字亮坦，一字象甫，号玉嵛，广东广州府顺德县（今佛山市顺德区）甘竹右滩人。明末大臣，殿试第一、状元及第，历任礼部侍郎、礼部尚书兼东阁大学士、太子太保、文渊阁大学士、少傅兼太子太傅。永历帝时曾入阁参预机务，但很快便辞官闲居。

②　张溥（1602—1641）：字乾度，一字天如，号西铭，南直隶苏州府太仓州（今属江苏太仓）人。明末文学家，与同乡张采齐名，合称"娄东二张"。精通诗词，尤擅散文、时论。

③　张采（1596—1648）：字受先，号南郭，苏州府太仓（今属江苏）人。明末大臣、学者，与张溥同倡应社，后在临川创立合社。历官临川知县、礼部员外郎。

④　朱国弼：河南夏邑人，抚宁侯朱谦七世孙，官至南明保国公，昏庸无能，在南京率赵之龙等百官和马步兵 20 万降清。

（今山东淄博南）人，万历二十九年（1601 年）进士，从知县、知府、巡抚一路做到刑部右侍郎。崇祯时期，张至发以外僚身份入文渊阁，是崇祯打破阁员素用翰林之传统的一个创新。

这与崇祯，认识上的变化有着莫大的关系。崇祯执政多年，更换过不少阁臣，但成事者少，败事者多，他渐渐发现，这些翰林中人只会作文章而不谙时务，只能做皇帝的秘书而无治国之才。更有甚者，堂堂翰林大学士连票拟也拟不好，比如与温体仁一起在内阁供事、以博学著称的郑以伟①，居然把奏疏中的"何况"二字当成了人名，在票拟中要将"何况"捉拿提问！崇祯看到此票拟真是又好气又好笑，亲自改正后驳回。郑以伟羞惭得无地自容，感叹道："吾富于万卷，窘于数行，乃为后进所藐！"崇祯从此对翰林词臣愈加轻视，并产生了从熟悉政治实务的封疆大吏中选拔人才的想法。于是他亲自召集几十名外臣，交给每人一道奏疏，让他们批阅，然后每人再拟旨一道，以考核他们处理政务的能力。地方官出身的张至发因熟悉政治实务，被崇祯看中，提拔为礼部左侍郎兼东阁大学士，与文震孟等人同时进入内阁。

这一举措并无不可，但是张至发并非治国之能臣，而是一个宵小之徒，唯温体仁马首是瞻，与之结成死党。后来，内阁中的吴宗达、王应熊、何吾驺、钱士升、文震孟先后离去，到崇祯十年（1637 年）温体仁被罢后，内阁中以张至发资格最老，于是由他行首辅之职，但未明确由他出任首辅之位。

这在某种程度也说明崇祯并不倚重张至发，不想让他名正言顺地当首辅。这种状况是很令人尴尬的，但张至发却看不出来，或许是故意装作看不出来。有个亲近之人忍不住劝他说："这个时候称病最好。"对张至发来说，这不失为一个三全其美的好主意，既可以避免尴尬的境地，被别人嘲笑他贪图禄位；又可以显示风度，落个主动让贤之名；更

①　郑以伟（1570—1633）：字子器，号方水，江西上饶人。明末大臣，官至礼部尚书、东阁大学士，与徐光启并为内阁左右辅臣。

可以避开被崇祯罢免的羞辱，保全面子。但张至发根本不吃这一套，他沉吟半天，只说了句"无奈我的身体颇健壮"。

宋朝时，蔡攸为其父蔡京①之名而惭，便以诊脉之名说他脉势舒缓，不宜劳累。但蔡京自称无病，还说："此儿想用病吓唬我，要我罢职。"这成了历史上贪图禄位的典型事例。事后，有人在谈论张至发时便以蔡京作喻，说张至发的才能虽远不能与蔡京相比，但贪图禄位的心却有过之而无不及，甚至不无挖苦地说："这些实际上是奴才的高官都不肯称病呀！"

同时，张至发在内阁代行首辅事权之时，仍然遵循温体仁那一套，但他的才智机变又远不及温体仁，所以也无任何建树。在为太子进讲官时，很多人建议任用大儒黄道周②，但被张至发挡了回去。一个言官为此上疏弹劾张至发有意摒弃贤良。张至发大怒，连上两道奏章，极力诋毁黄道周和这个言官。一个位同首辅的大学士，竟毫不顾及自己的身份与一个言官互相纠劾，其气量之狭小令人大跌眼镜。张至发的声望本来就不高，这事发生之后更是一落千丈。

崇祯十一年（1638 年）四月，翰林院检讨杨士聪揭发吏部尚书田惟嘉贪赃枉法、卖官鬻爵。此疏到内阁后，张至发感到关系重大，先抄了一份给田惟嘉，让他早做准备以便辩驳。不料田惟嘉弄巧成拙，没等崇祯把杨士聪的奏疏批转内阁，便迫不及待地为自己辩解。这一来，泄密的事就暴露无遗了。崇祯十分气恼，命田惟嘉自陈泄密缘由。田惟嘉回道："是写本之人所送。"崇祯追问道："既然是写本人所送，那就指名速奏。"田惟嘉又回道："天似亮非亮时有人在门外喊，称有人诬陷你家主人，快快取去。守门人赶快去开门，而那个人已经离去，只有写本在门槛内。"很明显，田惟嘉是为了不牵连张至发而胡乱编造。杨士

---

① 蔡京（1047—1126）：字元长，北宋有名权臣，先后四次担任宰相，达 17 年之久。在位期间兴花石纲之役；改盐法和茶法，铸当十大钱，被称为"六贼之首"。宋钦宗即位后被贬岭南，途中死于潭州（今湖南长沙）。

② 黄道周（1585—1646）：字幼玄，福建漳州府漳浦县（今福建东山县铜陵镇）人。明末著名书画家、文学家、民族英雄，与刘宗周并称"二周"。

聪遂又上一疏，说田惟嘉欺君罔上。崇祯严旨命田惟嘉"据实回奏，不许有半句假话"。真相立时大白。崇祯一怒之下罢了田惟嘉的官。田惟嘉虽然没有直接出卖张至发，但崇祯心里已明白这事定与张至发有牵连，他对张至发本来就不甚倚信，如今更下定决心要将张至发逐出内阁，只是因为还没有适当的借口，所以才拖延了下来。

不久，张至发受内阁中书黄应恩的牵连，终致下台。事情是这样的：杨鹤曾总督陕西三边军务，因镇压农民起事失败而被流放戍边，于崇祯八年（1635年）去世。鉴于杨鹤之子杨嗣昌已入朝受到重用，内阁中书黄应恩撰写诰文时，极力为杨鹤褒美，百般为他洗刷过恶。崇祯阅后大怒，因为杨鹤之罪是他亲定，如此褒美杨鹤，岂不等于说以前处置有误！因此，崇祯立即命人将黄应恩逮治下狱。张至发劝其他大学士上疏论救，但没有人愿意，他便自己连上三疏，极力为黄应恩辩解，结果黄应恩还是没能逃脱下狱判刑的下场。这一细节使张至发察觉到崇祯对自己已经不再信任，不得不知趣地上疏求辞。崇祯顺水推舟地批准了，不过是以一种体面的方式——说他是出于健康原因"回籍调理"。

以前友人劝张至发称病辞职他不肯，如今辞职报告中没有只字提及身体不适，崇祯却要他回家养病。这事一时成为京师人的笑料，说张至发是"遵旨患病"。

六、佳孔丑刘

张至发奉旨回家养病后，首辅之职先后由孔贞运、刘宇亮接任，只是他们都没干几天就下台了。

孔贞运是江左池州府建德县（今安徽东至县）人，万历四十七年（1619年）榜眼，赐进士及第，授翰林院编修。天启时充"日讲"起居注官。当时魏忠贤把持朝政大权，陷害忠良，大臣们多按魏忠贤的意图行事，但孔贞运不畏权势，坚决不与魏忠贤往来。崇祯即位头一年，他被提升为国子监祭酒，后升任南京礼部侍郎，在任期间正民风，禁游女，毁淫祠，使南都靡丽之风为之一变。

孔贞运之所以受到崇祯的器重，除了有才之外，还因为他是孔子第六十二代孙。他曾向崇祯进讲《书经》，受到特殊礼遇，被崇祯从优赐予一品服。这种礼遇是其他讲官所没有的。崇祯这样做也是为了向世人显示他尊崇儒学，尊崇孔子，这在当时对收揽人心是很有利的。

孔贞运于崇祯九年（1636 年）六月入文渊阁。时任首辅温体仁，因与郑三俊、钱谦益的权力之争，千方百计要严厉惩治复社中人。孔贞运则尽力营救，尽可能从宽发落。温体仁为此很生气，私下扬言要惩治孔贞运。孔贞运知道温体仁的为人，不得不暂时放下复社之事，一切顺着温体仁的意旨去办，日子总算安稳暂时放下。

张至发离任后，孔贞运于崇祯十一年（1638 年）继升首辅，他上位第一件事就是向崇祯上揭帖，极力论救郑三俊和钱谦益，使他们得到了从宽发落。郑三俊和钱谦益是东林党首脑人物，在朝野有很高的声誉，孔贞运救出他们，也为自己赢得了不少赞誉。

臣下结党营私可以说是历代皇帝最为头疼之事，对崇祯而言更是一块心病，所以本应由吏部来做的官员考选，崇祯决定亲自主持。考选后，崇祯将自己的考选结果交内阁再议。孔贞运和大学士薛国观不敢随意更动，在措词上也是斟酌再三。尽管慎之又慎，但圣旨颁下后，他们发现自己变更的部分还是全被删掉了。孔贞运为此颇为难堪，面对皇上的不信任，他的心不禁提了起来。

后来，孔贞运与郭景昌在官员选拔问题上发生矛盾，孔贞运本以为为公而争，下朝后就过去了，没想到这位新任御史却怀恨在心。一天，郭景昌到朝房拜谒孔贞运，两人讨论了一阵政事，孔贞运说到兴头上，指着崇祯交办的许多事说："说说容易，做起来很难。"郭景昌当场翻脸，认为孔贞运少君臣之礼。回去后他马上上疏，对孔贞运大加弹劾。崇祯见这个新御史一上任就弹劾内阁首辅，而且只是两人私下的交谈，心里很不高兴，立即给予郭景昌夺俸的处罚。孔贞运虽然没有受到处分，但其位已然不稳，遂上疏乞休并于崇祯十一年（1638 年）六月被罢，在首辅位上仅短短 2 个月。

崇祯十一年（1638 年）六月，刘宇亮继孔贞运为内阁首辅。刘宇亮是绵竹（今属四川德阳）人，万历四十七年（1619 年）进士，屡迁至吏部右侍郎。崇祯十年（1637 年），擢升为礼部尚书，与傅冠、薛国观同入文渊阁。

刘宇亮上任仅 3 个月，崇祯十一年（1638 年）九月，清军大举南下，进犯大明边境，崇祯为此忧心如焚。刘宇亮对崇祯的心情揣测得很清楚，便自请去边境督察军情，为皇帝分忧。崇祯十分高兴，随即革去卢象升①总督之职，先是命刘宇亮代往督察，很快又将刘宇亮改为总督。

督察只是监督考察一下，即使外行也容易交差。总督则要承担具体责任，亲自领兵御敌。所以，刘宇亮极为恐慌，马上找薛国观、杨嗣昌密谋，并亲上一疏，说自己不宜担任总督。于是，崇祯下令卢象升留任总督，刘宇亮仍任督察。

刘宇亮总算松了口气，不料他刚到保定，便传来了卢象升战死的消息。刘宇亮无奈，只得硬着头皮往前走。到达安平时，侦骑报告说大队清兵临近，大家顿时吓得面如土色，刘宇亮更是不顾首辅的身份，慌忙逃往晋州。

刘宇亮一行日夜兼程终于赶到晋州城下，但知州陈弘绪却不给他们打开城门。刘宇亮一再亮明身份，陈弘绪就是不开，说城中将士和百姓歃血盟誓，决不让外边的一兵一卒入城。刘宇亮身为内阁首辅，以前都是别人看他的脸色，今天吃了这么大的一个闭门羹，他极为恼火，当即让人用箭将命令射入城中，命陈弘绪马上打开城门，让自己一行入城，否则军法从事。陈弘绪看罢也命人传下话来："督师前来是为了御敌，今敌人马上就要到来，为什么要躲避呢？如果缺少粮饷，可以去找相关部门；如果要进城，为了一城百姓恕不敢从命。"刘宇亮又羞又恼，便

---

① 卢象升（1600—1639）：字建斗，南直隶常州府宜兴县（今江苏宜兴）人。明末将领，以创建著名的"天雄军"而闻名于世。

上疏对陈弘绪大加弹劾。崇祯遂将陈弘绪逮捕惩治。晋州百姓得知后，自发组织上千人上京城为陈弘绪喊冤，言称愿意代陈弘绪受刑。崇祯大惊，怕激起民变，只得对陈弘绪减轻处罚，降级调往别处。同时，这件事也使崇祯对刘宇亮产生了怀疑，认为他只会说大话，非成事之人，名为督察，实则扰民。

崇祯十二年（1639）正月，刘宇亮督察天津，见诸将奋勇杀敌者少，畏战退避者多，便上疏弹劾。说总兵刘光祚临阵逗留，贻误战机。此时，在京主持内阁事务的是薛国观和杨嗣昌，他们与刘宇亮貌合神离，早有取而代之之心，时刻等待着倾陷刘宇亮的机会。如今机会来了，他们自然不会放过，虽然知道刘宇亮所陈不实，但还是拟严旨，将刘光祚斩首。这时，刘光祚恰巧在武清打了个胜仗。刘宇亮觉得得胜斩首会引起军兵不服，便先将刘光祚下狱，随后又上一疏，请求宽宥刘光祚。

刘宇亮前后两疏先求杀后求放，薛国观说他视国法为儿戏，当下拟严旨，责其大不敬之罪。经九卿科道合议，拟将刘宇亮落职闲住。鉴于清兵未退，崇祯遂命刘宇亮"戴罪图功，事平再议"。随后，刘宇亮被罢职回籍，在首辅任上仅半年时间。

七、国观弄权

崇祯十二年（1639 年）二月，薛国观如愿以偿，成功取代刘宇亮为内阁首辅。薛国观是陕西西安府韩城（今陕西韩城）人，万历四十七年（1619 年）进士，授莱州府推官。天启四年（1624 年），擢户部给事中。此人为人阴险尖刻，不学无术，崇祯即位后，他因为曾经依附魏忠贤被弹劾，罢职归里。

崇祯大治魏忠贤阉党时，善于钻营的薛国观乘机攻击阉党，硬是把阉党成员、陕西巡抚乔应甲罢职归家。因他有如此表现，故在定逆案时未被列入。温体仁当政时，见他仇视东林党人，便秘密向崇祯推荐，使他得到破格提拔。

在此前的几任首辅中，温体仁最合崇祯的心意，当首辅的时间也最长。而张至发、孔贞运、刘宇亮，皆因不能让崇祯满意，上任不久即被罢免。鉴于这种情况，薛国观当上首辅后，一切都按温体仁的所作所为来实行，但他才智不及温体仁，操守也差之甚远，不及温体仁十之二三。

崇祯为人严苛，朝中大臣动辄获罪，薛国观不仅不从中周旋，有时还故意摘引一些小事激崇祯发怒，致使一些大臣受到严惩。他虽然因政敌被惩处而得意一时，但也为自己埋下了祸根。

一天，崇祯与薛国观议事，感叹大臣多贪墨难治。薛国观回答说："假如厂卫得力，他们怎么敢这样！"提督东厂的太监王德化就在现场，登时吓得浑身冷汗。这以后，东厂开始严密侦伺薛国观一举一动，以图适时给其致命一击。

恰巧薛国观因憎恨中书周国兴、杨余洪，便借二人泄漏诏旨一事，将他们打入诏狱。二人由于年迈，没挺过酷刑死在了诏狱。他们的家人气愤之余，开始秘密收集薛国观行贿受贿的材料。

当时有个御史叫史𫍯，为人品行恶劣，喜欢巴结宫中宦官，是王永光的死党。他在巡按淮、扬时，将没收的赃款、罚款共计 10 多万两银子，全装进了自己的腰包；辅助巡视盐政时，又拿走了前任盐官张锡命贮存在库的 20 多万两银子。就在史𫍯顶着少卿的身份在家闲居时，检讨杨士聪弹劾吏部尚书田唯嘉，说周汝弼的延绥①巡抚之职是用 8000 两黄金在田唯嘉那儿买来的。而史𫍯作为介绍人也受到了牵连，当年盗取盐款的事情被一并揭发出来。史𫍯极力为自己辩白，而有关盐款的事情则请求下诏让淮、扬监督宦官杨显名核实报告。不久，前任盐官张锡命之子张沆、给事中刘焜芳分别上疏，弹劾史𫍯侵吞盗取公款，勒索富人于承祖万两银子等……史𫍯顿时慌了神，赶紧派家人携重金进京活动，企图改变原来的记录。结果事情没办成，史𫍯被革职，至于是下狱还是

---

① 延绥：军事重镇，明朝九边之一，位于陕西省北部、榆林市中部。

杀头，还要等杨显名核实的结果。史𫗧当即携数万两银子进京，企图挽回局面。不久，杨显名核实的奏疏到了，疏中极力为史𫗧辩解，但还是有 6 万两银子无法隐瞒，史𫗧被下了狱。因战争爆发，官司迟迟不能结案，史𫗧居然在狱中死了。因为史𫗧此次来京就住在薛国观的官邸，所以人们纷纷传言，说薛国观占据了史家的银子，并指使人秘杀了史𫗧。周国兴、杨余洪的家人乘机诱导史家的仆役向东厂告发此事。薛国观极力辩解，说史𫗧的赃款是党人陷害他的，崇祯虽没有把薛国观治罪，但却对他有了戒心，之后更是越来越疏远他。

崇祯年间内忧外患，各地纷纷要求增兵增饷，因缺饷而哗变的事件时有发生。尽管他不断向全国加征赋税，但仍是杯水车薪。崇祯向薛国观问及此事，薛国观建议向大臣和勋戚借银，并进一步说："在外群臣，由臣等负责办理；而在内勋戚，非皇上独断不可。"他还以崇祯曾祖母娘家的后人、武清侯李国瑞为例，说李国瑞储积了很多钱，让其拿 40 万两银子不是什么难事。崇祯听后大喜，便下令命勋戚捐资助饷，不助者则限期严追。李国瑞为了显示自己无钱，就把家中器物摆到街上公开变卖，以换银助饷。崇祯闻讯大怒，立即命人夺去李国瑞的爵禄，年迈的李国瑞因此惊吓而死。此事一出，勋戚们人人自危。正好皇五子生病，这些勋戚便串通宫内太监和宫女，到处散播谣言说崇祯的曾祖母已为九莲菩萨，在半空中发话，责备崇祯薄待外家，先降灾于皇五子，如不改弦易辙，就使其 5 个儿子尽死。起初很多人包括崇祯在内都不相信，但皇五子后来果然病逝，崇祯大为惶恐，急忙封李国瑞年仅 7 岁的儿子为武清侯，并归还其所献金银。这件事使崇祯大受刺激，认为一切都是薛国观引起的，内心对薛国观极为不满。

而巨贪国观这时仍不知反省自己，到处得罪人。话说有个叫吴昌时的行人素来与薛国观不合，在考选时担心遭薛国观暗算，便通过守门人求见薛国观，试图通融一下。薛国观表面上热情，许他第一，答应让他进入吏部。但几天后旨意下来，吴昌时仅得了个礼部主事。他大为怨恨，认为薛国观有意戏弄自己，便和东厂官员一起，揭发薛国观受贿诸事。这更加坚定了崇祯严惩薛国观的决心。

崇祯十三年（1640 年）六月，崇祯借故将薛国观贪墨诸事尽数列出，薛国观虽然极力为自己辩解，还是被夺职放归。尽管如此，崇祯仍觉得处治过轻，怒气难消。

离京之前，薛国观命人收拾东西，不说银子，仅就奇珍异宝就大车小车装了几十辆。东厂人员一直跟随侦伺，把这一切看得清清楚楚。崇祯闻报后，立即命人将薛国观抓回处死弃市。薛国观根本没料到崇祯会杀自己，所以监刑人到他家门口时，他还在家中酣睡。门人叫醒他后，告诉他来人都穿着绯红色衣服，慌乱间，他连自己的帽子都找不到了，只得拿仆人的一顶小帽戴在头上。宣诏后，薛国观吓得浑身发抖。首辅作为朝廷重臣，即使有罪，大都能依礼回籍。薛国观固然贪墨，但罪不至死。人们揣测这是崇祯因为皇五子的死而对薛国观怀有私怨。

薛国观死后，礼部左侍郎兼东阁大学士范复粹于崇祯十三年（1640 年）六月继为内阁首辅。范复粹是崇祯十年（1637 年）八月入的内阁，也是继张至发之后又一批进入内阁的外僚之一。当时，崇祯希望阁臣能熟知六部事情，所以每部选一人入文渊阁：刘宇亮来自吏部，程国祥来自户部，方逢年来自礼部，杨嗣昌来自兵部，蔡国用来自工部。因刑部无人，范复粹便以大理寺少卿的身份进入了内阁。

范复粹才能平庸，但为人不错，不会有意倾陷他人，持论也较为公允，不少人称赞他是个清正的官员。范复粹任首辅一年后，看到天下纷乱，自己实在无能为力，而且不断有人说他学识浅薄，于是借崇祯大赦天下之机释放众多被囚官员后连疏乞休，于崇祯十四年（1641 年）五月致仕回籍。

八、起用旧阁

眼见自己寄予厚望的内阁首辅是一个不如一个，崇祯既寒心又失望。无计可施之际，他突发奇想，不如起用那些被罢黜的旧阁员。这便不能不提到复社。

崇祯年间，由于政治的腐败，社会动荡加剧，江南士大夫成立了名目繁多的文社。起初结社无非是为了论文与交友两个目的：讨论八股文章的做法，以便应付科举考试；扩大自己的社会关系网，以便于科场顺利。所以总体来说，结社是士子们走向仕途所做的一种准备工作，当有人以此为职业时，社团也就不再是纯粹的文化团体了。

以张溥、张采为首的复社成立于崇祯初年，他们积极参与政争，主张改良政治，挽救明王朝的灭亡，是仅次于东林党的一个政治团体。他们经常举行大会，指点江山，品评人物，有时到会人数可达数万，被各界视为制造舆论的大好场所。参加复社的不乏社会名流与在职官员，所以他们的呼声很快就能传入朝廷。由于复社和东林党一脉相承，政见一致，所以前任首辅温体仁等人对其恨之入骨，曾多次策划兴大狱严惩社中诸人，但由于多种原因并未遂愿。尽管如此，复社还是得了个树党的恶名，随时有大祸临头的危险。正因为如此，复社迫切希望在内阁中有自己的代言人，于是他们便找到了周延儒。

复社中的几个骨干人物都与周延儒有一定关系。比如张溥，周延儒是他举进士时的主考官，两人有师生之谊。张溥利用自己在复社的影响力，发动朝野的复社人士共同努力，极力促成周延儒复出。吴昌时也是周延儒的弟子，他原任礼部文选郎，一有空闲便到宦官住处刺探消息，与厂卫特务机构暗中多有来往，对宫中的动态十分清楚。这也成了他的一项政治资本。他利用各种渠道为周延儒游说，还用重金打通关节，使推荐周延儒入阁的呼声日高。还有一个是冯铨，他与周延儒是"同年"，关系密切。他虽辞官在家，但仍有一定的影响力，也极力为周延儒出谋划策。

在复社的配合下，崇祯于崇祯十四年（1641年）二月下诏，召周延儒再入文渊阁。同时被召的还有两个人，一个是张至发，另一个是贺逢圣。其时朝政混乱，天下摇摇欲坠，事不可为，所以张至发坚辞不出，贺逢圣虽然勉强应召，但到京后便马上称病，不久又回了老家。唯独周延儒接召后高兴万分，欲再次入文渊阁秉政。他的儿子周奕封不愿父亲再次出山去蹚朝廷这趟浑水，所以极力劝阻。他说自己夜里做了一个梦，梦到已去世的母亲披头散发抱着周延儒，一边哭泣，一边说绝不可赴京，否则必有大难。然而在权力的诱惑下，周延儒根本听不进儿子的劝告，依然坚持入京。

同年九月，周延儒抵达京城，再任首辅。他这次入文渊阁，对待同僚很不友善，总是一副牛气哄哄的样子，让人反感。于是，不少人在心里打起寻机倾陷的主意，陈演就是其中一个。

陈演是成都府井研县（今四川乐山井研县）人，天启二年（1622年）进士，累官至礼部左侍郎、东阁大学士，于崇祯十三年（1640年）入文渊阁，比周延儒这次入文渊阁要早一年。但是，周延儒对他很不尊重，视之如属吏，这让陈演又恼又恨。更重要的是，陈演也在觊觎首辅之位，他在攻击周延儒时异常卖力。外廷一有动静，他就暗中配合。

还有一个是熊开元。熊开元是嘉鱼（今属湖北）人，天启五年（1625年）进士，累官至光禄寺监事、行人司①副。熊开元是东林党人，与复社也有着深厚的渊源。周延儒复出后，他想让周延儒给自己安排一个有实权的职位，但周延儒没有理会他，他为此怀恨在心。时逢北境清兵屡屡内犯，崇祯下诏，凡官民言事者皆可报名会极门，即日召对。熊开元想借此机会弹劾周延儒。他说自己所奏之事关乎军事机密，意思是要避开众人，准确地说是想避开周延儒。崇祯便命左右退去，偏偏留周延儒在场。熊开元不敢尽言，仅谈了一些军事便告退了。

过了十多天，熊开元又请求召见。周延儒领熊开元来到德政殿。熊开元奏说自己所言皆密，请首辅暂退，周延儒只得知趣退去。但崇祯一时火起，故意拦住周延儒，说他不必回避。熊开元心中暗暗叫苦，只得

---

① 行人司：古代官署名，明洪武十三年（1380 年）初置，下设司正，左、右司副行人等职。

硬着头皮说："陛下励精图治15年，天下却越来越混乱，这其中一定是有缘故的。"崇祯问："有什么缘故呢？"熊开元答道："陛下临御以来，仅辅臣就换了几十个，所换之人也只是陛下说好，左右之人说好罢了，天下臣民却未必都这样认为。辅臣是天子的心膂股肱，而任之却如此容易。无能之人居于高位，相继为奸，使之人祸天灾，接连不断。一旦有言官揭发他们的罪状，不是被杀就是被贬斥，以致政事败坏到不可挽救的地步。"

崇祯隐隐觉得熊开元话中有话，似有所指，但他问了几次，熊开元却支吾不言，只是用眼不住地瞟着周延儒。周延儒看出了熊开元的用意，是因为自己在场不方便直说，便请求退出。崇祯说："天下不能治理好，都是朕之过错，与你有什么关系！"还是不让周延儒离开。

熊开元见此情形，只得撕破脸面，直接论及首辅："陛下令大小臣工不时面奏，而辅臣却不离左右，谁还敢讲真话以招祸呢？况且昔日辅臣重刑厚敛，摒弃忠良，贤人君子都攻击他们。今日辅臣奉行德政，贤人君子皆为其所引用，偶有不平，只能私下感叹而已。"他本来是要攻击周延儒，但因周延儒在场，只得违心赞美，尽管有些假惺惺的，却还是为周延儒加了分。而且所谓的"偶有不平"，他也没有说出实质性的内容，结果被崇祯认为是有私心，受到了一顿责备，最后还是周延儒帮着开脱才算没事。熊开元没有达到目的，还让周延儒展现了自身的风度，忍不住在心中暗骂自己，恨不得打自己几个嘴巴。

几天后，不甘心的熊开元再次请召，以清兵内犯为由，诘责周延儒和各督抚罪责难逃。崇祯命熊开元补一疏奏上。然而，熊开元在正式奏疏中却没敢提及周延儒的其他事。当时清兵未退，崇祯正焦虑万分，见疏大怒，立刻命锦衣卫把熊开元抓了起来。统领锦衣卫的骆养性与周延儒一向不合，于是借审熊开元之机将周延儒的许多隐私揭发了出来。崇祯并没有立即惩治周延儒，但对他已产生戒心。

崇祯十五年（1642年）十月二十日是周延儒的五十诞辰，不仅外廷大小官员准备大举庆祝，连内廷周皇后等也备了寿仪。恰在前不久，清军大举南下，一天之内居然攻陷 26 座城池，很快抵达京师南郊。满朝文武无不惊慌，京师戒严。身为首辅的周延儒，面对此情此景甚感脸上无光，但他不思考如何御敌，居然在石虎胡同建大法道场，请僧道百人诵经，以求神灵在冥冥之中给予护佑。

崇祯十六年（1643 年）三月，清军深入到山东一带久久不去。不久，崇祯召见周延儒和其他阁臣，讨论了许久也没有得出什么实质的办法，崇祯甚至提出了御驾亲征。所幸不久四镇的勤王兵赶到，崇祯当即命人随周延儒一起进驻通州。

当时清军主力已南下至山东一带，通州基本上无仗可打。周延儒坐守通州，每天接受四镇将领的参拜。刘泽清、唐通、周遇吉和黄得功四人深知周延儒在朝廷中的分量，将自己日后的进退荣辱都压在了周延儒身上，生怕有半点得罪。因此，四镇将领轮流宴请周延儒及随征的科道言官，大家你来我往，根本看不出一点战争的紧张气氛。

周延儒得到如此厚待，自然也要有所表示，他上疏为勤王四镇将领加官晋职，另外还为随征的四言官上功以防意外。之后他更是早晚一疏报捷，实际上他们连城也没出。就这样过了一个月，清军退回关外，周延儒与诸将大聚会饮，以"庆太平"，后整师回京。

周延儒回京后，摆出一副百战凯旋的样子。崇祯拉着他的手慰劳备至，赐酒以表其功。但在之后的几天里，崇祯不断收到弹劾周延儒的奏疏，说他在边期间并未与敌交战，甚至连一支箭也没放过，之前的一道道捷报都是假的。真相逐渐大白，崇祯大怒，马上传下罢免圣旨：赐路费银 100 两，许经驿转回籍。

常言说得好，墙倒众人推。周延儒被罢后，尽管弹劾他的章奏接连不断，崇祯并不打算想置他于死地，直到那一道周延儒"通内"的奏折上来。折子上说周延儒曾向崇祯的爱妃田妃献绣鞋一双。下朝后，崇祯来到田妃宫中，果然见一双新绣鞋精美异常，拿起仔细一看，上边赫然有一行用金线绣成的小字"周延儒恭进"。崇祯看罢顿时大怒，当时便将田妃呵斥一通，吓得田妃连忙叩头谢罪。崇祯拂袖而去，自此数月不予召见。

崇祯本来没有处死周延儒的打算，但见他竟敢把手伸到自己内院儿，那就只有死路一条了。七月二十五日，崇祯命骆养性缇骑南下，将仍在路上极力拖延，幻想着皇帝回心转意的周延儒赐死。周延儒以弄权上位，最终却得了个因弄权而身亡的下场。

周延儒被罢后，崇祯又连换两个首辅，一个是陈演，一个是魏藻德，此外还新起用了几位阁臣。至此，崇祯一朝集齐了"五十相"。

崇祯在位 17 年，用了"五十相"，不少史书称这种现象为"自古所无"。他急于求治，求治不成又归罪阁臣。于是，更换阁臣殆无虚日，导致中枢政事紊乱败坏，也加速了明王朝的灭亡。

第五章　雄心勃勃谋中兴

一、科考取才

明朝有祖制，朝廷所用之人必须是科甲人才，所以，无论是中央还是地方的各个重要职位，都是清一色的进士出身，至少也是同进士出身，就连手握重兵的各处总督也不例外。然而，很多堪称八股能手的进士、翰林们终身攻读四书五经，头脑中除了一套性情义理的教条之外，别无他物。这个因素也就造成明代各级官僚和士人空谈天理者多，真正有政治、经济和军事才能的少。这是制度的弊端，也是国家的悲哀。崇祯每每想到要用这些平庸之辈实现大明的中兴，想到自己一腔热血、满腹雄才大略却无法施展，他心中颇有不甘，决定亲自主持大考，为自己选才取士。

崇祯七年（1634 年），又逢大比，崇祯高坐金銮殿，亲自为通过会试的贡士们主持殿试，文武百官两边站立已定，礼部官员引导着几百名贡士鱼贯而入，按名次排列在大殿外面。此时崇祯丝毫没有当年唐太宗见到天下学子中的佼佼者鱼贯而入时"天下英雄尽入吾彀中矣"的得意，甚至莫名地感到一阵紧张。

"策问"考卷是前一天才紧急刊印出来的，是崇祯自己出的题。考卷一张张下发到每一个考生手上，这些贡士浏览着试卷，崇祯观察着他们的脸，贡士们表现出来的大惊失色、左顾右盼，渐渐令他感到失望。考卷中一连提了 9 个问题，言语严峭无华，却大多切中时弊，开篇第一问便是：“与朕共同治理天下的，是士大夫。如今士风不正，欲求无边而见识短浅，想要正士风以复古道，用什么办法可以做到？”

崇祯的做法并无不可，殿试本来就是皇帝亲自主持的一次考试。但是，因为明代皇帝大多无心朝政，往往只是仪式性地在考场上露一下面，说两句鼓励的话，而后由内阁大臣负责全部事宜，皇帝最后听一下结果，对内阁议出来的名次表示同意就行了，有些皇帝甚至连这样也做不到，压根就没露过头。如今崇祯事必躬亲，每次殿试必到，而且每次都认真过问考试的各个环节，大臣与考生反而却不习惯了。

以往“策问”通常是由内阁拟出两三道，再由皇帝挑选，大多空泛无实；贡士们也是以空对空，写些歌功颂德的话交卷，除了极个别的以外，参加殿试的贡士一般能得到一个“进士及第”“进士出身”，最次也是个“同进士出身”。

因为年年如此，所以每次参加殿试的贡士都能事先通过各种关系从内阁套出原拟的两道“策问”。这次也不例外，他们事先拟好了洋洋洒洒的空洞文章，准备在殿试的时候默写一遍就交差过关。没想到崇祯对内阁所拟的两道“策问”都不满意，自己又重新作了一篇，上下三百多言，共有九问，主要包括整治官场、抵御外患、消弭内乱、治理财政和破格用人等5个方面的问题。针对这5个方面的问题，他正面表述了自己的看法，然后指出问题的核心所在，要贡士们提供解决问题的办法。关于整治官场，崇祯认为，官僚们在整体上已经腐败之极，士风败坏，庸碌无能，非彻底整治不可，但用什么办法才能重振士风，使得官僚们勤廉兼备、德才并茂呢？其实他自己心中也毫无成算。关于外患，崇祯认为满洲本来只是属夷，地域狭窄，人口稀少，不足为道，但是近年对明王朝发起的进攻竟然势不可当，实在让人意想不到。关于内乱，崇祯认为天灾与流贼互为因果，很难从根本上解决问题，因为灾难在天，人力不可逆。关于财政，崇祯讲得很具体，说是流寇蔓延，兵事繁多，国库空虚，粮饷不继，进言之人却不从国家大局出发，总言减免税收。人民是国家之本，朝廷理应怜恤，但既要恤民，又要养兵，不知能否找到两全之策？关于用人，他特别提到唐、宋时期文武职位本来没有高低贵贱之分，明朝建国之初用人也不一定非要科甲出身，但现在却成了牢不可破的规制，这种压抑人才的陋规非改不可，但又该如何去改呢？

崇祯是实实在在地有感而发，对考生的答案也颇有几分期待，很想通过候补进士们的集思广益来解决实际问题，同时发现真正的人才俊杰，让明王朝由乱而治，重新昌盛起来。然而，这些贡士常年潜心于八股文，让他们对这些重大国政提出什么真知灼见，无疑是赶鸭子上架。他们本来抱着把准备好的文章写好了事的态度，如今题目却和原来打听到的完全不一样，还要在皇帝的监视下拿出方案来，这让他们心烦意乱、文思全无，最后硬着头皮各自应付了一篇交卷。他们进殿前还在做的衣锦还乡、光宗耀祖的美梦，也早被一身冷汗冲没了。

正所谓希望越大，失望越大，崇祯看到这些言之无物的"策对"答卷，愤怒地扔了一地。这可是内阁初评的 12 份最佳考卷呀！难道天下人才真的枯竭到这种程度了吗？他努力平息自己的怒气，让太监重新整理好这些"策对"，又仔细研读了一遍，还是觉得没有一篇能让他满意。他不甘心，让内阁再选一些比较好的答卷送进宫来，辅臣们只得又选送了 12 篇，其中有一份总算是针对"策问"中的问题谈了一些自己的看法，崇祯只好矮子里面拔将军，将这个河南杞县举人刘理顺钦定为一甲第一名。

但崇祯很快便发现这个状元郎也没有什么真才实学，只是因为没关系少门路，探听不到内阁原来拟定的试题，因而没有做特别的准备，也正因为没有准备，他反倒不紧张了，于是从容书写，没想到竟得了个状元。

由于一直苦于朝中无人才，天下无人才，崇祯在文官制度方面也进行过多种革新的尝试，比如从知县、推官中选拔人才入翰林院，内阁大学士兼用朝臣和外臣，破格起用特殊人才等。为了改变朝中大臣长期脱离实际、缺乏解决问题能力的问题，他下令直接从有实际工作经验的地方官员中选拔人才担任翰林院的编修、检讨；从没有翰林经历的官员，尤其是由知县、推官起家的官员中遴选内阁辅臣，薛国观、程国祥、范复粹等人都是这次改革的受益者。可惜崇祯进行的一切改革最后都如同他的殿试改革一样，没有收到什么实际成效。

二、大开武举

边境战事的紧张，农民暴动的日益频发，使得明王朝的崩坏日甚一日，而明军胜少败多的战绩，也让崇祯意识到将才的短缺，打算通过武举来选拔可用之将，以挽回危局。

武科自隋唐以后，便与文科一起成为了中国封建社会最基本的选官制度，但历代多行文科科举，武举很少举行。明朝时，由于明太祖朱元璋主张乱世用武、治世用文，自建立武科不久便不再举行，武职一直是世袭而来，时间一长弊病就多了起来。明朝中期以后，国家内忧外患频发，军事人才的缺口显现出来，武举才渐渐受到重视。天顺八年（1464年），明王朝始开武举，并初步制定了"武举法"，确定了考试科目。但当时所取不过一二名，最多也不过 7 名，远不能与文科科举相比，制度也一直不完备。明孝宗朱佑樘时正式确立了武举制度，起初定为每 6 年举行一次，先测试策略，合格后测试弓马；后改为每 3 年举行一次，内容是马步、弓箭和策试，并提高礼仪规格。从此，文举与武举便同时进行。到嘉靖、万历年间，武举制度得到进一步的发展和完善，也像文举分南、北榜那样，分为边方和腹里，按比例取人，一般是边六腹四；对武举中试者的任用，也规定得更加详细，仿文举规格，出榜者皇帝赐宴。但是，为统兵御敌的良才武举也要文试，为求全才而折中录用，这就使武举直到崇祯朝以前都未能真正取得与文举同等的地位。

崇祯四年（1631 年），鉴于明王朝已内忧外患不断，崇祯下召举行武举会试。在这次武举会试中，王来聘、徐彦琦二人不但武技过人，更能将百斤大刀运用自如，一时被视为三甲必进人选，但徐彦琦最后竟落了选，原因是文场考试成绩不佳。

这大大违背了崇祯的初衷，他认为其中必有作弊行为，当即命人将考官和监试御史逮捕下狱，最后仅兵部官就有 22 人因此事而被贬逐。之后，崇祯命倪元璐等人复试，从中录取了 100 人，名额大大超过了前代。这次也像文举那样，分三甲传胪赐宴。崇祯亲自调阅前 30 名试卷，钦定一甲 3 人，王来聘居一甲头名，授副总兵职。明代武举一直没有殿试，一甲 3 人也没有状元、榜眼、探花之分，直到崇祯时才设武状元。于是，王来聘就成了明王朝第一个武状元。

崇祯七年（1634 年）同样是武选的大比之年。时逢天下刀兵纷纷，急需军事人才，崇祯决定改革一下武选制度，以武为主、以文为辅。然而武场考试积弊太久，管理又松懈，结果使崇祯极为看重的一场武试最后竟成了一场儿戏，科场更是搞得乌烟瘴气。当时第一场考步射，恰好刮起了大风，基本上没有人射中，监试官便提请只要中一箭的都算合格，至于是谁射上的不管，只要自己靶上有一支箭就过关。第二场是考骑射，很多人居然让随从、下人牵着马跑到靶子前面，再用手把箭插上去。如此武艺令人唏嘘，所以崇祯年间将才奇缺，偶有那么几个能打仗的将领，大多也是行伍出身，极少有武举、武进士起家的，所以，就算录取再多人又有何用！这番武试革新同样毫无成效可言，就连那个能耍大刀的王来聘也是表现平平。

从崇祯的态度来看，他对武举人才的重视甚至超过了对文举人才的重视。但他和明朝中期以后的其他皇帝一样，对武举采取一种实用主义的态度，故收效甚微。更严重的是，武将贪污往往比文官更甚。以兵饷为例，武将们层层克扣，到士兵手中的寥寥无几，就这样还长期拖欠，甚至一文不发。这自然会引起士卒的不满，所以明末不断发生士卒哗变，甚至杀死军事长官。

崇祯元年（1628 年）七月，辽东宁远的官兵连续缺饷 4 个月，饥饿难耐之下，哗变的士兵将巡抚毕自肃和总兵朱梅捉住痛打了一顿，致使毕自肃羞惭自杀。此事在袁崇焕到任后才平息下去。崇祯二年（1629

年），后金兵进犯，崇祯急忙命各地勤王，因军饷不能及时下发，山西勤王兵在京师近处发生哗变，甘肃勤王兵在安定发生哗变。崇祯八年（1635 年），四川兵发生哗变。崇祯九年（1636 年），宁夏兵因长时间缺饷而哗变，杀死巡抚王楫。类似的哗变在崇祯朝还有多起。这不但大大削弱了明军的战斗力，而且有许多哗变士卒投身到农民军之中，成为农民军的骨干。

在缺饷情况下，再严明的军纪也难以约束这些饥卒，所以官兵抢劫百姓的事情屡见不鲜，俗称为"打粮"。他们劫商贾，搜居积，淫妇女，焚室庐，手段堪比盗匪。当时流行着一句俗语："贼兵如梳，官兵如篦。"过去妇女用的篦子比木梳更为细密，这里借来比喻官兵抢劫老百姓之事更多、更恐怖。《甲申纪事》中记载了侯恂写给总督洪承畴的信，其中有这么一句："贼来兵去，兵去贼来。贼掠于前，兵掠于后。贼掠如梳，兵掠如剃！"可见当时兵乱到了何等地步。

崇祯八年（1635 年）一月，凤阳皇陵被李自成等农民军掘毁，崇祯为此痛心不已。待农民军退去后，崇祯命皇嫂张皇后之父、太康伯张国纪前去凤阳祭告祖陵。张国纪一行路经单县时，被将官吴尚文率领的一队士兵拦截。张国纪说明来意，并拿出皇帝的谕旨为证，但吴尚文不予理睬，光天化日之下索要过关银 100 两。张国纪不从，吴尚文便命部下动手抢夺，杀死水手校尉多人。从这件事可以看出，当时拥兵一方的将领是何等无法无天。

将领们为了自保，均自养家丁作为"死士"。这一现象在明朝后期十分普遍，像李成梁①、吴三桂②等著名将领都养有大批"死士"。这些"死士"的待遇和装备都大大优于正式官兵，而养他们的钱则基本上来

---

① 李成梁（1526—1615）：字汝契，号引城，辽东铁岭（今辽宁铁岭）人。明末著名将领，有大将才，前后镇守辽东近 30 年，但奢侈无度，甚至虚报战功。

② 吴三桂（1612—1678）：字长伯，一字月所，辽东广宁前屯卫中后所（今辽宁绥中）人。明末清初著名政治、军事人物，崇祯时任辽东总兵，镇守山海关。降清后封平西王，镇守云南。康熙年间挑起"三藩之乱"，并在衡州（今衡阳市）称帝，国号大周，建都衡阳，建元昭武。

自克扣的军饷。对于明末将领的这种做法，当时就有人指出：如发一万两银子的军饷，发给官兵的"只有六千，以四千为交际、自给、养家丁之用。沿袭既久，惟仗家丁以护逃、冒功，而视彼六千为弃物。弃物多而家丁少，终不能以御敌。不能御敌则请加兵，兵加而旧习不改，同归无用"。

将贪兵懈，将不用心，兵不用命，也就谈不上什么战斗力。所以，明朝并不是没有兵，只是有兵无用，300多万人的军事力量，不仅在辽东战场上节节失利，而且在与武器装备十分简陋的农民军对阵时也是连吃败仗，不堪一击。

明军败坏至此，已经烂到了根里，其战斗力之弱，已经不是崇祯选几个勇武之人就能改变的了。

三、严治无功

崇祯七年（1634年）可以说是崇祯登基以来较为平静的一年，这一年后金虽然秋季入塞，但只在宣府、大同一带进行了骚扰，随后便退去，所以明王朝军事上没有重大失利，政治上也没有起什么波澜这就给崇祯狠抓理财、军事及吏治腾出了时间。他知道这样平静的日子十分难得多，所以他要在有限的时间里把自己的政权建设得更加稳固。

但是，崇祯并没有什么有效措施，有的也只是杀与罚，乱世须用重典是他一直遵奉的信条。在他的认知中，只有用不测君威才能震慑群臣，才能激励臣子们用心办事。所以，这一年虽然没有出什么下乱子，但仍然有大批官员因或大或小的失误而遭到制裁。吏、户、礼、兵、刑、工六部的尚书和都察院的左都御史或被停职，或被罢官，或被削籍，或被逮系问罪，几乎没有幸免的。户部尚书毕自严就是其中之一。

毕自严是淄川人（今淄博周村区王村镇西铺村），万历二十年（1592年）进士，授松江推官。他年少有大才，尤善综理复杂的经济事务，在天启、崇祯年间任户部尚书，掌管全国财政。

崇祯六年（1633年）春，华亭（今上海淞江区）知县郑友元通过考选升任御史，当时已经被任命，不料热衷细务的崇祯居然查起了他的资料，结果发现他在青浦任知县时曾经拖欠2900两金花银。

金花银原意是足色而有金花的上好银两，这里指明代税粮折收的银两，是明朝后期在正税之外附加的一项钱粮税，是皇帝的私人收入，直接提解到内库，主要用于平时的赏赐。崇祯的小气是出了名的，所以对私人财产一向看管得很严，多次谕令户部按期按量收缴，对于历年的拖欠绝不宽缓。他规定各省巡抚、巡按负责审核所属府、州、县的税收情况，知府完不成应缴钱粮的不能提升司官、道员，推官、知县完不成应缴钱粮的不能参加升迁考选，而且都要根据情况降级罚俸。何况郑友玄拖欠的又是皇帝的钱，自然罪加一等。因此，崇祯严旨要户部回奏，郑友玄未完成钱粮税，户部为什么虚报知会吏部，让他参加升迁考选呢？

户部尚书毕自严连忙上疏解释，说郑友玄此前已经用个人的钱把欠缺补还了十之七八，所以才能参加考选。崇祯也不马虎，马上派管库的太监去核实，太监内库回报说根本没有郑友玄补纳逋赋①的记载。到底是内库太监做了手脚，还是户部书吏做了手脚，毕自严根本无法弄清，只能找些借口为自己辩解，并发誓赌咒自证清白。崇祯大为恼火，下令将毕自严罢官收监。

毕自严乃四朝元老，自天启年间便开始担任户部尚书，如今年已古稀，在六部尚书中资格最老。在财源枯竭、入不敷出的情况下，他精心协调、精打细算，支撑明朝财政近10年，可以说功在社稷，如今为了一件说不清楚的小事而被罢官入狱，很多大臣都为他感到不平。御史李若谠、给事中吴甘来等人更是上疏为他求情，希望至少先让他在家中待罪，听候处理，免得因年老多病死在狱里。但崇祯态度坚决，定要拿毕

――――――――――
① 逋赋：未交的赋税。

自严开刀，给户部和地方官员一点颜色看看。

其实，崇祯这样做也是有原因的。自他登基以来，国家财政一直处于崩溃的边缘，造成这种严重局面的真正原因，是军费开支过大，各地灾民流离失所，使得许多地区征额和加派的赋税严重拖欠，根本收不上来。但崇祯认为，有额无税就是各级官吏尤其是地方官的无能，抑或是他们贪污造成的，因而他多次严申要彻底核查拖欠之税收。几番清核之后，有些拖欠税收严重的地区，地方官被累计罚俸几十年，降级多达80多级。

向来都是几家欢乐几家愁，严格催科愁的不只几家，但乐的只有一家，那就是户部的办事人员。凡地方官员到京奏销钱粮，首先要向户部书吏意思意思，书吏们满意了，自有办法在账面上把该交的税收结清。所以当时京中流传一句话，叫作"未去朝天子，先来谒书手"。

基于这些内情，也难怪崇祯对贪污有道、理财无方的户部官吏痛恨之极。但他想了又想，查了又查，实在找不出这位多年来苦撑残局的老尚书有什么大的过错，只得把毕自严从狱中放出，让他在家听候发落。这个案件最后匆匆了结，毕自严被罢了官，但后来还有很多人羡慕他呢！

严厉的处罚与频繁的更换朝臣往往是相伴而行的，罢官、削籍、坐牢、流放、杀头，似乎成了崇祯时期各级官员的必然归宿。在崇祯手下做个平安官几乎是不可能的。但崇祯的做法并没有让大臣们振作起来，反而使他们学会了逃避责任、相互推诿，学会了随波逐流，学会了做一天和尚撞一天钟。比如，凡事只知唯唯诺诺的兵部协理戎政尚书陆完学，居然平安度过了一届司马任期。离开京城时，他把"行无所事"的四字箴言传给了为他饯行的继任者张四知。张四知靠着这四字箴言，公文来了就批"照行"，绝不多置一言，后来竟然还入文渊阁当了辅臣。张四知后来又把此四字箴言当作心得经验到处宣传，说依照而行甚为得力，传授时得意之情溢于言表。

四、疑心助贪

在惩治失误官员的同时，崇祯更下了狠心惩治贪污。

明代官僚的贪污腐败可以说是结构性、制度化的，只要当了官就不可能不贪，而且上贪下效，宦官、师爷乃至门房、皂吏，只要手里有点权力，几乎没有一个不贪污受贿的。前兵部侍郎傅宗龙，因得罪皇帝被下狱，刑部监狱居然要收入门费。傅宗龙进一道门交一次费，走到"天下太平"门前时，身上已经没钱了，狱卒便不让他进去，说什么都不行，亮出前兵部尚书的头衔也没用。傅宗龙只好在监狱的院子里席地而坐，让人通知家里送钱过来，才算奉旨入了监。就连御史们到会极门投送奏本，也要按例给守门太监三钱银子的手续费，没钱就只能拿回去。天子门前尚且如此，皇城之外就更不用提了。

崇祯即位之初，一味按照皇帝自家的理论和儒家的道德规范来要求群臣，不止一次向朝臣宣讲"文臣不爱钱"的古训，一厢情愿地想要扭转官场的贪腐之风。

崇祯元年（1628 年）七月，崇祯的苦口婆心终于得到了一点反响，户科给事中韩一良上疏讨论"文臣不爱钱"的问题，他表示：当今世上，处处都要用钱，当官的都爱钱，做官是花钱得来的，做了官有收回本息的想法也是情理之中。他把害民归咎于知府、知县的不廉洁，但又认为知府、知县也有自己的苦衷，俸薪少，用钱的地方却很多。他说自己淡于交际，两个月尚拒收礼金 500 两，其他人可想而知。他认为，只有严惩少数罪大恶极的贪污受贿者，让诸臣把钱当成祸水，才能倡导廉洁之风。

韩一良所奏让崇祯眼前一亮，以为深得反贪倡廉的要领，还专门召开了一次御前会议，让韩一良在大臣们面前高声朗读本章。之后又让阁臣们传阅。他觉得韩一良正是他所期望的良臣，决定破格提拔他，当场宣布："韩卿所奏，大破情面，忠鲠可嘉，应当破格擢用，可以加升为右佥都御史。"吏部尚书王永光一面承旨，一面却不阴不阳地提议道："韩大人所奏一定是有所指的，皇上可否让韩大人挑出最严重的事例奏明，以便重处、惩戒贪官。"这分明是要将韩一良一军，但崇祯也认为很有必要，于是便让韩一良具体地谈一谈。

这大大出乎韩一良的意料，在朝中做官，谁也不愿无事生非，给自己树敌。所以，他支吾着应付说，现在国家不太平，不敢深言，至于纳贿等事大多得自风闻。崇祯一听脸色顿时变了，很不客气地说："难道你一个人也不知道？"并限他 5 日内写奏折言明。

韩一良回去后，左右权衡了一番，最后纠弹了周应秋、阎鸣泰等人去交差。其实，这几个著名的阉党分子早已被打倒了。崇祯知道他是在搪塞，于是再次召对，又一次让他朗读自己的大作。韩一良已经没有了第一次朗读时的神气，当他读到拒收礼金 500 两的时候，崇祯厉声问道："这 500 两是谁送的？"韩一良推说家里有交际簿，但现在不记得了。崇祯反复追问，韩一良仍一味敷衍。崇祯大怒，当场痛斥了他。最后，韩一良虽然没有受到处罚，但是都御史之职却也泡了汤。

崇祯对官员贪污受贿深恶痛绝，但他却不明白无官不贪的内在原因，不明白要压下贪腐之风，必须保证官员的基本收入，使其符合当时社会公认的官吏生活标准，还必须建立严格有效的监督和处罚机制。

然而，明代官员的俸禄可以说相当的低，一个普通知县每月的俸禄只有老米七石五斗，按普通市价合不到 10 两银子。即使是正二品的尚书，月俸也不过 61 石米而已。而官员要养家糊口，要上下打点应酬，要雇用幕僚、跟班甚至轿夫，要在各种场合摆出应有的排场，如果再加上奢侈挥霍以及在家乡置办田地房产，可以说，一个不贪不受贿又没有大量家底的官员，根本没办法活下去。海瑞是明朝有名的清官，从不贪污受贿，他为老母亲做寿、摆宴请客只能买两斤肉了事。晚年他复出担任正南京右都御史，不得不变卖家产才置备齐了必要的冠带朝服。据说他去世还是多亏同僚的资助才得以下葬。

明廷定下如此制度，似乎有默许官员贪污受贿的意思，更有甚者，有时还要求官员贪污受贿以减轻国家的财政负担，可以说明王朝 200 多年来官场的贪污受贿大有制度化的趋势。一个州、县每年在上交国家正税之外多收多少钱粮，一个下级地方官每年应向上司分几次进献多少馈赠，办理某一事务要送有关部门多少钱，都是有惯例数字的。也就是说，一个官员清廉与否，只看他是否在惯例以外搜刮，是否收受惯例以外的钱财，至于"一钱不取"只是一种欺人的说法。这也表明，所谓的应酬不过是整个官僚集团集体分肥的一种方式。京官比较"清贫"，所以进京的地方官照例要对在京的同乡、同年、同门（同一主考官门下得中者）、亲友馈赠一番；京城的高级官僚也有"义务"在三大节等重大节日向低级官员中的同乡、门生、故旧例行馈赠。刚刚做官的进士因为还没来得及捞钱，一般会在回籍的路上去拜访有乡谊或是门谊的地方官，实际上是去讨要馈赠，称为"打抽丰"，即因人丰富而抽索的意思，照例地方官员是不能拒绝的。不管是"年例""事例"还是"馈赠"，终究还是取之于民。

如果说官僚贪污受贿仅仅是为了维持正常开支倒也罢了，实际上大多数官僚都会利用手中的权力来大发横财。制度化的贪污受贿，为常例以外的腐败大开方便之门，因为从来没有成文规定，所以，"合理"的贪污受贿与"不合理"的贪污受贿根本没有明确的界限。如果严格依照法律，"合理"的常例也全是违法的，按照洪武年间定下的律条，"入人十贯"（约为 10 两白银）就应判绞刑，如此整个官场将无一幸免，所以与人方便，与己方便，官场中人宁愿视而不见。这就使利欲熏心者有了大得其手的机会，特别是到天启、崇祯年间，贪贿之风更是到了前所未有的程度。

而在监督机制上，明朝所依赖的是都察院及其所属的御史。但这个监察系统和整个政治系统一样，不但头重脚轻，而且效率低下。名义上所有御史都是京官，但朝廷派到地方进行监管的巡按御史，通常每个行省只有一人。一个人要监督全省几十个府县数百名官员，显然是办不到的。而且都察院和御史们也没有制裁处理的权力，甚至没有组织调查的权力，所以只能上奏，加上每个御史好恶不同，所奏也千差万别。没有机制性的制约，都察院的官员个个清正廉明，疾恶如仇，最多也只能检举少数几起撞到枪口上的恶性案件，对官场上弥漫的贪贿之风根本起不到根治作用。何况御史也是人，也要生活，也要排场。一个普通御史领着七品的职衔，拿着几乎垫底的俸薪，怎么生活，怎么排场？所以他们也只能加入贪污受贿的队伍。

事实上，明末御史贪贿发生过多起，而且都是大案。天启年间，崔呈秀任御史巡按淮扬，贪赃受贿达数十万两，被都察院检举出来，劾疏中说淮扬士民"无不谓自来巡方御史，未尝有如呈秀之贪污者"。

都察院的监督系统有漏洞，崇祯当然也知道，他甚至怀疑大臣们因情面关系中相互包庇作弊，所以他在反贪斗争中更加依重自己掌握的特务系统，也就是东厂和锦衣卫。东厂和锦衣卫是崇祯的秘密警察组织，集侦查、拘捕、刑讯、判决大权于一身，密探遍布天下。他们假充奴仆卧底深入到官员家中，探听各种政治、军事、经济情报，甚至包括官员士绅们的私生活。在崇祯统治时期，厂卫特务组织虽然不像魏忠贤时代那样张狂无忌，但侦查办案的效率却有过之而无不及，大臣们对其畏之如虎。

崇祯严办的惩贪大案，几乎都是因得了厂卫的密报才下的决心，调查审理也是交给厂卫系统负责。崇祯六年（1633 年）七月，锦衣卫密探侦查得知江西彭泽县知县张子廉买通吏科给事中曹履泰，谋求升为运同，并抓获了这次交易的中间人监生项珍，还搜到张子廉写给吏部郎中王三重、吏部员外郎弓省矩的请托信件。这种事在明末官场不胜枚举，通常大家都是睁一只眼闭一只眼，但若被皇帝抓到，就成了大案。崇祯下旨严肃处理，认真追查，结果好几个涉案官员被革职，张子廉、曹履泰被流放充军，弓省矩下狱。

崇祯有很重的疑心病，他纵容厂卫去查每一个官员，而对厂卫系统侦查到的横征暴敛、肆行贪污的地方官员，一律严惩。仅崇祯七年（1634 年）一年里，就有四川安县知县钟士章、巴州（今巴中）知州杨文明、南直隶和州（今安徽和县）同知邝毓秀、六安州同知路之泰、湖广京山县（今湖北京山县）知县李春华等一大批地方官员，被以贪虐的罪名充军边卫。如此集中而严厉地处理地方官员，在整个明代都是极为少见的。然而，查出来的也只是冰山一角，因为查的人也贪。

作为崇祯用来反腐败的主要工具，东厂与锦衣卫自身也极为腐败，从主官到吏卒，无一不是贪腐异常。之所以如此，是因为社会制度给了他们贪的理由，崇祯又为他们提供了贪的机会。他们不但受贿索贿，还经常故意制造冤案，趁机勒索。据有关记载，锦衣卫指挥使吴孟明为了得贿，每次缉获州县官员送到京城的礼单，就故意把收受双方的名字泄露给当事人，然后两头索贿，不到满意决不罢手。

东厂也是如此。比如东宫校书胡守恒，曾在崇祯七年（1634年）全国推选廉吏时，被推选为廉吏第一名，有一次，一个知县送了24两银子求他给自己写篇文章，被他拒绝了。这事不知怎么被东厂知道了，东厂就派人去找胡守恒索贿，直到得了1000两银子才罢休。

显然，崇祯的反贪倡廉运动是不成功的，甚至可以说是失败的。尽管他一次又一次地严惩，除掉了不少贪官，但始终不得要领，贪污贿赂的行为仍在不断发展。到明王朝灭亡前夕，不但贪污贿赂成风，就连买官卖官也成风，京城里授官索价高得惊人，而且明码标价，绝不还价。知县若想进京做主事，任职兵部要1000两，任职礼部要2000两；部郎外转道员，好地方需5000两，据说有人讨价还价只给了3000两，结果只被授了一个知府。

对于这些情况，崇祯心知肚明，也很苦恼，但到最后，他已无暇也无心过问了，只能让它们与这个腐朽的王朝一起覆灭。

五、逆耳难入

崇祯虽然喜欢清正敢言的官员，但是他刚愎自负的性格又使他难以听进官员的逆耳忠言。而他动辄罢官、砍头、凌迟等治罪手段，使很多大臣不敢进忠言，继而不再思进忠言，致使政事败坏。面对这种状况，崇祯又只知杀与罚，大臣们为求自保，更不敢直言政事得失。

当然，朝廷中还是有敢触逆鳞者，比如刘宗周。刘宗周是绍兴府山阴（今浙江绍兴）人，天启初年为礼部主事，为人刚直不阿，因劾魏忠贤、客氏，被魏忠贤以"矫情厌世"的莫须有罪名罢职家居。崇祯即位后，召他为顺天府尹，即京师的行政长官。

崇祯二年（1629 年）九月，刘宗周上疏陈说弊政："……以司农告匮，一时所讲求者皆掊克聚敛之政。正供不足，继以杂派；科罚不足，加以火耗。水旱灾伤，一切不问，敲扑日峻，道路吞声，小民至卖妻鬻子以应。有司以掊克为循良，而抚字之政绝；上官以催征为考课，而黜陟之法亡。"刘宗周认为，崇祯平时表现得关心小民生计，但实际上却对老百姓横征暴敛。各级官员也以聚敛为能，致使小民"道路吞声""卖妻鬻子以应"，天下又怎么能安宁呢？

对于崇祯考核各级官员，刘宗周说："事事纠之不胜纠，人人摘之不胜摘，于是名实紊而法令滋。……深文巧诋，绝天下迁改之途，益习为顽钝无耻，矫饰外貌以欺陛下。士节日瘫，官邪日著，陛下亦安能一一察之。"这实际上是说，对臣下责罚过严，等于没有责罚。责不胜责，罚不胜罚，臣下则不讲气节，矫饰欺蒙。

刘宗周接着直接指出崇祯本人的责任："……动出诸臣意表，不免有自用之心。臣下救过不给，谗谄者因而间之，猜忌之端遂从此起。……数十年来，以门户杀天下几许正人，犹蔓延不已。陛下欲折君子以平小人之气，用小人以成君子之公，前日之覆辙将复见于天下也。""陛下求治之心，操之太急。酝酿而为功利，功利不已，转为刑名；刑名不已，流为猜忌；猜忌不已，积为壅蔽。"

刘宗周在这里直接指出崇祯有"自用之心"，求治"操之过急"，以重刑驭下，造成了许多积弊。在帝王时代，直接指出皇帝的过失，是需要很大勇气的，弄不好就会掉脑袋。此时崇祯初上位，正欲励精图治，心态上也宽容一些，所以没有将刘宗周治罪，只是认为他"迂阁"，也承认他是出于忠心，但并未采纳他的建议。

同年冬，后金兵内犯，袁崇焕被下狱处死，很多大臣受到牵连被治罪。自此以后，崇祯认为朝臣误国，对臣下更加猜疑，转而对宦官更加倚重。这一时期他心情很不好，甚至一连数天不上朝理政。这时，刘宗周又毅然上疏，说政事败坏，臣下有过，皇上也有责任。崇祯很不高兴，自然也谈不上采纳他的意见了。

崇祯三年（1630 年），刘宗周又一次上疏，痛陈以重刑驭臣下的失误："陛下以重典绳下，逆党有诛，封疆失事有诛。一切讹误，重者杖死，轻者谪去，朝署中半染赭衣。而最伤国体者，无如诏狱。"

刘宗周说得十分激切，也非常大胆。他居然敢说"朝署中半染赭衣"，即半数大臣都成了囚犯，那皇上还有什么英明可言呢？崇祯见疏大为恼怒，"指为偃蹇"，意思是说刘宗周骄横、傲慢。刘宗周见自己的意见不被采纳，便称病辞官。崇祯也顺水推舟，马上准他回乡居住。

崇祯八年（1635 年），大臣们会推刘宗周入文渊阁。刘宗周到京后马上进一疏，又说崇祯用法太严。崇祯认为刘宗周太过迂腐，便不准他入文渊阁，仅授工部左侍郎。刘宗周千里迢迢地从家乡赶来，结果被改任侍郎，心里十分懊丧，于是又上了一道《痛愤时艰疏》。他在疏中表示，自袁崇焕被下狱处死后，"朝廷始有积轻士大夫之心"。他接着说道："自此耳目参于近侍，腹心寄于干城，治术尚刑名，政体归丛脞，天下事日坏而不可救。……人人救过不给，而欺罔之习转甚；事事仰承独断，而谄谀之风日长。……敲扑繁而民生瘁，严刑重敛交困而盗贼日起。……朝廷勒期平贼，而行间日杀良报功，生灵益涂炭。"

崇祯见疏"怒甚"，要阁臣严旨票拟，准备对刘宗周严加惩治。内阁呈上票拟，崇祯以所拟太轻而退回内阁，第二次仍不满意再退，第三次还不满意又退，有时还亲自批上数语。如此反复数次，刘宗周的罪还是没有定下来，原因是的确没有多少罪过，实难拟以重罪。

一段时间后，崇祯怒气渐消，终于打消了惩治刘宗周的念头，只是降旨诘责了一通，"谓大臣论事宜体国度时，不当效小臣归过朝廷为名高"。刘宗周知道自己不被信任，不久就上疏求去，崇祯遂命他闲住养疾。不过，刘宗周仍时刻关心朝政，在崇祯九年（1636年）清兵内犯稍安后，又上疏直言崇祯驭臣下之失。内阁首辅温体仁素与刘宗周不合，趁机"上章力诋"，刘宗周终被削籍为民。

到崇祯十五年（1642年），天下的形势更加危急，崇祯又想起了刘宗周，认为他清正敢言、才有可用，于是又起用他为左都御史。当年冬季，清军入塞，一直打到山东，崇祯十分忧虑。此时，刘宗周刚直的秉性不改，与崇祯在廷上展开了一场颇为激烈的辩论。

刘宗周奏道："15年来，陛下处分未当，致有今日败局。不追祸始，更弦易辙，欲以一切苟且之政，补目前罅漏，非长治之道也。"

崇祯气得脸色都变了，说道："前不可追，善后安在？"

刘宗周答道："在陛下开诚布公，公天下为好恶，合国人为用舍。进贤才，开言路，次第与天下更始。"

崇祯反问道："目前烽火逼京师，且国家败坏已极，当如何？"

刘宗周先说了一通如何选择贤才，接着说道："论者但论才望，不问操守，未有操守不谨而遇事敢前，军士畏威者。"

崇祯打断他的话说："济变之日，先才后守。"意思是说，在军情紧急之时，应该首先看才能，第二位的才是操守。

刘宗周毫不退让，继续说道："前人败坏，皆由贪纵使然。故以济变言，愈宜先守后才。"

崇祯反驳道："大将别有才局，非徒操守可望成功！"

刘宗周以督师范志完败事为例，继续抗辩道："他不具论，如范志完操守不谨，大将偏裨无不由贿进，所以三军解体。由此观之，操守为主。"

崇祯不耐烦地说："你的意思朕已知道了。"这才停止了这场争辩，不久他就借故将刘宗周罢黜为民。

"求治太急，用法太严"，是崇祯驾驭臣下的不当之处，也是许多弊病的根源。针对这一点，刘宗周建议他"以宽大养人才，以忠厚培国脉"，不能一味滥罚滥杀，不失为治国养才的良策，可惜崇祯根本听不进去。

据说明末大名士黄道周也是直言敢谏，曾多次与崇祯在朝堂争辩。崇祯知道他清正无私，但深恨他让自己下不来台，所以几次起用，又几次罢黜。有一次会推阁臣，黄道周本来名列其中，但因其言事过于激烈，让崇祯很没面子，不但没入得了阁，还被谪戍去了广西。

凡英主必善驭人，有功即赏，有过即罚，分寸恰当，臣下才会用心政事，奋力进取。从崇祯对刘宗周、黄道周二人的态度不难看出其用人态度，因臣下直言而重罚不但荒谬，更显气量之狭小。正因为如此，不少臣子糊里糊涂地丢了脑袋，这一点在对将领的处置上表现得尤为明显，甚至到了"败一方戮一将，隳一城杀一吏"的地步。

其实，崇祯本意是想通过用重刑使臣下尽心用事，不敢懈怠和欺蒙，然而过犹不及，结果常常事与愿违。正如刘宗周所奏："刑愈严而弊愈深，臣下救过不给，唯恐因小过而被诛，只有因循苟且。遇事则百般推脱罪责，宁肯眼睁睁地看着国家大事遭败坏，也不肯主动前去挽救。"正是在这种恶性循环中，明王朝滑向了覆灭的深渊。

六、举措乖张

多疑是崇祯性格中一个很严重的弱点，他从小生活在党争激烈的时代，亲眼见证了党争的激烈和残酷，一些臣僚为了排除异己、倾陷他人，无所不用其极，这使他对臣下的忠诚充满了怀疑，总担心他们那些手段有朝一日会用在自己身上，所以除了自己，他不相信任何人。

用人多疑必然会造成用人不专，用人不专自然就难责其成。崇祯在位期间，不但频频更换阁臣，而且六部九卿大臣也难见久任者。对于边关将领，他派宦官前往去监视，又怕宦官对自己有所欺瞒，于是又暗中派人去监视这些宦官。有时，崇祯甚至连为国杀敌的人也怀疑，不仅不予奖赏，反而将其治罪。

崇祯曾经说过，有些时候事情来得突然，下旨都来不及，所以在国家危难之际，臣下可以根据事情的严重性而便宜行事。因为崇祯有言在先，所以当崇祯九年（1636年）七月清军大举内犯时，唐王朱聿键自恃勇武知兵，又是皇家宗室，便自行率兵入援。在国家危急存亡之际，朱聿键主动起兵勤王本是好事，理应受到嘉奖。但是，清军刚退去不久，崇祯便以未有朝廷明令为由，将朱聿键废为庶人，并禁锢于凤阳。

崇祯之所以要惩治朱聿键，无非是怀疑他有野心。但是，勤王军队如果只有得到命令才能行动，等赶到京城恐怕也来不及了。其实，当时的藩王如果用好了，不失为一支可观的军事力量。所以，许多大臣提议明令各地藩王杀贼效国，比如户部尚书倪元璐就曾上疏："鉴于内忧外患日益严重，应该改变过去对藩王的限制。秦、晋二王自明初以来就是强藩，陕西、山西又是山险用武之地，请明谕秦、晋二王，如果能杀贼，就授其大将军之权，如他们无此才能，则命他们将积蓄饷军。等事平之后，每王再加封一子为亲王，以表彰其报国之心。"但崇祯始终不同意。结果，秦、晋二王不但没能为国出力，还成了李自成农民军的俘虏。

因为多疑，崇祯的很多举措乖张之极，或不遵守成宪，或不近人情，或荒诞可笑，总之让人难以理解。

比如，言官是进言纠劾的，因个人理解难免有对有错，所以历朝都有规定，不论其所言正确与否，一般不予治罪，以显示皇帝圣明，纳谏如流。即使真有言官徇私有罪，也不应交于厂卫特务去惩治，故崇祯以前从未有言官被下锦衣卫狱的。但崇祯却不管这一套，在言官熊开元、姜埰因言事得罪他后，下令将二人下锦衣卫狱严惩。刘宗周上疏表示这样做不但于制不合，更有伤国体，就算他们真的有罪，也应交给三法司。崇祯根本听不进去，还说刘宗周是"偏党"，将他罢职为民。

历朝官员服饰都是开国之初定好的，明朝也不例外，明太祖朱元璋称帝不久，便对文武官的服色、图案做了详明的规定，到崇祯时已沿用200余年。可是，身处多事之秋的崇祯忽然心血来潮，要以《山海经》

上记载的兽名重新更定服色、图案。《山海经》是一部2000多年前的古书，上面记载的古兽稀奇古怪，不但没人见过，而且有很多不知道指的是什么，让人如何去做？所以大臣们多次劝谏，认为这样的变更没有必要，还白白浪费人力物力，况且大臣们经常在天子身边，环视皆怪异兽类，并非吉祥之兆。但崇祯不予理睬，坚持要改，大臣们也无可奈何。

在多年战乱使得国家财政吃紧的时候，崇祯不是想办法发展农商，居然想要将历朝铜器熔掉铸钱，其中不仅有明代铜器，还有不少明代以前的器物，制造得十分精美，是一些珍贵的文物。一些商人感到十分可惜，愿以两倍重量的铜来换1000斤铜器，却不被允准。监督官员也都认为将这些古铜器毁掉可惜，但碍于崇祯猜疑心重，他们也不敢答应，生怕给自己招来罪祸。

为了倡导节俭，崇祯要求大臣的袍袖长度不得超过一尺。宫中金银等器都换成陶器，并诫谕诸臣不得擅用金银。有的大臣劝谏说宫廷不比寻常百姓家，除了要会见群臣，还要接见外来的各国使节，若将宫中器物都换成陶器，有失尊严。但崇祯不听，坚持将金银等器物撤出。

由于兵饷吃紧，国库空虚，崇祯无计可施便暗示臣下把俸禄捐出来充军饷。但当一些大臣上疏请行此事时，他又摆出关心臣下的样子，不答应这样做，经大臣一再请求才予允准。当时绝大部分大臣都愿意联名上奏，只有刘宗周不愿意，他说做官的依靠俸禄生活，才是养廉之本，如把俸禄捐出，岂不是要臣僚去搜刮百姓吗？刘宗周为官清廉，不愿搜刮百姓，如果捐出俸禄，他就没有办法养活一家子了，所以他表示反对。但官员捐俸之事在崇祯朝还是进行了数次，只是这一做法对扭转朝廷财政空虚的状况并未产生明显的作用，反而是不少官员因为捐俸而去贪污。

因战事多发，兵员不够，崇祯十一年（1638年）兵部主事沈迅上疏请崇祯颁诏，"以天下僧人配尼姑，编入里甲，三丁抽一，可得兵数十万"。崇祯居然认为沈迅所言可行，并立即将他改任兵科给事中。在兵荒马乱的年代，命僧人与尼姑婚配，然后从三丁抽一为兵，根本行不通，还会给本已乱哄哄的时局再增纷扰。即使强迫这些出家人为兵，也很难指望他们去打硬仗。对于这个荒唐的建议，崇祯居然认为"可用"，实在令人匪夷所思。

沈迅也是个"能人"，后来又上了一个条陈，请求朝廷裁撤驿站①，节省开支。这一次，崇祯又采纳了他的意见，结果造成大量驿站人员失业。谁也没有想到，正是被裁撤的银川驿站的一个驿卒，一怒之下揭竿而起，最终颠覆了大明天下。

七、启用奇人

面对天下乱局，崇祯急于求治，希望王朝在自己的统治下出现中兴景象，只是理想很丰满，现实很残酷。明王朝历经200余年的发展，统治机体已腐败不堪，这种危殆的局面不是一朝一夕就能改变的。

所以，每一次图强失败，对崇祯的自信心都是一次打击。在经历了一次又一次的劳而无功之后，他渐渐感到形势难以抗拒，特别是崇祯七年（1634年）以后，他那蓬勃的朝气也开始日渐消退，但他自以为是的毛病依然如故，而且更加任性、更加猜疑，做事更加没有章法。此时，他仍然在渴望着天降奇才，仍然在破格用人，结果闹出了不少笑话。

崇祯九年（1636年）初，山阳县（今江苏淮安）有一个叫陈启新的武举，跑到京城向皇帝进言。由于没人理睬，他在正阳门前一跪就是3天，有人把这件事禀报崇祯，崇祯觉得十分新奇，派人把陈启新的奏疏拿过来。陈启新进言的内容大致是："当今天下有三大病：一是科目之病，即士子作文高谈孝悌仁义，做官后却恣行奸慝；二是资格之病，即国初典史授都御史，贡士授布政使，秀才授尚书，嘉靖时还是进士、

① 驿站：古代供传递官府文书和军事情报的人或来往官员途中食宿、换马的场所，距今已有3000多年历史。

举贡、杂流三途并用，现在却只用进士一途，举人、贡生不能升至高官，以致一中进士就行为放诞；三是行取考选之病，即旧制教官也可以任给事、御史，后来稍严，举人为推官、知县者仍可选任，如今只从进士中选用，剥下虐民，恣其所为。"

用人问题一直是崇祯最关心的问题，而陈启新批判的重点——由进士包揽一切要职也是崇祯深为痛恨的。崇祯觉得，一个为士大夫所不齿的武举竟然与自己"英雄"所见略同，卑贱者的聪明恰恰说明了士大夫的无能无用！于是陈启新被破格录用，成了吏科的给事中。

给事中虽然品级不大，但也显要之职，通常士人得中进士之后再考取翰林院庶吉士①，经过 3 年学习，成绩优秀者才能担任。或是进士出任知县、推官或小京官多年后，政绩优异，经过考核选拔后才会任用，也就是行取考选。陈启新作为一个武举，只是在为进言合乎圣意就直升为给事中，而且大有历练后再委以重任的意思，这引起了大臣们的一片愤慨。大家认为，一个小人物因进言而受到天子的青睐便升官晋爵，这会给民间那些夸夸其谈之辈带来巨大的诱惑。今天有个陈启新，明天会不会来个张启新、王启新？各种闲杂人等都想着上京来赌一把，那上朝进言岂不成了赶集逛庙会，纷纷扰扰，无休无止，朝廷颜面何在？

大臣们的担心并非杞人忧天，同年四月就有一个官位比陈启新还低一等的武生员上京进言。这个人叫李琎，他说，缙绅豪富之家，大者家产可达千百万两之多，中者也有百十万两，以万计者可以说多不胜数，朝廷应该下令将他们的私产充公以助军饷，这样朝廷就不用再为军饷不足的事发愁了。这种赤裸裸地剥夺豪富资产的提议，简直就是异端邪说。对此，大学士钱士升上疏说，此举就是衰败时代的乱政，不能把兵战不息造成的困难归罪于富户，籍没其家产，就算是秦始皇、汉武帝横征暴敛的时候也没有用过这样的手段。钱士升认为，李琎竟敢以此向皇

---

① 庶吉士：官名，也叫庶常，是明、清时期翰林院内的短期职位，一般由进士中选优担任。

上进言，是肆无忌惮的小人，应该把胡说八道的李璡交法司严加治罪。

"满足国用"，对于一个四方吃紧的破落王朝来说诱惑不可谓不大，崇祯听罢自然"食指大动"，然而作为一国之君，特别是国处多事之秋，他不能完全不考虑大臣们的意见，所以，在大臣们的一番"大义"面前，他犹豫了。不过，他也没有按照钱士升的意见惩治李璡，而是以广开言路的名义恕其无罪。

李璡是走了，还有个陈启新，一切皆因此人而起，大臣们决定群起反对任用陈启新。这一次，言官们比以往任何时候都要团结。先是言官积极声讨，后是高级大臣披挂上阵，他们借着李璡进言事件，对任用陈启新提出了激烈的批评，说自陈启新言事直升后，近来借进言为名图谋升迁的大有人在，不处理陈启新，大乱必将自此开始。崇祯见自己的创新遭到大臣们如此激烈的反对，而且阁臣居然也参与其中，不禁大为恼火，在钱士升的奏本上批旨道："即使想沽名钓誉，此前《四箴》① 一本已经足矣，何必这样喋喋不休？"钱士升见皇帝动怒，只得乞求退休，崇祯马上就批准了。

但是，言官们并没有因此而畏惧，表现得更加不屈不挠。御史詹尔选上疏道："辅臣钱士升不过偶尔代天下人抒发郁愤，竟然被罢了官，以后哪个大臣还敢言事。大臣不敢言，小臣就更难言事了。每日与皇上言事的，都是苛细刻薄、不识大体之徒。貌似忠直，长狂如痴，得计则招摇于朝，败露则逃之夭夭，骇人心志，乱人耳目，毁弃成法，酿造隐患。如此以往，天下大事还能忍心再说吗？"崇祯见他疏中所言句句都在尖刻地讽刺自己，顿时大怒，于是召他前来，声色俱厉道："朕终日焦劳，天下人居然还这样怀疑朕吗？"事已至此，怕也无济于事，所以他不但不认错，还极为强硬地与崇祯辩论。气急败坏的崇祯当即命锦衣卫把他抓起来拷问治罪。大臣们集体跪下请求宽免，才改为由本部门议

---

① 四箴：即视、听、言、动四箴，由宋代理学奠基人程颐所撰，在为人、为政、为君等方面有重要意义。

罪。第二天，都察院议处詹尔选停俸一年。崇祯极为不满，命其会同吏部再议。两个部门合议的结果仍然只是降级调用，结果又被驳回。几经反复，詹尔选被革职削籍，还好是全身而退。此后仍有一批言官弹劾陈启新，最终或撤职或降级，无一幸免。

要说这些大臣也真是执着，如果他们把这股精神头放在机要大事上，或许国家早就变样了。他们直接抗议没能赶走陈启新，就改用阴柔之法，抓住一切机会对其进行诋毁。陈启新先在吏科任职，后升任刑科左给事中，在他任职的6年里，其他大臣与他没有任何交往，还不断地搜集整理他的黑材料。而陈启新本来也不是什么好人，志得意满后不免招摇过市，他的家人在乡下更是仗着他的权势横行霸道。种种劣迹不断传到崇祯耳中，他渐渐也对这个亲手提拔起来的"人才"厌烦起来，况且陈启新除了那次进言外，再也没有干过一件像样的事情，更别说显示出什么经天纬地之才了。于是，在又一波请托受贿、还乡骄横，不忠不孝、大奸大诈的攻奸高潮中，崇祯顺水推舟地将陈启新削籍，然后交给地方官员追赃拟罪。不过，陈启新虽然不是清廉正直之人，但确实没有贪污受贿的劣迹，这也多亏了朝官外官都对他心存恶意，根本没有人去贿赂他，所以他也没有贪污的机会，这反而让他捡回了一条性命。

从明朝选官用人制度的弊端来看，崇祯不拘一格，通过科举、词林、科道以外的非常规途径网罗人才，尝试着并重文武之才、科第保举、朝官外官的思路还是很正确的。可惜他本人过于自负，又缺乏统筹安排进行制度改革的能力，筹划、考查又不够周密，而他所谓的改革多是一时心血来潮而随意降旨，所以虽然用人极多、用人途径极广，但始终没有得到几个真正的有用之才。

八、邀誉有方

崇祯身上有着很明显的缺点，但不可否认，他并非昏君，从登上帝位起他便兢兢业业，励精图治，为实现王朝中兴而努力奋斗，只是方法上存在问题。同时，他也比较善于打造自己的正面形象。或许正是因为如此，他后来虽然亡国了，但与历史上的其他亡国之君相比，他的骂名却比较少，还有不少人对他表示同情。

后人一说到崇祯，往往提到他"日理平台"，是个勤政爱民的皇帝。而他之所以经常在"平台"理事，是因为他不时下诏"罪己"，表示不敢居正殿，便避居武英殿或省愆居等处，以示自惩。

崇祯八年（1635年），崇祯下罪己诏，诏书中明确表示共要"减膳撤乐"，以示与天下文武吏士同甘共苦。在此之前，每逢节日或庆典，宫中都要演戏，以示欢庆。崇祯见天下多事，经常传旨免掉。他即位之初很喜欢看宫中演的水戏与过锦戏等，而且每看必为之欢笑。但自从他明旨"减膳撤乐"后，宫中基本没有再演过这种戏，给人一种言出必行的印象。

寒潭香、秋露白都是宫中所用的御酒，一般人是喝不到的，但崇祯却经常拿来分赐给下人。宫中还专门铸造了一些重一钱左右的金银豆、金银叶，虽然用的金银不多，但做工却颇为精致。崇祯经常用这种豆子、叶子打赏下人。这也为他赢得了不少体贴下人的好名声。

在中国古代的皇帝中，崇祯算是比较节俭的一个。崇祯十三年（1640年）七月，他说："朕念皇考、皇妣，终身蔬食布衣，以尽孝思。"他连肉也不吃了，还要穿粗布衣服。很多大臣认为这样做没什么必要，少詹事李绍贤上疏说："天子临御万方，不宜淡漠自苦。"劝他收回这道旨意，但崇祯不同意，坚持吃素食穿布衣。

崇祯还授意礼部，重新制定宫中器用和官吏衣饰之制，"一从节俭"是他提倡节俭的一个具体措施。他提倡节俭的言行是真诚的，只是有些做法在今天看来却有些偏激。比如前面提到的，他曾下令将宫中各种铜器熔掉铸成钱，用来给官员与军队发放俸禄和军饷。有些铜器很薄，铸不了多少钱，但本身却是很有价值的古文物。这种节俭措施成效不大，破坏倒是不小。

当然，崇祯实行的有些措施还是颇得民心、很有成效的。比如天启七年（1627 年）十一月，即位刚 3 个月的崇祯下令罢苏、杭织造①，说："封疆多事，征输重繁，朕甚悯焉。不忍以衣被组绣之工，重困此一方民。其俟东西底定之日，方行开造，以称朕敬天恤民至意。"很久以来，为宫中织造一直是苏州、杭州人民的沉重负担，也是宦官和其他官员敲诈勒索当地人民的一个重要渠道。因此，崇祯罢苏、杭织造无疑是一个善举。

此外，每遇到大的灾荒之年，或出现瘟疫，崇祯便利用各种形式祈祷禳灾。遇大旱之年，他还亲自上祭坛祭告天地，为苍生祈雨；有时还让皇后率领一些宫女一起禳灾。崇祯十五年（1642 年），京都及附近地区大旱，周皇后率领道经厂宫女"于大高玄殿建醮禳灾。宫女数十人，氅服云璈，与羽流无异"。无论这种禳灾的形式有没有用处，至少显示了崇祯对老百姓的关心。

崇祯在位数年后，宫中的娱乐活动几乎都取消了，唯独打稻戏没有废。所谓打稻戏，是指在秋收时节庆祝丰收的戏。每到这一天，钟鼓司的官员们会扮作农夫村妇，头顶竹笠，手持镰刀，表演收割的活动。崇祯亲自到场观看，以示重视农事。戏中还涉及在收割、打晒过后，一些地方官前来征收租赋，为此引起诉讼等情节，很有农家乐的气氛。因此，当时"游幸多废，此独举行，重农事也"。

但是，崇祯看似重视农事，却始终没有修过于农最重的水利，致使各地天灾不断。有一次，崇祯当着大臣们的面说起老百姓生活的艰难，颇为感慨。给事中黄承吴以为时机到了，乘机建议兴修水利，他说："东南时患水灾，皆水利不修之故。"崇祯问道："水利为何不修？"大学士周道登、钱龙锡同时奏道："水利是东南第一大事，但修理需要钱粮。"崇祯沉思片刻，又问道："要修水利，可扰民否？"钱龙锡回奏道："臣等唯恐扰民，故行彼处抚按酌议。"崇祯听了便没有再提，转

---

① 织造：即织造局，明清时期在江宁、苏州、杭州各地设专局，织造各项衣料及制帛诰敕彩缯之类，以供皇帝及宫廷祭祀颁赏之用。

而询问其他事情，以后也没有再提过。

　　另外，有时出现大的瘟疫，崇祯不仅自己为民祈祷，还会命一些道士禳灾。崇祯十六年（1643年）夏，清军退去后，北京城里瘟疫横行，不少人早晨得病，晚上即死。有的一家十余口人在一天内同时毙命。在今天看来，很可能是霍乱病，得病快，病人很快会因腹泻脱水而休克。而当时人们以为是天降瘟疫，整个北京城的人都惶惶不安。崇祯自己祈祷无效，即"令张真人建醮祈安，而终无验"。当时北京几乎成了一座鬼城。在京城周边，有些农民为了"驱鬼"，终夜敲打铜锣等物，有时在皇宫中都能听到。崇祯虽然下令禁止，但一到夜里有的地方还是在敲，气氛凄厉而恐怖。一些人私下议论，看来大明江山是长不了了。

　　总的来说，崇祯在勤政、节俭方面很合乎一个好皇帝的标准，但是，他一个月不吃肉，一年不吃肉，甚至一辈子不吃肉，又能省多少肉，救活几个百姓呢，还不如多做些有利民生的实事。而且老百姓遇到灾荒，他也很少发粮赈济，为民祈祷禳灾、偶尔说几句同情的话，都是口惠而实不至。所以，从他在位期间老百姓所遭受的苦难来看，他不是一个合格的仁君。

第六章　重蹈复辙阉患兴

一、东厂再盛

崇祯对大臣们的能力和品德渐渐失去了信心，在令他苦恼的辽东敌情、陕西与河南民暴、财政匮乏等方面大臣们不仅不能为他分忧解难，而且常常故意欺瞒，将他蒙在鼓里。或许是出于无奈，又或许是故意让大臣们难堪，他决定重新起用内臣监督各要害部门。

当初打倒魏忠贤后，崇祯虽然极力铲除了他的党羽，但是对于庞大的宦官队伍来说，这只能算是沧海一粟。而且崇祯并未撤掉东厂，仍继续用东厂的宦官特务刺事，其规模、严密和残酷程度比起前代可以说有过之而无不及。

说宦官势力败落只是人们的错觉，而且很多宦官只是一度蛰伏，如今起用不过是重新拾起而已。后来，在宦官队伍依然庞大的情况下，他又连续数次招收许多小宦官入宫。对于十几岁的小宦官，崇祯把他们都拨到内书堂读书，由年长通文墨的宦官统领。崇祯认为，这些宦官都是刑余之人，是无未来之人，故不会有大图，小富小安而已，所以对自己的皇位构不成威胁，使用起来特别顺手。崇祯十七年（1644 年），在不到 3 个月的时间里，他又连选 3 次宦官，数量达万人之多，希望能用宦官来保卫京师，挽救大明危亡。

崇祯对宦官的重视不仅表现在数量上，他还亲自过问宦官之事，比如亲自对宦官进行测试，以决定用作什么角色。有一次，他亲自出试题来考察宦官们，题为"事君能致其身"。其中，宦官郑之蕙答得颇合崇祯心意，被定为第一名，立即升为随堂，并兼掌尚膳监印。

按照旧例，东厂一般由司礼监秉笔太监第二人或第三人掌管，最高职级为提督。连魏忠贤也只是东厂提督而已，只是人们不敢直呼，而尊称他为"厂臣"。崇祯则一改旧章，将东厂提督京营的宦官改称"总督"。实际上，京营由宦官掌管时，一般由东厂提督兼掌。这样一来，东厂提督升为总督，"俨然以将相之职授矣"，其职级和权势都大大提高。

崇祯很喜欢与东厂的宦官待在一起，特别是到后期，他除了上朝以外，几乎所有时间都花在听这些宦官讲宫内宫外的细事上。据说有一天，东厂太监卢际九陪侍崇祯，崇祯问他："尔有几小厮？"卢际九回答："5人。"崇祯命他将这5人都召来，让他们讲讲自己的所见所闻。其中有个叫钱守俊的小宦官，讲述宫中之事最详细，也最有趣。崇祯听了很高兴，指着钱守俊对卢际九说："这个小厮灵巧。"场景犹如聊家常一样，气氛十分融洽，与上朝时严肃、紧张的气氛形成了鲜明的对比。有人对此颇为感慨，作诗云："圣朝何事需灵巧，灵巧才堪托见闻。"宦官所说之事，有的是逸闻趣事，聊来取乐，有的则是一些大臣的隐事。既然崇祯喜欢这种小事，东厂宦官就随时打探汇报。有时崇祯对某个大臣的态度突然发生变化，往往就和东厂宦官说的小事有关。

崇祯有时想起用某个大臣，也会先派宦官进行考察。一个大臣的升与降、用与不用皆取决于这个宦官的意见，可以说他对宦官的信任到了无以复加的地步。

崇祯十年（1637年），李自成、张献忠等农民军的势力越来越大，并蔓延到中原地区，崇祯心中很是焦急，想选派一个得力的大将前去镇压。这时，两广总督熊文灿刚镇压了大海盗头目刘香老，正报功请赏，崇祯心里不禁一亮。为了了解熊文灿的才能和为人，崇祯决定派宦官以赴广西采办为名暗中考察。宦官在当时可是红人，所以这个宦官到广州后，熊文灿馈赠了许多金银珠宝，并把他留下住了10天，天天酒宴招待，照顾得无微不至。席间宦官说到崇祯忧心"中原盗乱"之事，微醉的熊文灿听后拍案大骂道："都是庸臣误国，如果让我熊文灿去，还能让这些鼠辈如此猖狂吗！"宦官听了认真地说："我表面上是去广西采办，实际上是奉皇上之命，特来考察熊公。此来发现熊公果然有救世之才，而且有救国之心，非熊公不足灭中原之寇！"熊文灿深知农民军是个烫手的山芋，自己酒后失言，没想到竟被当真，当下后悔不已，忙出言挽回。但宦官说回去后马上向皇上禀告，至于用不用他，决定权在皇上那里。熊文灿只得点头。宦官回到京城，一五一十地向崇祯汇报了熊文灿的情况。不久，熊文灿一跃成为新一任镇压农民军的前线最高指挥官。

以前，以东厂为首的宦官虽然侦缉臣下很严密，但从来没有公开像外廷臣僚那样弹劾大臣。到崇祯时，情形为之一变，有的宦官公然上疏对大臣进行弹劾。崇祯四年（1631 年），宣府监视宦官王坤上疏弹劾巡府胡良机，说他不能及时处理政事，致使薄书丛积。崇祯听信了王坤的奏言，降旨命他负责查办此事。大臣们大为惊异。给事中魏呈润上疏力争，说胡良机就算有错，也应由朝廷按正常程序进行处置，不应将其交到一个宦官手中。如此败坏纲纪，日后"谁复敢以国事争抗"？以后"皇上欲闻九边之机务，核监视之善恶，奚从知之"？

尽管臣下如此激切地谏阻，但这种状况并没有得到根本性的改变。崇祯六年（1633 年），宣府巡抚马士英刚上任，便因冒侵饷银 6000 两而遭到王坤弹劾。明末有个不成文的规矩，新官上任之初，为修好上下左右的官员都要送些礼，若仓促之间银钱不济，便会拿库中正额饷银使用，日后再慢慢补上。这种陋习相沿已久，崇祯一直没有在意，但这一次是王坤所弹劾，所以马士英立即被罢职遣戍。

王坤自恃有崇祯撑腰，不仅不收敛，反而越来越猖狂，连内阁首辅都敢直接弹劾。对此，给事中傅朝佑在疏中说得十分激切，大意是：宦官公开弹劾外廷大臣，主要不在于此人贤否，而在于这种做法本身败坏国体。此风一开，国家政事将一发不可收拾。

崇祯也知道宦官祸乱国家的危害之大，但他认为只要将大权牢牢掌握在自己手里，便可以驾驭这群宦官，将他们作为自己的棋子。然而他没有料到，他给东厂的权势越高，这些宦官特务的危害就越严重，危害的面也越广。不仅一般官员随时会遭到陷害，即使内阁首辅得罪了这些宦官，下场也会很惨。

前面提到崇祯一共处死过 2 个内阁首辅，一个是薛国观，一个是周延儒，这种情况不多见。一般为了保受大臣与朝廷的体面，不会对大臣处以死刑，多是罢职闲住了事。薛国观和周延儒之所以被处死，其中一个关键因素是他们得罪了不该得罪的人——东厂特务。薛国观曾在朝廷上公开说，朝臣奸贪，是因为东厂不得力；周延儒则是在第二次出任首辅时力谏崇祯，一度停止东厂缉事。东厂向来睚眦必报，开始千方百计地侦伺二人的隐事，激发崇祯的怒火，终于将他们二人处死。因此朝臣们纷纷视东厂如洪水猛兽，唯恐得罪了他们，被他们陷害而丢了性命。

崇祯十六年（1643 年）七月，蒋拱宸等弹劾吴昌时与周延儒"朋比为奸"，崇祯亲自审问吴昌时，吴昌时拒不认罪，崇祯遂"命内侍用刑"。当时有许多大臣力谏，劝崇祯收回成命，但崇祯根本不听，结果宦官用大枷当廷就将吴昌时的两条腿夹断，致使吴昌时当场不省人事。当崇祯要蒋拱宸作证时，蒋拱宸早吓得抖成一团，说话前言不搭后语，还自相矛盾。崇祯一时怒起，喝声"打"，司刑的宦官照蒋拱宸当头一棍，"纱帽为裂"。在朝堂之上，宦官就是残害大臣的鹰犬。这也是很多大臣见了这些鹰犬就害怕的重要原因。

以前崇祯曾嫌东厂刑重，但他自己却经常用这些特务对臣下动私刑。崇祯身为一国之君，一面经常责备臣下欺瞒，一面又教厂卫特务如何造假，暗中草菅人命，要"以病闻"，即说不是被处死的，而是病死的。这固然反映了崇祯的荒唐，同时也反映了崇祯对厂卫特务的信任。

东厂特务缉事本已十分周密，崇祯还亲自派宦官四处侦缉，连很细小的事情也要向他报告。有一次，有一郡守出缺，吏部推举某人前往，崇祯却说："郡守是管理百姓的，应该选贤良之人。这人到市场上买茶，因为对茶不满意，竟然把卖茶人的脑袋打出了血。这样的人怎么能治理一郡呢!"吏部诸臣听了感到很惊奇，回去查访果有此事，不禁暗暗心惊。

东厂特务为了达到目的，往往不择手段。例如，给事中杨时化与户部尚书孙居相①交好，二人对政事日废又深有同感。杨时化在母亲去世回籍守丧期间，与孙居相经常有书信来往，谈论时事之时，孙居相偶尔会发出一些如"国事日非，邪气益恶"的感慨，以为这是私人信件，外人肯定不会知道。结果东厂特务私拆了信件，然后将这些话报告给崇祯。崇祯大怒，认为孙居相诽谤朝廷，无大臣体，立即将他逮捕下狱，不久发配边疆，数年不起用，最后死在了戍所。

更可恨的是，东厂特务经常与一些地痞相互勾结，狼狈为奸，让这些地痞做他们的外围，帮着他们"打事件"。地痞打来事件后，东厂特务就给他们赏钱，称"买事件"。为了得到更多的赏钱，这些地痞往往无中生有，甚至引诱他人犯罪。至于东厂特务索贿受贿之事，更是家常便饭。

一些刚直的大臣偶尔向崇祯提及东厂之害，崇祯却听不进去，甚至将奏事人训斥一通。当时也就御史杨学愿、内阁周延儒的上疏有点作用，但也只是一时之效，用不了多久东厂特务又胡作非为、无法无天起来，这种情况一直延续到明王朝灭亡。

二、内臣掌财

除了利用宦官侦缉外廷大臣外，崇祯还开始起用宦官监理财政。崇祯四年（1631年），他派司礼太监张彝宪掌管户、工两部，并且为他建了衙署，称"户工总理"。

在明代，尽管宦官擅权，祸事不断出现，但让宦官掌管国家财政却是前所未有的。户部掌管天下钱粮，工部掌全国大工，如今由一个宦官

---

① 孙居相（1560—1634）：字伯辅，又字拱阳，山西沁水人。明末大臣，历任光禄寺少卿、太仆寺少卿、右金都御史、兵部右侍郎、户部右侍郎，官至户部尚书，崇祯七年（1634年）被革职。

盘踞其上，实在令人感到唐突。于是，给事中宋可久、冯元飙等十余人连连上疏，极力反对这项任命。但不论他们怎么说，崇祯照样我行我素。吏部尚书闵洪学①率众多大臣一起上疏力争，惹得崇祯大为生气，怒气冲冲地斥责群臣："如果你们能用心国事，我还用得着内臣吗？"一句话便把众臣全噎了回去。大臣们见崇祯如此态度，不敢再直指崇祯用人不当。

张彝宪的"户工总理"职衔位居尚书之前，侍郎以下的官员见了他都要拜谒。工部侍郎高弘图②不甘受此屈辱，故意躲着张彝宪，不与其共坐，并连上七疏乞休，他说自己身为朝廷命官，出入给内臣行大礼，有失国体，希望崇祯能撤去张彝宪总理两部之命。崇祯没有采纳他的奏言，但也没有批准他辞职。高弘图感到事情再没有挽回的可能，便称病不出。崇祯下旨将他罢职闲住。

张彝宪自恃有崇祯的支持，竟要各地入觐事先向他投册报告，"以隆体统"。崇祯居然答应了他的请求。这让百官感到十分憋气，但大部分敢怒而不敢言。少数刚直的大臣冒着丢官甚至掉脑袋的危险，毅然上疏反对，其中以山西提学佥事袁继咸为最。崇祯对此十分生气，斥责袁继咸"越职言事"。上疏的人多了，张彝宪也感觉有了危险，于是上疏分辩说朝觐官员参谒自己，不是尊他本人，而是"尊朝廷"。袁继咸得知后又上一疏，说用宦官总理户、工两部事，并要朝觐官员先投册给他，不合礼制，是对大臣的羞辱！随后有不少大臣附议此事，但崇祯还是坚持不改。

有崇祯撑腰，张彝宪便开始"口衔天宪，手握皇纲"，对不依附自己的大臣进行排挤。因巡抚刘宇烈所请发予料铅，但质量不好，张彝宪便拿着一块粗铅弹劾工部尚书曹珖，说"库铅尽然"，曹珖难辞其咎。

① 闵洪学（1567—1644）：字周先，号曾泉，浙江乌程县晟舍镇（今浙江湖州吴兴区织里镇）人。明末大臣，崇祯朝历任都察院左都御史、吏部尚书。
② 高弘图（1583—1645）：字子犹，一字研文，号砥斋，明胶州（今山东胶州）人。明末大臣、民族英雄，崇祯朝历任左佥都御史、左都御史、工部右侍郎、南京兵部侍郎，官至户部尚书。南明时任礼部尚书兼东阁大学士，后加封太子太保加太傅。

崇祯严旨将库铅尽行熔炼，结果使负责熔炼的官员中有 3 人中毒身死。张彝宪还纠劾言官许国荣等 11 人，曹珖上疏论救，受到崇祯的斥责。张彝宪又因建闸用费高，弹劾工部官员失职，曹珖觉得工作没法干了，连续多次上疏乞休。这正合张彝宪之意，于是接连不断地落井下石。在他的劾奏下，崇祯下旨命曹珖回籍闲住。高弘图和曹珖相继罢职后，工部自然落到了张彝宪手中。

张彝宪大权在握后，借机勒索官员，中饱私囊。为了让边镇将领向自己行贿，他扣着边镇的军器不发。管盔甲的主事孙肇兴担心贻误军机，便上疏弹劾张彝宪误国。崇祯不但不将张彝宪治罪，反将孙肇兴治了罪。主事金铉等人上疏力谏，亦受到崇祯的斥责，被罢职而去。继曹珖之后担任工部尚书的周士朴，因未准时赴张彝宪处报到，受到张彝宪的诘责，没干几天便被罢了职。

多行不义必自毙，张彝宪的恶行越来越多地传入崇祯耳中，加上不时有朝臣上疏力谏，崇祯终于将张彝宪罢撤，取消了"户工总理"一职。崇祯还专为此事发了一道诏书，但其中尽是对外廷官员的指责，对宦官仍没有半点责备之意。

崇祯让宦官掌管财政之事，还包括派出宦官到地方上掌管财政事务。例如，他几次派出宦官督理盐政。在中国古代，盐政是国家财政收入的主要来源之一，军饷等大宗支出大都来源于国家盐政，所以历代统治者都十分重视。自明初以来，盐、茶等均由国家专营。崇祯时内忧外患不断，饷银匮乏，对盐政更是格外重视。崇祯十年（1637 年），崇祯命太监杨显名总理两淮盐课①，于是，杨显名成了第二个张彝宪，当地掌盐政的官员见了他无不行下属之礼。

很多宦官利用手中的权力百般勒索，令人瞠目。有一次，杭州官员将 3 万匹龙缎解送到京师，掌管仓库的宦官向他们索取贿赂，杭州官员自恃是给皇帝送货，根本不吃管库太监那一套。没想到管库太监当场翻

---

① 盐课：盐税，即对食盐产制运销所征的税。

脸，说送来的龙缎质量太差，拒不收库。之后，掌库宦官要内阁票拟，准许将龙缎退回。3 万匹龙缎是个大数字，宫廷不用，民间又不敢用，一旦退回就成了一堆废物。当时温体仁执掌内阁，文震孟对他说："龙缎虽说没有达到御用标准，当做赐赍杂赏也是可以的。3 万匹龙缎大老远送到京城，不知要耗费多少民财，要是就这样打回去，可是劳民伤财的事情。"他想让温体仁去商量一下，这次暂时收下，也算是为杭州百姓做点好事。但温体仁不敢得罪宦官，仍按照宦官之意票拟："尽数驳还。"这批龙缎最后还是被退了回去，当地用了好几年才将这次的差额补足。

更有甚者，有的宦官利用崇祯赋予的权力，到地方上任意勒索，以致酿成许多事端。真定巡按李模冒死上疏，详陈分守太监陈镇夷在河北"贪婪暴虐"之事。他说，陈镇夷出京后，真定地方官派人赴保定迎接，300 两白银也就只能算是个见面礼。到任后，一些地痞向他"通贿赂"，他便引为心腹。凡遇有油水可捞之事，不论别人所求何事，他都不会放过，比如把总何起龙"送银 200 两，求管关税"。陈镇夷不但收钱，还要很高的抽成，何起龙只得把入关税提得更高，即使单身人过，也要交钱 20 文，百姓为此怨声载道。至于工食器用、土木工料、士兵粮饷，没有一处他不曾染指的，甚至到了"雁过拔毛"的地步。

崇祯利用宦官监理财政的事还有许多，比如崇祯六年（1633 年）命司礼太监张其鉴等赴各仓，同提督诸臣盘验收放；崇祯七年（1634 年）命内臣张元亨等赴西宁，监视以"茶易壮马"之事……这些宦官清廉者极少，大都贪墨无度，也正是这些崇祯最信任的人，把他与他的江山一步步推向了悬崖。

三、宦官涉兵

"先朝于宣、大、蓟、辽、东江诸地，分遣内臣协镇，一柄两操，甚无谓。矧宦官观兵，古来有戒，其概罢之！一切相度机宜，俱听经督节制，无复委任不专以藉其口。凡尔诸臣，宜体此意。"这段话是崇祯尽撤天下监军、镇守时说的。"一柄两操，甚无谓"，意思是说，委任不专，不但不能使两个人合力，甚至连一个人的作用也起不到，倘互相抵消，就会变得完全没有力量，遇事必然互相推诿，打了败仗，每个人也都有推卸罪责的借口。这番话一针见血地指出了用宦官出任监军、镇守的危害。可见崇祯当时对宦官出任监军和镇守的弊端有着深刻的认识。

然而好景不长，崇祯二年（1629 年）年底，后金兵分三路内犯，边境接连败退，崇祯便忘了自己当初说过的话。他认为是臣属无能，不用心国事，因而开始频用内臣，几乎完全恢复到了魏忠贤擅权时的局面。

后金兵撤退后，经大臣们一再劝谏，崇祯才将出掌军权的宦官撤回。这一次似乎一切都很平静，没有引起太大的风波。

崇祯四年（1631 年）九月，因明军剿匪失败，西北一带的农民军势力越来越大，崇祯再次派遣内臣监领兵马，其中，太监唐文征提督京营，刘文忠监饷大同，刘允中监饷山西。不久，崇祯正式恢复太监的"监军"之职，命王应朝监军关宁（山海关和宁远），张国元监蓟镇东协，王之心监蓟镇中协，邵希韶监蓟镇西协。之后又命太监李奇茂赴陕西监视茶马互市，命吴直监视登州海岛兵饷。派出的人数之多、分布之广，乃历朝罕见，各地重要军镇几乎都有监军的宦官。

崇祯这种做法遭到了很多大臣的反对，兵科给事中魏呈润上言道："我国家设御史巡九边，秩卑而任钜……边事日坏，病在十羊九牧。既有将帅，又有监司；既有督抚，有巡方，又有监视。一官出，增一官扰。中贵之威，又复十倍。"话语之激切，让崇祯勃然大怒，随即将魏呈润贬出京外。朝中大臣因反对宦官干预军事而被治罪的数不胜数。

之后，崇祯又连续不断地派宦官出任监军、镇守等职。

崇祯五年（1632 年）七月，司礼太监曹化淳受命提督京营；十二月，少监刘劳誉受命提督九门。刘劳誉"令百官进马"，三品以上每人进一匹，三品以下二人合进一匹。但他不要真马，而是让官员们将马折成银子交到御马监，由御马监拿这些银子去购买。明眼人一看就明白，刘劳誉的真正目的并不是马，而是银子。然而，大臣们惹不起他，只得忍气吞声，按时缴纳。

崇祯六年（1633年）六月，崇祯命太监高起潜监视宁远、锦州军务，太监张国元监视山西等地军务，并"综核兵饷"。湖广守备太监魏相调往登州任监视，亦兼核兵饷。在此期间，不少充任监军、镇守的宦官冒领军功，受到升赏，并荫本家子弟为官。

这些充任监军、镇守的宦官多不懂军事，但又爱高人一等地瞎掺和，与当地将领互相掣肘，遇事互相推诿，不但不能加强防务，反而起了反效果。一些大臣看到如此情形，深为忧虑，先后有人将这些监军、镇守胡作非为之事上报朝廷，极力请求崇祯将这些宦官撤回。例如侍读倪元璐上疏直言，说自这些宦官出任后，边将"无事禀成为恭，寇至推诿百出，阳以号于人曰：'吾不自由也。'陛下何不信赏必罚，以待其后，而必使近习之人（宦官）试之锋镝，又使借口迄用无成哉！始陛下曰，行之有绩即撤，今行之无绩，益宜撤。"倪元璐这番话说得很尖锐：陛下说这些宦官到任后，达到一定效果就撤了，实践证明他们去后没有丝毫好转的迹象，岂不是更应该撤吗？经大臣们一再坚请，崇祯这才下令"罢各道监视内监"，同时还发了一道颇为严肃的诏谕，指责外廷臣子的无能与不用心国事，并说自己这么做都是他们逼的，不是他们"有负国家"，自己也不会用内臣，想以此要外廷臣僚自省。对于那些宦官的各种恶行，他只字未提。而且，撤回监视太监后，他对宦官的宠任之情并未稍减，这就注定了他撤回内臣不会彻底，宦官日后必将重新得势。

事实证明，这次撤监军，镇守连2年也没坚持下来。崇祯九年（1636年），清军再次大举内犯，翻越喜峰口，直逼北京。巡关御史王肇坤奋力抵抗，但终因寡不敌众，战死沙场，余部退保昌平。七月，清军由天寿山后包抄昌平。崇祯闻讯十分惊慌，忙命张之佐为兵部右侍郎，前去镇守昌平，保护祖陵。同时，崇祯再次使用宦官，让他们出任监军、镇守等职，而且这次派去担任要职的太监更多了。

很多大臣对此颇有微词，但崇祯仍一意孤行：命太监李国辅镇守紫荆关（位于河北易县城西的紫岭上），许进忠镇守倒马关（位于河北唐县西北倒马关村），张元亨镇守龙门关，崔良用镇守固关（位于山西平定县境内），太监孙维武、刘元斌率6500人驻防马永河一带；命司礼太监张云汉、韩赞周为副提督，巡城阅军；命司礼太监魏国徵镇守天寿山，不久又改任宣府，御马监太监邓良辅为分守，监邓希诏监视中、西二协，太监杜勋为分守。

司礼太监魏国徵接到守卫天寿山的旨意后，态度颇为积极，当天即动身前往，而张之佐领命3天后还没有做好准备，这就为崇祯重用宦官提供了口实。崇祯很高兴地对众阁臣道："内臣即日就动身，而侍郎3日未出，何怪朕之用内臣耶?"之后，他又任命高起潜为"总监"，像辽东总兵祖大寿、山海总兵张时杰等名将都其指挥。崇祯甚至拨给高起潜白银3万两，赏功牌1000张，以随时奖赏有功将士。大臣再奏宦官涉兵，甚至提起魏忠贤乱政之事，崇祯听了甚是不悦。

崇祯这次派遣监军、镇守持续了将近4年，直到崇祯十三年（1640年）三月才下诏"撤各镇内监还京"。其间，不断有内臣出外任监军、镇守，也不时有耿直的大臣上疏反对，结果或被斥责，或被罢职。

清军内犯时，金光辰奉命守东直门，因深知内臣干预军事的弊端，他上疏"请罢遣"。崇祯看了十分生气，于是召对于平台。当时大风骤至，天空突然下起雨来，侍臣都在雨中站着，以袍袖遮雨。面对崇祯的诘责，金光辰毫无惧色，语声激昂地说："皇上总说是因为文武大臣不实心做事，不得已才委任内臣。臣认为要用内臣，干脆把文武臣工都撤了算了。"崇祯听罢大怒，声色俱厉，要重责金光辰，就在这时，天空猛地响起一个炸雷。崇祯吃了一惊，似乎感到这是上天示警不能对金光辰重加治罪。这时金光辰仍顽固地坚持自己的意见，道："微臣以前在河南，见皇上撤内臣高兴得简直要哭了……"他话还没说完，崇祯突然站起来说："你不要再说了!"在场之人无不为金光辰捏一把汗。但崇祯沉吟了一会儿，摆了摆手让众臣退去，他没有采纳金光辰的奏请，但也没有治金光辰的罪。

后来，大家发现了一件怪事：起初，在外将领大都反对宦官监视，一是反对分权，二是耻于行下属礼。但后来他们不但不反对，反而乐于有宦官监视。自崇祯九年（1636年）七月崇祯大遣监军、镇守之后，反对的基本都是文臣，没有一个将领上疏反对。

事出反常必为妖，原来，因为有了宦官监视，将领们就有了依靠，只要侍候好这些宦官，打了胜仗自可报功，打了败仗也可掩饰，甚至明明打了败仗，也可让这些宦官报告打了胜仗。对此，工部左侍郎刘宗周在上疏中提到"监视遣而封疆之责任轻"，但崇祯不了解内中实情，也不理解其中的意思，认为有宦官监视就可以少有欺蒙。所以他至死仍蒙在鼓里，一直把宦官视为干城之寄。

刘宗周见崇祯毫无行动，甚至一点表示也没有，便连续上疏陈请，疏中还提到御史金光辰，极陈金光辰请罢内臣监视为是。这让崇祯十分反感，他怒气冲冲地从御座上站起来，大有当场把刘宗周推出去斩了之意。幸赖其他大臣极力劝谏，刘宗周又素有"憨直"之名，崇祯难以确切指出他的罪名，最终将其"斥为民"了事。

后来，在许多大臣的反对下，崇祯于崇祯十三年（1640年）三月尽撤内臣监视。同时，他也越发感到外廷臣僚不可用，更加宠任宦官。崇祯十五年（1642年）十一月，又因清军大举内犯而重新遣宦官出任监军、镇守。这次派遣直到他吊死煤山也没有撤回。

四、败坏封疆

被崇祯派到各地出任监军的宦官，实际上是朝廷的特使，也是崇祯的私人代表，深得崇祯的支持与信任。也正因为如此，这些有恃无恐的宦官到任后均不可一世，大有"如朕亲临"之意。

比如高起潜，他与曹化淳、王德化一样深得崇祯信任，后金兵二次南下时，他被任命为"总监"，赴山海关永平行部①视师，到地方后他要求当地将领向他"行属礼"。永平总兵刘景耀、关上总兵杨于国认为这是莫大的污辱，于是上疏请求罢职。当然他们并非真的想辞职，只是想借此给朝廷施压，以达到减轻礼节的目的。不料崇祯看罢却回了一句"总监原以总督体统行事"，二位总兵也不傻，知道皇上是在告诉他们，应该向高起潜行属礼。而且，他们还因失礼而被降职两级。从此，谁也不敢再争这些礼节性的问题，都老老实实地向这些监军的太监行属礼。反映了监军宦官与当地将领之间的尊卑关系。

令人不可思议的是，对于当时将帅的进退用罢，巡抚所言还不如监视太监的话管用。崇祯四年（1631年），大凌河（位于辽宁西部）所筑新城被后金军攻破，兵备佥事陈新甲因失事被罢职。巡抚方一藻认为陈新甲是个难得的人才，上疏请许其留任，崇祯果断回绝了此事。随后，监视中官马云程又上一疏，也是请许陈新军留任，崇祯居然同意了。陈新军见自己留任居然不是来自"清议"，而是因监视中官所言，感到这是一种耻辱，于是上疏请罢。崇祯不但不许，还在几天后将他提升为兵备副使。陈新甲颇有才干，通晓边事，"然不能持廉，所用多债帅。深结中贵为援，与司礼王德化尤昵，故言路攻之不能入"。实际上，在外的大部分将帅都深明此道，他们很清楚只要有这些宦官的支持，什么事都好办，更可凭借他们升官发财。

不过，监视宦官并不懂得治边治军之道，自然不会有什么建树，失事者倒是大有人在。一些大臣出于忧国之心，对这些失事的监视宦官进行弹劾，但证据再充足确凿，失事的宦官也不见得会受到惩处，最后遭殃的往往是弹劾者。崇祯十一年（1638年）冬，清兵攻占密云，总督吴阿衡战死。朝廷商议增设一名驻密云巡抚，崇祯便任命右佥都御史赵光抃出任此职。赵光抃赴任后，听说了很多关于监视宦官邓希诏的不法之事，于是上疏对其进行弹劾。崇祯看后将邓希诏召回，任命分守的宦

---

① 行部：指巡行所属部域，考核政绩。

官孙茂霖前去核查。孙茂霖极力为邓希诏开脱，结果，邓希诏被无罪释放，赵光忭则因弹劾监视宦官而被治罪，流放广东。

这些监视宦官所干的恶事远不止这些，如果遇到不听话的将领，他们常将私怨凌驾于国事之上，百般作梗，甚至在兵情紧急时拥兵不救，不惜败坏封疆大事。崇祯十一年（1638 年），卢象升在巨鹿贾庄被清军包围，当时监军高起潜从山海关领来的精兵就驻扎在距卢象升军 50 里的鸡泽，卢象升连续数次派人前去求援，但高起潜就是不肯出兵相救，致使卢象升战死，明军全军覆没。事后，高起潜为了推脱罪责，还谎报军情，说卢象升并没有死。如此拖延下来，此事也就不了了之了。

由于外任的宦官互相袒护，他们的罪过很难得到应有的惩罚。陕西按察副使贺自镜曾上疏弹劾监纪太监孙茂霖消极抗敌，致使兵败，军队损失严重。崇祯命太监王坤前去按验，王坤为孙茂霖辩解道："监军纪功过耳，追逐有将吏在。果如自镜言，则地方官罪不在茂霖下矣。"也就是说，监军只是记功过的，派兵打仗之事自有地方官员作主，如果按贺察使所言，那地方官的罪比孙茂霖还要大。崇祯认为王坤说得有理，于是没有治孙茂霖的罪。

有了崇祯的护佑，这些手握兵权的宦官有恃无恐到了令人发指的程度，竟然连兵部尚书也不放在眼里。当时军中"占役、虚冒之弊"盛行，危害至深。所谓"占役"，即将领把军士占为私人役使，有的一小营就有四五百士卒被"占役"。所谓"虚冒"，即指军士名单上有其名，实际上却无此人在军，只是借此冒领钱粮，也就是常说的吃空饷。崇祯元年（1628 年），兵部尚书李邦华亲自进行核查，使一万多名被"占役"的士卒重回军营，数千"虚冒"者被除掉。这件事虽然对国家有利，但却得罪了提督京营的宦官。他们广布流言，攻击李邦华。李邦华遂为内侍飞语所中，罢任去。去国之日，守门的宦官们争相用菜叶，甚至石块击之，甚至撕烂他的衣冠、侮辱他的妻儿老小。这些宦官对兵部尚书尚敢如此放肆，更不用说一般臣子了。在这种情况下，官员即使想有所作为，也是有心无胆。

　　在外出任监军的宦官当中，高起潜任职时间最长，也是当时号称"知兵"的一个。实际上，他很善于争功和掩饰败绩，为此他什么手段都使得出来，有时甚至诬陷他人。崇祯十一年（1638 年）十二月，清军攻打济宁，被兵备道冯元飏击退。第二天，高起潜的部将丁祥赶来，指责冯元飏所击杀的都是他的部下，居然命令部下攻城。冯元飏在城墙上义正词严地说："我誓与济宁城共存亡，只知道凡是攻城的都是敌人！"丁祥无言以对，这才停止攻城解围而去。

　　当时沙河县城被清军攻破，城内涌现出成群的盗匪，四处焚掠和抢劫。清军退后，地方官组织人手缉拿，抓住了几个盗匪，但这些人到县衙后却毫无惧色，大声嚷道："我们都是高总监的部兵，你今天杀了我，明天你的脑袋就得搬家！"地方官无奈，只好将他们放了。

　　就这样，高起潜带兵四处游荡，"实未尝决一战"。为了报功请赏，他大量割死人头冒充军功。这些死人有的是老百姓，有的是明军士卒。其他监军宦官的做法也大同小异，《明史·宦官列传二·高起潜传》中曾有这样的记载："诸监多侵克军资，临敌辄拥精兵先遁"。

　　清军进逼蓟州、昌平时，总督吴阿衡正与镇守太监邓希诏一起祝寿。哨兵报告说清军已经打到门口，他们却根本不当回事，坚持要饮到百杯，以取百寿之庆。结果，二人都酩酊大醉，无法整兵迎敌，最后死于乱军中。

　　崇祯派宦官到各地，是让他们代表自己监察各地事务，他本以为这些人会感激自己的信任，珍惜自己给予他们的权力，全心全意为自己为朝廷办差。然而，这些出任监军、镇守的宦官，却不以封疆大事为己任，毫无节操可言，他们在任上擅作威福，中饱私囊，有意或无意地牵制将领的手脚，不但未使疆事转好，反而更加败坏。

第七章　民变丛生剿与抚

一、苛税如虎

崇祯即位时，内忧外患严重，各地民变四起，关外又有后金兵频扰，以致兵饷不断增加，国库却越来越空虚。崇祯即位不久，就因为"户部措办边饷无术"，致使边饷不能及时发放，引发兵变，而将户部侍郎王家祯引罪削籍。

之后，户科给事中上疏列举了历代边饷的大体情况：明中期以前，边饷大概只有49万两，万历年间增至285万余两，天启年间又增至353万余两，到崇祯即位时增至500万余两。可是，每年国家财政收入不过320多万两，即使所有税收都征足，也入不敷出，实际上存在许多"逋负"，即未征收上来的赋税，所以每年财政收入只有200万两左右。收入和支出相差如此之大，边饷自然不足。究其原因，则是因为边饷开支过大。这些负担归根结底还是要落到老百姓身上，手段也很简单，那就是加征。

加征并不是崇祯时才有的，只不过崇祯年间加征最多。嘉靖时因连续多年闹倭寇，东南战事不断，边饷增多，于是开始施行加征，当时叫"提编"。嘉靖三十年（1551年），"增赋百二十万，加派自此始"。这种加征是按田亩加派，本来是为了剿倭所增，但倭寇平定后，这项加征并未免除，"着为定额"，变成了百姓年年要交纳的负担。万历年间，因援助朝鲜抗击倭寇，朝廷又对百姓进行第二次加派。当时多个省份正遭遇旱灾，又有加派，百姓苦不堪言，有些地方的百姓甚至将石头磨成粉充饥。户部尚书孙丕扬弄来几升石头粉放到皇帝面前，说："当今海内苦加派，非止此啖石之民也。"由于孙丕扬等大臣力谏，这次加派在战争结束后便免除了，但是，它所带来的苦难已令百姓寒心。万历末年，因辽东兵事紧急，又连续加征3次，每亩加征9厘，"凡五百二十万有奇，遂为定额"，也就是说多征520多万两，后来又成为定额，这就是后来常说的辽饷。

崇祯时辽东的战事更加危急，为解决军饷问题，崇祯三年（1630年），兵部尚书梁廷栋上疏，请求追加辽饷，他在疏中说："现今老百姓虽然穷，但并不是因为加征辽饷，而是因为官员贪墨，暗中加派的款项比定额多出很多，如果贪风不除，就是不加派，百姓还是苦；如果治下贪风，就是再加派，百姓也是高兴的。"所以"请于九厘外复加三厘"。崇祯对梁廷栋的话很是赞赏，但他没有马上下令加征，而是让大臣们商量。户部尚书毕自严去年上过一疏，说为开支太大而焦虑，但他不主张向老百姓加征，而建议采取增加关税、卖掉各地为魏忠贤建的生祠、裁汰冗役、核查隐田、寺院地产亦要像民田一样征赋、停止建造公署等措施。现在看见崇祯主意已定，他也就不再阻拦，因为拦也拦不住。崇祯心里也明白加征不得人心，所以在发布谕旨时这样说道："往日因为辽东兵事紧急，按亩加赋，一直没有停止，这件事一直挂在我的心头，总想尽早免掉。但是，近来边患一直不得平息，军情越来越紧急，户部咨奏再三，请于每亩现已加征的九厘外，再每亩加征银三厘，前后共一分二厘。这两项都是辽饷，事平后即行停止。朕因廷议既协，权宜允从。"他说自己本来很同情老百姓，只是因为臣下反复请求才不得已表示同意。于是，在原加征辽饷520万余两的基础上，又加征了140万余两，统称为辽饷。

崇祯十年（1637年），李自成等农民军的声势日益浩大，兵部尚书杨嗣昌请增兵12万，增饷280万两。崇祯遂降旨："流寇蔓延，生民涂炭，不集兵无以平寇，不增饷无以饱兵。勉从廷议，暂累吾民一年，除此腹心大患。"将这次加征称为剿饷，也就是为剿除农民军而加征的饷银。又因这次是按赋额加征，即原赋额每两银再加 3 分，故又称均输。因为原赋是按亩征收，所以这次加征与原来按亩加征没什么明显的区别。而这次加征额为 200 万两，征收额比亩加 3 厘的数额还多。

崇祯说"暂累吾民一年"，就是说这次加征剿饷原定期限为一年。然而，这次加征的饷钱用完了，农民军仍没有被剿灭，只能继续征收。崇祯可能是因为不好意思，又或许是考虑到百姓的负担，想减半征收，但督饷侍郎张伯鲸却请予全征，还说了一大堆的理由，崇祯也就不再顾及是否失信于民了。可是第二年农民军还是没有被剿灭，于是又再征收，越征收百姓就越没有活路，没有活路就只能造反。结果越剿匪越多，于是，剿饷的加征也成了定额。

崇祯十二年（1639 年），因此前清军内犯，直逼京师，虽然最后围解，但崇祯也惊出了一身冷汗，兵部尚书杨嗣昌为此提议增兵，而且一增就是 73 万多人，增兵就要训练，训练就要用钱，于是又得加征练饷。崇祯因剿饷已延期，实际上已失信于民，对于加征练饷颇感为难，犹豫不决。杨嗣昌进言道："这也没有多大损伤，可以将赋加到田地上，每百亩征银三四钱即可。"当时杨嗣昌是崇祯身边的大红人，其他人不敢拦阻，加上大学士薛国观还随声附和，大力支持，崇祯最后同意加征练饷 730 万两。

至此，除加征辽饷外，又增加了剿饷、练饷，先后增赋 1670 万余两。

崇祯所谓的"暂累吾民一年"成了空话，实际不是一年，而是一年一年又一年，而且加征的数额越来越多。百姓苦不堪言，负担之沉重历史少见。然而三饷并征的 1670 万余两只是表面数字，实际上，百姓所承担的远不止这些，因为还有许多额外苛征。正如吏科给事中刘汉儒所言："自发难以来，征派无虚日。最苦者莫如招买豆料，给价常少，给价常迟。是名招买，而实加派也。"即打着"招买"的旗号压低价格，拖延货款。如果说这种"招买"还多少付点报酬，那么在外流动作战的将领随意向地方私派，则是一文也不给的。崇祯年间战事频繁，这类私派给百姓造成的苦难也特别沉重。

给事中孙承泽曾向崇祯讲述了自己任县令时经历的真实情况，说"正派"本来已很多，而"私派"比正赋更多，这么多的征派，老百姓怎么活命！崇祯对孙承泽所言也很重视，命他据实再奏。孙承泽遂又奏道："大江以北，几乎已经没有一个安宁的地方了。百姓们怨的不是天行之灾渗，而归咎于部派之繁重。"可谓一语中的，当时天下残破，主要不是因为天灾，而是人祸。

在正赋以外再加征，在明征以外再行私派，而害民者还有所谓"火耗"。"火耗"的本义是指铸钱时的损耗。明朝后期的"火耗"则是正赋折银交纳时，按数交足还不够，还必须附带交一部分，以备"熔铸"时的损失。这在当时几乎成了通例，遇上相对清廉的好官，火耗就少些；遇上欲壑难填的贪官，火耗就会变得很大，成为农民一项额外的沉重负担。现实是贪官多，好官少，所以老百姓的负担多数时候是十分沉重的。"今吏治之败，无如催科火耗。"刘宗周所说就是这个普遍而又重大的弊政。

另外，明朝后期皇室人口急剧增加，据《明实录》记载，万历二十三年（1595 年），这类人为 15.7 万人，而到万历四十年（1612 年）居然超过了 60 万人。崇祯时的皇族人口虽没有确切记载，但从各方面的资料综合估算，总人数当不下三四十万。这些人不在士、农、工、商之列，是一支名副其实的寄生虫大军，仅明文规定的禄米供应就使朝廷难以应付。不仅如此，他们还不时向朝廷提出一些额外要求，或向当地百姓肆意勒索。他们凭仗权势，要挟地方，勒索百姓，数量之大堪比征饷，大大增加了老百姓的负担。

一些朝廷官员也不思如何根治国家的颓废，整天给皇帝出主意从百姓身上刮油，就算百姓已贫弱不堪，他们也视若无睹。比如有官员建议，凡京师旅舍和出租房屋者，都应先交出一季度的租金，以充国用。京师的各地会馆虽不收租金，但也要交纳修理费若干，这样便能得到

50 万两。然而，这 50 万两经一些权贵克扣，最后到国库的只剩十二三万两。

无休止的搜刮使大批百姓弃田逃亡。地方官为了征足数额便施行类似保甲制的措施，即十户一体，一户逃九户补，九户逃一户补。如此一来，即使有一两户不想逃也得逃了，往往整村的农户逃散一空，大片耕地荒芜，不是荒年也成了荒年。

出逃是要力气的，年轻力壮的尚可，老弱妇孺只好留下来等死。但出逃就能找到活路吗？全国都一样，又能逃到哪里呢？于是，不管是外逃的还是留家的，生活都凄惨至极。百姓们为了充饥，野草、树叶、雁粪、观音土、青叶石……能吃的不能吃的都吃，虽然有些东西吃了会死，但总好过活活饿死。据文献记载，在北方各地发生了很多人吃人的惨剧。百姓们找不到活路，那就只剩下造反一条路可走了。

对于加征的危害，许多有识之士看得很清楚，也不断有人上疏劝阻。比如，御史吴允中在崇祯八年（1635 年）还没有加征剿饷、练饷时就上疏道："自有辽事以来，取于民者已溢于制。且魏忠贤之搜刮，已为无所不至。至于今日，正皮肉都尽之时，不惟加派不可行，即催科亦当从缓……竭天下之力，设民穷财尽，外敌未宁，内盗蜂起，何以处之？莫若苏息民力，团结人心，以为长治久安之计。"这还只是加征了辽饷，当三饷并征时，老百姓的"皮肉"岂不是更要被刮得一干二净？

也有较为体恤民情的地方官深明此弊，上疏切谏，请稍宽征敛。比如河南府推官汤开远上疏道："今诸臣怵于参罚之严，一切加派，带征余征，行无民矣。民穷则易于为乱。皇上宽一分在臣子，即宽一分在民生。如此，则诸臣可幸无罪。"有的官员甚至以加征不祥和上天示警相劝，但最终也未见崇祯下旨施行过一项有效措施，反而有些体恤百姓苦难、不忍心百般催索的官员，因未能如期如数交足而获罪。

内阁大学士蒋德璟曾一针见血地指出："致天下民穷财尽，人皆为盗。"这里所说的"盗"，指的是李自成等农民军。老百姓本来不想造反，之所以要揭竿而起，是因为"民穷财尽"，无以活命。而造成这种状况的根本原因就在于朝廷的"众敛"，或者说名目繁多的加征。

众所周知，崇祯年间灾荒严重，至今有人认为这是导致农民起事的主要原因。其实，一个幅员辽阔的大国，各种各样的灾荒几乎年年都有。如果是在政治清明的时代，国家扶持一下也就过去了，至少可以减轻灾情，不至于酿成大乱。但在政治腐败年时代，小灾荒也会变成大灾荒，甚至本来不应有灾，但因农民大批逃避沉重的赋役，致使大片农田荒芜，造成人为的灾荒。另外，过去的封建士大夫不愿或不敢直接指责皇帝，于是极力渲染天灾的严重，而对官府造成的"人祸"则极力掩饰。所以，人们从史书上看到农民饥寒交迫，便误以为主要是天灾造成的。拿兴修水利来说，在崇祯统治的 17 年间，几乎没有有关官府组织兴修水利的记载。中国是一个农业社会，兴修水利对发展农业生产至关重要，但崇祯对此漠不关心。而水利不畅，要么无法灌溉，要么无法疏通，小旱小涝也有可能酿成大灾。

总的来看，崇祯年间老百姓的苦难主要来自人祸，而不是天灾，就连"三分天灾、七分人祸"一说也夸大了天灾的影响。

二、民变四起

崇祯年间赋役之苦，在全国又以陕西尤甚。陕西地处黄土高原，土地瘠薄，雨量稀少，农作物产量本来就很低，而崇祯一再加派，又不考虑土地贫瘠与否，一刀切地按亩征收，使得此地的加派负担尤显沉重。加派要收银子，而陕北的工商业比东南沿海地区落后得多，用农产品换银子特别困难，这在无形中又加重了陕北人民的负担。另外，陕北是边防要地，驻军特别多，老百姓负担的徭役也比其他地区重。在天灾、人祸的双重打击下，百姓无以为生，苍生涂炭，陕北大地上就像是堆满了干柴，只要有一两个火星，就会燃起漫天大火。

崇祯元年（1628 年）本来就是个饥荒年，但官府仍向陕北农民催逼赋税。白水县（位于陕西渭南）农民王二①率领满腔怒火的农民冲入县衙，杀死澄县知县张斗耀，然后聚集山中，继续与官府对抗。饥饿的农民纷纷加入王二的队伍，人数越来越多，他们劫官府、抢仓库，以求一饱。

这支饥民队伍在蒲州和韩城（均位于陕西渭南）一带往来劫掠，随着队伍的壮大，一度攻破宜君、县城（位于陕西铜川）。陕西巡抚胡廷宴年老昏庸，特别厌恶有人向他报告农民造反之事。他认为这不过是一群饥饿的乱民，不久就会自行散去，所以没有及时向朝廷报告，使得明军未能及时进行镇压。王二造反如同在干柴遍布的陕西大地放了一把火，火星溅处瞬间烈焰腾空，很快便呈现出烽火连天的态势。

这时的农民军大体上各自为战，没有统一的组织和部署，但反抗朝廷的共同目标又使他们自觉地相互配合、相互支援，成为一个松散的联盟，因而在大的战略方向上，各股农民军常常能够共同行动，步调比较一致。有几支部队后来在战斗中不断发展壮大，成为对抗明军的主力，包括"闯王"高迎祥部、"曹操"罗汝才部、"老回回"马守应部和"革里眼"贺一龙部等，另外还有神一魁、王和尚、钻天哨、开山斧、小红狼、一丈青、掠地虎、混江龙、过天星、独头虎、截山虎、柳盗跖、金翅鹏等上百支小股武装。而在历史上影响最大，给明王朝以致命打击的则是"八大王"张献忠部和"闯将"（后改为"闯王"）李自成部。

张献忠是陕西延安人，生于万历三十四年（1606年），家境贫寒。有记载说，他小时候和父亲一起到四川贩枣，在内江因为把驴拴在乡绅的石坊上，驴粪弄脏了石柱，乡绅便仗势对他们父子又骂又打，还让他们用手把驴粪捧走。张献忠当时怒火中烧，暗自发誓："有朝一日我定会再来，把你们全部杀光！"张献忠小时候读过一些书，粗通文墨，还

---

① 王二（？—1629）：明末农民起义军领袖，在与官军作战时被俘，后被陕西商洛兵备道刘应遇杀害。

练就了一身不错的武艺，后来做过延安府的捕快。崇祯初年陕西大乱，他加入了起义军，因作战勇敢，又机警有谋略，很快成为一路农民军的首领，自号西营"八大王"。到崇祯中期，他率部纵横于晋、陕、豫、皖、川、楚各地，"张献忠"三个字成了明朝君臣最不愿听到的名字之一。

李自成，乳名黄来儿，陕西米脂人，生于万历三十四年（1606年），祖上几代均以务农为生，他的父亲李守忠也是个勤劳朴实的农民，靠几亩黄土地来养活一家人。李自成小时候除了帮着父母干些农活外，还给大户人家放过羊，当过酒佣，学过打铁，很有一身力气，后来在米脂县圁川驿当驿卒。崇祯二年（1629年），为了节省开支，崇祯应官员奏请裁减驿卒。驿卒的薪俸虽然很低，但毕竟是一个固定的经济来源。特别是在大批老百姓流离失所、生活无着的情况下，驿卒这个"铁饭碗"可以说极为宝贵。

李自成丢掉饭碗后，和几个同乡回了家，可回家照样吃不上饭。一天饥饿难当之时，他见本乡一个姓艾的公子拿着一块饼在吃，就上前讨要。艾公子却说："我宁可喂狗，也不给你吃。"还把饼扔在地上用脚踩得稀烂。李自成愤恨之余，带领侄儿李过及本乡一批青年投到甘肃总兵杨肇基处。李自成身材高大，练过武，又认得几个字，深受杨肇基赏识，很快被升为总旗。

当时官兵在镇压农民运动的过程中，一有机会就抢掠一通，李自成对此很看不惯。他从不抢劫，还常常私放俘虏。甘肃东部有警时，他自告奋勇前去镇压，但心里却打着自己的小算盘。在他看来，这些造反的"响马"头子，都是堂堂正正的汉子，是英雄。他想趁机结识几个，眼下正值多事之秋，日后这些人脉定有用处。其时高迎祥正率领百余人活动在陕甘边境一带，自称"闯王"，颇有英雄气概。李自成不但没有镇压他，反而与他结成拜把兄弟，也正是这个时候，早已看不惯明朝统治的李自成有了反意，与高迎祥相约后会有期，然后回营说高迎祥已死，随便用一颗人头交了差。因剿匪有功，李自成晋升为把总。

崇祯二年（1629 年）年底，后金兵内犯，杨肇基率李自成等赴京师勤王。到达金县后，李自成和几个同伙突然杀掉王参将，一起投奔高迎祥，不巧高迎祥已撤往别处，他们便加入了王左桂起义军。

王左桂起事较早，是继王二之后较有影响的一支农民军，活动在陕北怀宁河一带，人数接近 4000 人。李自成在他手下当了个小头目。后来，王左桂在陕西三边①总督杨鹤率军来剿时，损失惨重，接受了官军的招抚。李自成强烈反对这样做，于是愤然离去，投到"不沾泥"张存孟军中。"不沾泥"也不是个成大事的人，而且缺少谋略，在洪承畴的围剿下接连失败，便主动乞求招抚。为表示诚意，"不沾泥"还杀害了自己的同伙。李自成在"不沾泥"手下待了 3 个月，打听到高迎祥队伍所在地后，领着自己的一小队人马投靠了高迎祥。高迎祥较有谋略，心胸开阔，又曾与李自成结拜，李自成来投后自然受到倚重。之后李自成又拉起了自己的队伍，很快便开始崭露头角，他的队伍被称作"八队"，他本人则号称"闯将"。李自成部纪律严明，虽几经挫折却能不断发展壮大，成为农民起义军中实力最雄厚的一支。

三、抚局破产

崇祯二年（1629 年），由于陕西农民军声势越来越大，陕西三边总督武之望忧惧而死。之后，农民起事的报告如雪片般飞往京师，崇祯深为忧虑，决定派重臣前去镇压，然而朝中无人敢接这个差事，纷纷借故推脱，并一致推荐杨鹤。

当时杨鹤为左副都御史，数次上言都颇得崇祯赏识。在讨论对付农民军的策略时，朝堂上分歧甚大，有的主张剿，有的主张抚。崇祯问杨鹤有何方略，杨鹤答道："清慎自恃，抚恤将卒而已。"也就是说在剿抚并用的情况下，以抚为主。崇祯觉得他有大将之才，便提升他为兵部

---

① 陕西三边：指延绥（榆林）、宁夏、甘肃三镇。

右侍郎，兼任陕西三边总督，全面负责对陕西一带的农民军事务。同年底，崇祯又提升洪承畴为延绥巡抚，配合杨鹤进剿。

杨鹤认为陕西一带的老百姓之所以造反，完全是因为不堪加征与天灾之苦，所以他刚开始剿抚并用，并且进展顺利，一批铁了心与朝廷作对的被镇压，一批摇摆不定的被招抚，但大部分还是流窜到山西一带继续与明军周旋，包括李自成和高迎祥。就在杨鹤为自己的努力初见成效而高兴的时候，问题出现了。小红狼、一丈青、掠地虎、混江龙等几股农民军本来接受了招抚，杨鹤还发给他们免死牌，安置在延绥、河曲一带。然而，官军的控制稍一放松，他们又开始干起了老本行，抢官府，劫富户，四处攻掠，有司不敢问。这也表明在衣食无着的情况下，招抚并不能从根本上解决问题。当这些被招抚的农民军再次面临被饿死的威胁时，他们仍会选择揭竿而起，继续与官府对抗。

崇祯三年（1630年），又有过天星、独头虎等几支农民军接受了招抚。杨鹤高兴地向朝廷报捷，崇祯降敕嘉奖。为表示郑重，杨鹤还特地举办了一个受降仪式，他在城楼上设御座，挂上崇祯的画像，来降者要先跪拜崇祯画像，齐呼万岁，并发誓不再谋反。随后，杨鹤宣读皇帝赦免他们的谕旨，愿意回家的发路费回乡，不愿回家的编入官军拿饷。受抚者表面上顺从，内心却不以为然，神一魁就是其中的一个典型。

神一魁是边兵出身，因缺饷而领导3000多名边兵在陕北起义，他率部围庆阳，克合水，在当地有着不小的名气。杨鹤几次用武力镇压神一魁均未能奏效，于是改剿为抚，将神一魁的女婿招到自己帐中，与其同吃同睡，以示亲密无间。这一招似乎很有效，神一魁果然来降。杨鹤历数他10条罪状，随后宣诏赦免其罪，并授给他一个小官职，其部下4000余人被安置在宁塞（今陕西吴旗县东北宁塞城）。但神一魁只是因为打了败仗，形势危急，这才假装受抚。不久，杨鹤命神一魁配合，神一魁不仅不助战，反而又拉起队伍与明军周旋起来。

为了对付明军，农民军结成"三十六营"，以协同作战，陕西绥德的王自用被推为首领，像高迎祥、张献忠、罗汝才等队伍较大的起义领袖都成为各营首领。当时李自成的势力虽然不及高、张等人，但也成为"三十六营"的首领之一。各营的农民军合在一起，多达 10 万之众，声势颇为浩大。结为联盟后，各营农民军仍具有相当大的独立性，小战单独行动，大事才协同作战。俗话说，林子大了什么鸟都有。起义军各营的情况千差万别，纪律也有好有坏。为了补充军需，他们都从事劫掠，而劫掠的对象主要是各地富室。高迎祥就曾抢到 5 个漂亮女子，并把其中最漂亮的邢氏送给李自成为妻。邢夫人聪明勇武，杀伐决断，后来负责管理农民军的军用物资，对李自成帮助很大，只是后来与李自成的手下高杰私通，投降了明军。

面对千百成群、飘忽不定的农民军，杨鹤感到束手无策。他在陕西一带东征西讨，疲于奔命，但收效甚微。有些被抚的农民军一有机会便再次造反，这也为反对杨鹤的官员提供了口实，说他主抚误国。杨鹤为此特上一疏，进一步申述了应以抚为主的理由。他在疏中指出：农民造反，归根结底是饥荒贫穷所致。如果一味进剿，不仅耗费巨大，而且会越剿越多，但要使招抚真正取得成效，官府应拨款赈济，使农民衣食有着，并帮助这些农民恢复生产。解散之后尚需安置，他们两手空空也无法从事生产，必须给予牛、种，使之归农复业。如此这些贼有生之乐，无死之心，才会真心归顺。招抚把问题解决了，那么匪也就剿完了，否则招抚只能是一句空话。另外，钱用在剿匪上，用一个就少一个，而且杀得越多，激起的民愤越大。钱花在招抚上，金钱花了却得了百姓，盗匪没了，社会也就安宁了，国家也就安定了，国家安定了，钱便又回来了。

兵科职方司①李继贞也支持杨鹤的主张，上疏说："皇上以数万金钱活数十万生灵，福泽莫大焉。活数十万生灵而农桑复业，赋税常供，所获不止数十万金钱也，利莫大焉。"

---

① 职方司：职方清吏司的简称。主要负责根据军事态势作出判断，拟定军事计划，进行军事统筹，类似于现在的参谋部。

　　杨鹤等主抚派的言论虽然十分在理，但是他们都忽略了一个最根本的问题：崇祯正是因为缺钱才一再加征赋税的，又怎么可能拿出那么多银两去招抚农民军呢？

　　崇祯也明白杨鹤等主抚派的确是为明王朝的长远利益着想，因而也答应了下来，但他拖了一年才勉强拿出 10 万两帑金，命御史吴甡前往陕西赈济，以"招抚流寇"。

　　"流寇"遍地，区区"10 万金"无异于杯水车薪，不过，就这区区"10 万金"，也让杨鹤的招抚进行得颇有成效，除了进入山西一带的数支农民军之外，留在陕西的几乎都接受过招抚。从这一点来看，杨鹤的策略是对的，很多人还是渴望过安定生活的。可惜钱确实是太少了，这种赈济的方式不足以让这么多人过上安定的生活，百姓不能安居乐业，问题就不能得到根本的解决。兵部职方司李继贞又上一疏，希望崇祯再做努力，不要半途而废，哪怕是动用内帑。动用内帑，对于崇祯来说无异于虎口夺食，他是听不进去的。那么，让那些为免于饿死而造反的农民军放下武器，也只能成为一种不切实际的幻想。

　　而且，赈济钱粮不足，农民军即使暂时复归田里，也会因衣食无着而再叛。杨鹤屡次上疏朝廷，但仍得不到朝廷财力的充分支持，他主抚的政策很快陷入破产状态。

　　农民军本来就不信任官府，而与杨鹤存在分歧的主剿派又从中添乱。宁夏总兵杜文焕、延绥巡抚洪承畴认为，对于这些造反的农民军，只有坚决剿灭才能太平，招抚不可靠。因此，杨鹤这边主抚，而那边却对受抚的农民军大加杀戮。崇祯三年（1630 年）八月，洪承畴和杜文焕曾密谋策划将已受抚的王左桂等 90 余人全部杀掉。次年四月，洪承畴向部将贺人龙密授机宜，设伏兵将受抚的农民军杀掉 300 余人。这些血的教训使农民军认识到，接受招抚不是一条可靠的生路，只有武装反抗或许能闯出一条活路来。由于在陕西面临着巨大的压力，他们便进入山西求发展，势力越来越大。而陕西那些被招抚的也是"旋抚旋叛"，不久就使杨鹤的抚局成了一个不可收拾的烂摊子。

而崇祯听说杜文焕、洪承畴等袭杀受抚的农民军首领王左桂等人后，非但不指责他们破坏抚局，反而对他们的做法持肯定态度："贼势猖獗，招抚为非，杀之良是。"这对杨鹤的主抚政策是个不祥的信号。

果然，崇祯四年（1631年）九月，崇祯下令将杨鹤以"主抚误国"之罪逮捕下狱，并特地发了一道诏书，把镇压农民军失败的责任一股脑地推到杨鹤身上。在杨鹤被逮治的同时，陕西巡抚练国事也被降职三级，命戴罪自赎。练国事在镇压陕西各地的农民军的过程中打过不少胜仗，但是在农民起事像野火一样遍地燃烧的时候，既然总督杨鹤被治罪，他自然也难逃惩罚。

"流贼原是中原赤子，不可纯以剿为是。"崇祯当初的话犹在耳畔，如今却说自己"主抚误国"，将罪责全推到自己头上，杨鹤对此深感不平。他在狱中上了一道《微臣负不白之冤事题本》，里面提起崇祯当时说的话，隐含着责备崇祯反复无常的意味。杨鹤还是太幼稚了，在君主专制时代，皇帝怎会有错，指责皇帝食言只会加重他的罪责。不久，杨鹤被流放袁州戍边，这一去便再也没有回来，成了崇祯镇压农民军的牺牲品。

四、奇瑜功匮

继杨鹤之后，被派去征剿农民军的是延绥巡抚陈奇瑜。陈奇瑜采取的也是剿抚并用之策，不过他侧重于剿，但结果仍以失败收场。

陈奇瑜是山西保德人，万历四十四年（1616年）进士，初任洛阳知县，天启年间官至陕西右参政，是明末为数不多的人品优良、廉洁奉公的好官。崇祯即位后任陕西布政使，崇祯五年（1632年）被提升为右佥都御史，巡抚延绥。

由于延安、绥德、陕西是农民起事的风暴中心，所以陈奇瑜担任延绥巡抚，实际上负起了镇压农民军的主要责任。当时延绥最活跃的农民军领袖神一魁、不沾泥等已经被杀，但他们的余部仍然很多。当地年景不好，饥荒严重，很多百姓因无法生存而陆续加入了农民军，所以延绥地区并不安定。

陈奇瑜心里很清楚农民造反的原因，但他又不敢直说加征之害，只好夸大灾情，请求朝廷减免当地赋税。他原本没抱多大希望，没想到崇祯却发了善心，免除了两地田租。这虽然只是一时的权宜之举，但短时间内却能免遭官府催交租赋，实实在在地给老百姓带来了一线希望。于是，有些已投身农民军的老百姓又选择回乡务农，从而削弱了农民军的势力。陈奇瑜趁机对坚持斗争的农民军大举镇压，并连连得手。

陈奇瑜在担任延绥巡抚的头两三年里，擒斩头目 177 人，诛其党 1000 多人，捷报频传，令崇祯极为高兴。那些揭竿造反的乱民贼子这时似乎都成了"荷锄归来"的良民，天下太平指日可待。于是，崇祯特地为他颁旨嘉奖，并要陈奇瑜报上有功将士名单，以备升赏。

陈奇瑜上报的歼敌数目，免不了有夸大的成分，特别是 177 个农民军首领，其中有的并不是独立的起义军的首领，只是一个小头目。尽管如此，陈奇瑜镇压农民军颇有成效仍是事实，延绥一带除钻天哨、开山斧外，农民军基本被镇压了下去。

钻天哨、开山斧盘踞永宁关①，前山后水，地势险要，陈奇瑜攻了很久均未成功。于是，他广布传言，说是上司要调整部署，接着率部撤围而去。待关上的农民军放松警惕之时，他率精锐忽然回头，迅速潜入大山，当他们如神兵天降般突然出现在关门时，关内农民军大惊，官军趁势破关而入，擒杀钻天哨和开山斧，斩杀其部众 1600 余人。陈奇瑜回师途中，又突转延水②，剿灭了当地的金翅鹏、一座城两股农民军。至此，延水群盗尽平，陈奇瑜威震关、陕。

为了镇压蔓延至数省的农民军，崇祯决定设一总制大臣，统一事

①　永宁关：位于陕西省北部的延川县。
②　延水：位于延川县东南 50 里的黄河沿岸。

权，全面负责。许多大臣建议起用洪承畴，但崇祯更倾向于任用镇压农民军连战皆胜的陈奇瑜，于是以洪承畴已任三边总督为由，决定用陈奇瑜。崇祯七年（1634年）一月，崇祯提升陈奇瑜为兵部右侍郎兼右佥都御史，总督陕西、山西、河南、湖广、四川军务，专门负责镇压农民军。

农民军主力迫于压力，从崇祯五年（1632年）下半年开始陆续由陕西进入山西。在陈奇瑜的调度下，陕西总兵官王承恩、悍将曹文诏入山西追剿。因后金兵已退回辽东，入关勤王的甘肃兵在杨嘉谟的带领下，也奉命来山西协剿。同时，河南官兵也在往西截杀。

农民军面临的形势空前严峻，单独行动是行不通了，于是他们又聚集起来，以"紫金梁"王自用为首抵抗官军，但还是连吃败仗，官军对王自用紧追不舍。为了减轻王自用的压力，李自成等指挥军队攻克辽州（今山西左权县），大队官军只好回头增援，结果李自成部陷入重围，虽顽强抵抗，但终因寡不敌众，伤之惨重，李自成率残余部众弃城而逃。王自用等部成功脱困后，转往晋北。

不久，李自成与王自用等部在晋北会合，但数路官军也尾随而至，先是素有"军中有一曹，流贼闻之心胆摇"之誉的曹文诏部，接着是河南、河北协剿的官军，农民军再次陷入万分危急的境地。

本来大军压境，更要团结才行，可是王自用身为盟主却因为争夺一个女人而与乱世王闹翻。结果，乱世王投明，为了向明军献功，他突然向王自用发动袭击，虽然没有得逞，但在一定程度上削弱了农民军的战斗力。这件事发生后，诸部农民军不再服从王自用，开始各自行动，"三十六营"联盟由此成了一盘散沙，更多的人萌生了投降之心，赵和尚更是杀死了首领霍维端，借以向官军邀功请降，使得农民军的战斗力进一步削弱。

崇祯六年（1633年），官军对晋北一带的农民军展开了大规模围剿，斩获颇丰。张献忠等部连遭挫折，王自用从晋北败退到阳城、济源一带，不久在济源的善阳山被官军杀死。王自用死后，本已松散不堪的

"三十六营"联盟彻底宣告瓦解。

面对官军的重兵围剿，高迎祥和李自成主动撤出山西，进入河南，活动在黄河以北地区。由于他们兵力较强，成了官军追剿的主要目标。他们二人紧密配合，发挥流动作战的特长，虽然打了几个小胜仗，但总体形势还是越来越严峻，活动地盘越来越小，加上缺粮，随时都有被官军剿灭的危险。

为了摆脱困境，高迎祥等决定诈降，以争取时间渡河南下。此时，王朴等受崇祯派遣，率京营兵6000人前来围剿，见高迎祥等主动乞降，大喜过望，以为不费吹灰之力即可平定大患，于是马上向崇祯奏报，并下令停止对农民军的进剿。在开列的受抚名单上，高迎祥、李自成、张献忠都在其中。就在明军庆功的时候，高迎祥等率领约10余万农民军悄悄集结到黄河北岸。时值寒冬，天气骤冷，黄河结冻，他们迅速渡过黄河，进入河南腹地，从而开辟了一个纵横驰骋的新天地。

高迎祥等渡过黄河后，以迅雷不及掩耳之势攻占了渑池和伊阳（今河南汝阳县）县城。李自成部接着又一举攻占了卢氏县。这里地处中原，农民军在此四处活动，对明王朝造成了极大的威胁。崇祯闻报后又气又急，立即命山西巡抚戴君恩将豹五、通天柱等磔杀于市。这二人都是接受了官军招抚的农民军首领，本以为可以立功受赏，没想到却成了替罪羔羊。

农民军南渡黄河后开始分开行动：第一路由"曹操"罗汝才率领，南下湖广郧阳（今湖北十堰郧阳区）地区；第二路由满天星、一斗谷率领，西入武关（位于陕西商洛市丹凤县东武关河北岩），打算重回陕西；第三路由高迎祥、李自成、张献忠率领，从卢氏向东进发，攻打汝宁（今河南驻马店大部及信阳部分地分）未能得手，接着便转入南阳和湖广的襄阳一带。

这一期间，因官府加征不断，大批农民流离失所，不断加入到农民军中。所以，尽管官军进行围剿，但农民军在河南还是得到了一定程度的壮大。特别是李自成，他很注意搜罗人才，身边除侄子李过外，还招揽了谋士顾君恩、猛将高杰等。顾君恩颇具战略头脑，李自成每有重大举措都会征求他的意见。经过一段时间的转战和积聚力量，李自成在诸部农民军中的地位逐步提高，成为了可以与高迎祥比肩的农民军领袖。

后来，农民军在梁山（今重庆梁平区）大败，退至巴州（今四川巴中巴州区）。崇祯七年（1634 年），陈奇瑜亲自来四川督战，四川巡抚刘汉儒亲自督兵来剿，石柱土司秦良玉①也率兵赶来。高迎祥等边战边退，向陕西方向转移，到达邻近陕西的太平（今四川万源太平镇）被阻再败，狼狈到达广元，在这里与官兵激战 7 昼夜，损失惨重，只得沿川、陕交界山区往东进发。由于对道路不熟悉，结果被困兴安（今陕西安康）险地车箱峡②。

高迎祥等在车箱峡被围困了 2 个多月，除了官军和乡勇从山顶投石投火以外，又赶上连下大雨，2 个月间很少见到晴天，刀剑生锈，粮草缺乏，兵士甚至接连几天吃不上一顿饱饭。此时的陈奇瑜得意至极，以为能把农民军困死，向朝廷报捷请赏指日可待。

就在大家快要坚持不下去的时候，顾君恩献计诈降，于是，高迎祥、李自成和张献忠等将掠来的金银珠宝拿出来，派人送到陈奇瑜营中，再让这些人代为请降。陈奇瑜手下的将领都认为可以受降，陈奇瑜也认为农民军确实已走投无路，应是真降，决定接受高迎祥等人的请求。

随后，根据陈奇瑜指定的时间和路线，农民军秩序井然地走出车箱峡，表面上与官军相处无间，可一走出车箱峡绝境，他们马上就像挣脱了锁链的老虎一样，不再听从官军节制，一夜间，几万人尽数逃走。

陈奇瑜功亏一篑，想调兵遣将截杀农民军，但已经来不及了。高迎

---

① 秦良玉（1574—1648）：字贞素，四川忠州（今重庆忠县）人。明末著名女将，先后参与抗击清军、奢崇明之乱、张献忠之乱等战役，战功显赫，被封为二品诰命夫人。

② 车箱峡：遗迹现有三种观点：一是平利县狗脊关；二是汉滨区付家河沿线的松坝、谭坝、茨沟、景家、东镇峡谷；三是汉阴县与汉滨区月河沿线的某处峡谷。

祥等重新打回陕西，各级官府十分惊慌，纷纷向朝廷告急。各省巡抚、朝廷言官陆续指责陈奇瑜招抚误事，崇祯大为震怒，下令将陈奇瑜撤职，遣戍边地。

五、洪帅无功

当高迎祥等农民军重新打回陕西后，举朝震惊，于是崇祯命洪承畴接替陈奇瑜总督围剿农民军的事务，仍任三边总督，但以功加太子太保、兵部尚书衔。洪承畴足智多谋，沉毅果敢，在农民军的问题上主张严加剿除，一直是农民军的劲敌，这也使他成为了明末清初的风云人物。

同时，崇祯又起用李乔为陕西巡抚，撤边兵 2 万入陕协剿；命河南兵由潼关①入陕，湖广兵、山西兵分道入陕。在官军的围剿下，农民军再次陷入困境。

然而，就在各路官军打算协力尽剿农民军时，驻西宁的明军发生了哗变，他们杀官夺城，影响巨大。崇祯闻报，急令洪承畴前往西宁平乱，这无异于帮了农民军一个大忙。李自成与高迎祥趁机跳出了包围圈。他们先下咸阳，再围陇州（今陕西陇县），使得更多的农民军甩掉官军，摆脱了困境。

不久，洪承畴平定西宁，回师东向，指挥各路官军对农民军进行围追堵截，并派兵支援陇州。高迎祥、李自成等只得弃陇州走澄城，经澄城、合阳等几战后，损失颇重。在入冬季节，少数几支农民军不得不退走湖广，高迎祥、李自成则与大多数队伍先后进入河南境内。

河南一直以来都是朝廷税收的重要地区，正税之外有加派，加派之外又有积年逋赋，逋赋之外还有预征和临时科派。因崇祯三年（1630年）以来连年大旱，作物歉收，米价猛升，老百姓吃不起，很多地方把

---

① 潼关：位于陕西省渭南市潼关县北，北临黄河，南依秦岭，雄踞陕、晋、豫三省要冲之地，地势非常险要，是关中的东大门，历来为兵家必争之地。

草根树叶都吃光了，饿死路旁的人不计其数。有人形容当时河南的情形："黄埃赤地，乡乡几断人烟；白骨青磷，夜夜似闻鬼哭。触耳有风鹤之声，满目皆荒惨之色。欲使穷民之不化而为盗，不可得也；欲使奸民之不望贼而附，不可得也；欲使富之不率而贫，良之不率而奸，不可得也。"

在这种情况下，打着"均田免粮"口号的农民军一进入河南，马上得到了当地百姓的广泛响应，队伍迅速扩大。加之河南地处中原，官军力量相对薄弱，所以农民军一时如鱼入大海，旬月之间足迹就几乎遍及西部各州县，搅得明廷君臣寝食不安。

从数量上看，农民军数倍于明军，占有明显的优势，可是他们不少人拖家带口，训练不精，所以大大削弱了战斗力。崇祯七年（1634 年）年底，农民军与左良玉①所率的官军在磁山一带大战数十阵，伤亡极大；在与山西追来的贺人龙交战时，又损失颇重。不过，农民军人数众多，而且有人源源不断地加入，还是接连攻占了数座城池。

河南毗邻两京五省，素有河南乱则天下难保之说。面对危局，崇祯十分忧心，急令洪承畴与各路将领协力围剿，误事者将严加惩处。除急令洪承畴出关入豫以外，崇祯又抽调边兵 7 万余人，拨饷 90 万余两，另拨内库银 10 万两，由洪承畴统一调用。与此同时，崇祯又提升山东巡抚朱大典为兵部侍郎，急速赴中原协剿。

由于久居深宫，崇祯不知道农民军详细情况，以为只要大军一到就可以马上将农民军消灭，所以他给洪承畴下达的命令是：半年之内尽除农民军。

崇祯八年（1635 年）正月，农民军攻占荥阳。这里是河南的心脏地区，也是历代兵家必争的军事要地。荥阳失守引起了朝廷的极大恐慌，在崇祯的严令催督下，本来打算稳扎稳打的洪承畴，不得不仓促指

---

① 左良玉（？—1645）：字昆山，山东东昌府临清州（今山东临清）人。明末大臣，官至平贼将军、太子少保，封宁南侯。

挥各路官军齐集河南，向农民军展开新一轮的大规模围剿。农民军诸部首领也深感形势严峻，"十三家七十二营"的首领齐聚荥阳，于是就召开了历史上有名的"荥阳大会"，共商下一步行动计划，以打破官军的围剿。这次大会通过了李自成分兵突围的建议。此时官军尽集河南，山西的官军力量变得薄弱，所以大会决定农民军一部分过黄河，到山西求发展；李自成、张献忠等向东发展；马守应等负责往来策应。事实证明，"荥阳大会"对打破官军的围剿的确发挥了关键作用。

按照"荥阳大会"的部署，高迎祥、李自成和张献忠合兵一处，往东进发。他们攻下汝宁府（今河南汝南县）后，突然兵分两路南下。在攻打颖州（今安徽阜阳颖州区）时，致仕的兵部尚书张鹤鸣也协助知州守城，城破后被农民军倒悬在一棵大树上，作为靶子被乱箭射死，其子与颖州许多乡绅也被杀掉。在高迎祥攻下寿州（今安徽寿县）后，两路农民军又合兵一处，直指凤阳。

凤阳是明王朝的"龙兴"之地，明初即定为中都。明太祖朱元璋的父母都葬在这里，皇陵修建得富丽堂皇。自明初以来，这里一直有重兵驻守，设有中都留守司，守军8万余人，还驻有一巡抚，一镇守太监。兵部尚书吕维祺料到农民军会进攻凤阳，便上疏请崇祯早做防备。可崇祯并没有太在意，只是发了一纸敕令，让凤阳巡抚杨一鹏在各要害处及早设兵防守。而年老多病的杨一鹏根本不信农民军会打来，所以没有采取切实有力的举措。

凤阳向来很穷困，成为中都后，这里的各种官员骤增，老百姓要负担的各种差役也随之增多。明末一再加征，老百姓苦上加苦，盼望有人来为他们出口气，所以他们听说农民军要来，纷纷向农民军通风报信，迫切希望农民军早日赶来。

崇祯八年（1635年）正月十五日元宵节，农民军借弥漫的大雾，神不知鬼不觉地赶到凤阳。当地守官还蒙在鼓里，有人报信说农民军来了，竟被打了一顿板子，认为他在胡言乱语。凤阳留守朱国相、千户陈弘祖等人仓促迎战，很快被农民军击溃，二人也死于战阵。驻守的官员或杀或降，守兵则绝大部分不战而降，农民军很快就完全占领了凤阳。知府颜容暄身穿囚服，藏在狱中，打算乘农民军释放囚犯之机逃出，不料被囚犯指认出来，随即被杖杀。

之后，农民军开始在凤阳尽情发泄他们对明朝皇帝的仇恨。他们毁掉"凤阳高墙"，放出宗室犯人，大肆焚烧宫殿建筑，还烧掉了30余万株陵区松树，大火连烧数日。他们还掘毁皇陵墓葬，似乎想借此挖掉"龙兴"的风水。关于皇陵被掘毁一事，据说地方官害怕加重失守的罪责，只报告说享殿等被烧，而未说陵墓被掘。

凤阳被攻陷的消息传到京师后，崇祯十分震惊，立即罢免经筵，素服避殿，遣官告天地社稷，并亲自到太庙中哭祭，还下了一道十分沉痛的"罪己诏"。同时下令处死凤阳巡抚杨一鹏、流放凤阳御史吴振缨，继而命山东巡抚朱大典接替凤阳巡抚。

洪承畴也受命调兵进剿，当他在中原一带摆开架势打算大干一场的时候，农民军主力为了避实击虚，已迁回转入陕西。洪承畴不得不率部掉头往陕西进击，同时急令曹文诏由湖广入陕南，扼守要地，阻止农民军主力再次进入湖广和河南，从而将农民军集中消灭在陕西。

六月以后，农民军又接连打了几个大胜仗，并杀死艾万年、曹文诏两大悍将，令洪承畴痛心不已。

前线接连受挫，崇祯十分着急，对各地方大员又进行了一番调整，那些镇压农民军不力的所谓"庸懦"大员，如河南巡抚玄默被革职，由陈必谦接任；陕西巡抚李乔被罢免，由甘学阔接任；湖广巡抚唐晖被革职待勘，由卢象升接任，并赐予卢象升尚方宝剑，总理直隶①、山东、河南、四川、湖广军，与洪承畴一个西北、一个东南督剿农民军。

面对明军的强大压力，农民军主力再次分头行动。高迎祥、张献忠向东转移，重新打入河南；李自成则仍在陕西转战。为了避开洪承畴的锋芒，李自成打算渡过黄河，进入山西，但因洪承畴早有防备，将其逼

---

① 直隶：直隶在明朝时期是直接隶属于京师的意思，包括今北京、天津与河北大部分。

到南边山区。就在李自成接连失利的时候，与李自成协同作战的过天星又投降了明军。幸而此时固原①的官兵因缺饷而发生哗变，洪承畴只得暂时丢下农民军，赶赴固原去稳定局势，李自成这才得到喘息之机，带领残部入榆林、绥德一带发展。与此同时，高迎祥、张献忠在滁州与明军展开了一场大规模会战，不幸惨败，在精锐尽失的情况下只好返回河南，由河南辗转进入陕西汉中一带发展。

崇祯九年（1636 年）七月，高迎祥在陕南黑水峪（今陕西周至县南）战败被俘，张妙手（张文耀）、蝎子块（拓养坤）等先后受抚。悲痛之余，李自成继承"闯王"名号，成为各支农民军的首领，继续与官军周旋。在西安附近的三原（今陕西咸阳市三原县）大战中，李自成与洪承畴、孙传庭等大军苦战七天七夜，主力尽失，退往秦州（今甘肃天水秦州区）一带的山区休整。农民军一下子没了动静，崇祯终于稍稍松了口气。

六、文灿伏诛

崇祯九年（1636 年），清军入塞抢掠，崇祯放眼整个朝廷，竟找不到一个人能胜任兵部尚书一职，后来他突然想起了自己一向赏识的杨嗣昌。

杨嗣昌是杨鹤之子，杨鹤因镇压农民军无功被判死罪时，杨嗣昌正在山海关兵备道任上，接连上疏请求代父受罚。崇祯为他的孝心所感动，便免去杨鹤的死罪，改为流放戍边，并温言抚慰杨嗣昌，勉励他多多为国尽忠。之后杨嗣昌先后任都察院右佥都御史，兵部右侍郎兼宣、大、山西三镇总督，在任上多所规划，给崇祯留下了良好的印象。

如今杨嗣昌正在家为母守丧，崇祯决定下旨夺情，任命他为兵部尚书。杨嗣昌连上三疏坚辞不出，但都被崇祯驳回，只得于崇祯十年

---

① 固原：明朝九边重镇之一，位于今宁夏回族自治区南部。

（1637年）初走马上任。

杨嗣昌才华横溢，善于诗词文章，在家数年又博览文籍，更加能言善辩。崇祯与他交谈，对其满腹经纶深为赏识，感叹道："只可惜用卿太晚了！"杨嗣昌很会说话，同一件事让他来说，就容易让人接受。别的大臣奏对，崇祯总是要求简明一些，但对杨嗣昌的奏对却不厌其详，杨嗣昌所请求的事情也基本能得到同意。

原兵部尚书张凤翼较为柔弱，对兵事没有什么规划。杨嗣昌一上任就锐意奋发，崇祯越发认为他是个能臣，对其扭转残破不堪的局面抱有很大期望。杨嗣昌虽然没有被任命为内阁首辅，但他的权力却有过之而无不及，可以说虽无首辅之名，却有首辅之实，故世人也称他为"无名首辅"。然而，崇祯又一次所托非人，杨嗣昌不仅没能扭转局面，反而加深了明王朝的危机，使明王朝加速走向了灭亡。

眼看农民军日益强大，杨嗣昌向崇祯献上了"四正六隅，十面张网"之策，为君分忧，并且拍胸脯保证："下三个月死功夫，了结十年不结之局。"

这个"四正六隅，十面张网"是什么意思呢？所谓四正，指陕西、河南、湖广、江北四个地区，这四处的巡抚将作为分剿起义军的主要力量。所谓六隅，指延绥、山西、山东、江南、江西、四川六个省份，这六省的巡抚以防为主，以剿为辅。四正六隅，加起来就是"十面张网"。

崇祯听杨嗣昌说得头头是道，不禁心花怒放，以为消灭农民军指日可待，便让杨嗣昌全权负责实施。

鉴于卢象升已被调离镇压农民军前线，杨嗣昌与洪承畴、孙传庭又素有嫌隙，于是便推荐熊文灿为督师。

熊文灿是四川泸州云锦镇（一说贵州永宁卫）人，万历三十五年（1607年）进士，崇祯即位后任福建左布政使，不久又升任福建巡抚。当时，东南沿海一带有不少大海盗，因为朝廷的海禁时松时紧，他们得不到正常贸易的机会，便进行大宗走私，并不时劫掠，其规模虽然不如嘉靖时大，但也使朝廷颇为头痛。熊文灿了解相关情况后，施展手段，不仅招抚了袁进、李忠和杨六、杨七兄弟等大海盗头目，还招抚了东南海上最大的海盗头目郑芝龙，并利用郑芝龙将不受抚的海盗尽除。崇祯五年（1632年）二月，熊文灿被擢升为两广总督，兼广东巡抚，遂展开对两广一带海盗的进剿。在郑芝龙的配合下，两广一带的大海盗头目或被诱降，或被擒杀，南部沿海一带海盗尽平。

不过，崇祯对熊文灿并不完全放心，在派宦官暗中进行考察后才决定任用他。崇祯十年（1637年）四月，崇祯提升熊文灿为兵部尚书兼右副都御史，总理河南、山西、陕西、湖广、四川及南方边远地区军务，全面负责镇压农民军。

鉴于以前招抚海盗的成功案例，熊文灿这次仍打算用招抚的策略，可是他忘了农民军与海寇是不一样的。海寇绝大多数是海商，只是因为朝廷实行海禁，他们得不到正常贸易的机会，才在沿海抢劫他们所需要的货物。抚之而使其正常贸易，他们便不再为"寇"。而农民军是无以为生的饥民，如果朝廷不肯放松对他们的横征暴敛，他们就必然会铤而走险。要招抚他们，首先要拿出大笔钱财来安置他们的生活。但崇祯只想从他们身上榨取油水，又哪里肯拿出大笔钱财来安抚这些饥民呢？熊文灿即使真心想招，也没有充裕的财力。但除了招抚以外，熊文灿也想不出更好的办法了。实际情况已证明，这些饥民剿不胜剿，越剿越多。

熊文灿刚上任便遇到了糟心事，当时他带了一二千精通火器的广东兵做贴身护卫，崇祯又拨调了左良玉部下的6000名士兵给他。但左良玉不愿受文臣节制，其部下时常与广东兵发生摩擦，有几次还差点动起武来。熊文灿无奈，只好将广东兵遣回。而左良玉的兵又不堪用，甚至还不时抢劫百姓，纪律极坏，熊文灿本来就对剿不抱希望，现在见官军如此涣散，毫无战斗力，更加坚定了主抚的决心。

熊文灿接任总督时，原任总督洪承畴仍留任，只是熊文灿的事权在洪承畴之上。在陕西一带，由于洪承畴、孙传庭的协力围剿，李自成的处境越来越困难，只能在西部山区里东躲西藏。崇祯十年（1637年）

冬季，李自成看准四川的防守比较薄弱，辗转进入四川，一个月内"连陷三十余州县"，一直打到四川的心腹重地成都。四川巡抚王维章束手无策，只能向朝廷急请援兵。崇祯闻报十分生气，将王维章革职，由傅宗龙接任，同时急命洪承畴入川协剿。李自成得知洪承畴从陕西赶来，便放弃攻打成都，重新打回陕西。

为了保证大围剿的顺利进行，崇祯按照杨嗣昌的建议，在户部专设督饷侍郎一人，由傅淑训担任，以保证军饷之需。各地应缴纳的剿饷不能按时交足额者，均以破坏"灭寇"罪从严惩处。为了严肃军令，崇祯又惩治了失事的将领：总兵官王忠因"称病"不积极进击而被逮治；总兵官张全昌因战败而投降过蝎子块，以"辱国"之罪被查究审问；总兵官左良玉因经常不服从调遣而被革职，命戴罪自赎。崇祯还下严旨：此次大围剿中，如有哪位巡抚不用命，就地解权；如总兵官不用命，就地夺印；监司、副将等不用命，就地正法。于是，一场由杨嗣昌在朝中坐阵，熊文灿在一线指挥，举全国之兵对农民军实施的大围剿拉开了序幕。

由于官军此次围剿兵力多、来势猛、组织严，农民军很快便陷入了困难的境地。不少农民军走投无路纷纷受抚，有的人受抚后还成为了镇压农民军的悍将。李自成为躲避追剿，不得不经常在偏僻的山区活动，时而由陕西进入四川，时而又从四川返回陕西。与其同时，张献忠活动在河南南阳一带，他与左良玉大战一场后，兵败受伤而退到了湖广的麻城、蕲州一带，与刘国能合兵一处，共同对抗官军。

熊文灿招抚还是很有一套的，他以强大的军事力量为依仗，让部下到处张贴招降告示：凡投降者都予以妥善安置。官员如杀降人，严惩不贷。告示一出，很快对农民军产生了分化瓦解作用。刘国能与张献忠原来就有些矛盾，张献忠的力量又较强，二人虽合兵一处，也是貌合神离。刘国能害怕被张献忠暗算或兼并，便暗中投降熊文灿，任副总兵随官军征剿，成为农民军的一支劲敌。刘国能和李自成原是结拜兄弟，他的投降使李自成痛恨不已。

　　成功招降刘国能，更增强了熊文灿招抚的信心，于是开始加快招抚的步伐。不久，他又在信阳收降了马士秀、杜应金的两股农民军。这让他十分得意，并以此为资本，频频向崇祯报功请赏。

　　张献忠见刘国能投降了官军，还授了官，便也派人向熊文灿表示愿意受抚。明军中的宿将陈洪范过去有恩于张献忠，张献忠派心腹献给他一些珠宝和一个美女，表示愿率部投降，随马效劳，请陈洪范代为在熊帅跟前讲几句好话。熊文灿知道后十分高兴，马上派监军张大经前去受降，并负责监军。但左良玉认为张献忠诡诈不足信，不如趁机将他抓获，以绝后患。熊文灿担心破坏自己的招抚大计，坚决不许。杨嗣昌也担心张献忠受抚是假，主张让张献忠去袭杀李自成以表诚意，不然的话就趁机将张献忠擒杀。崇祯的看法则与熊文灿相合，认为这样做会寒了愿降者或已降者的心，影响下一步的招抚大局。

　　不过，张献忠投降也是有条件的，一是请 10 万人的粮饷；二是队伍不解除武装，不能打散分编。为此，他特派孙可望向陈洪范和熊文灿行贿，又派人赴京师打通关节，同时授意谷城当地乡绅，让他们为自己具结作保，说他是真心受抚。经过多方活动，张献忠不但使大部分朝廷官员相信了他，就连崇祯也相信他是真心受抚。因为张献忠是与李自成齐名的农民军首领，势力较大，他的受抚势必对其他农民军产生很大影响。所以，熊文灿虽然素闻张献忠为人诡诈，但为了维持抚局，他只得委曲求全。崇祯十一年（1638 年）四月，张献忠接受了招抚。

　　受张献忠的影响，其他的农民军首领也纷纷受抚，其中包括势力较大的罗汝才，他在房山接受招抚时与官军签订了 12 款条约，崇祯还授予罗汝才"游击将军"衔。此后，混十万、整十万、十反王、托天王、小秦王等农民军首领都陆续投降了官军。到崇祯十一年（1638 年），活动在河南、湖广一带的农民军只剩下以革里眼、左金王为首的"革左五营"不肯受抚，但也因势孤力单而陷于消沉。尽管与杨嗣昌承诺的三个月期限有所延长，但"十面张网"之策终于取得了一定的实效，崇祯也十分高兴，有些飘飘然起来。

这种情况对以李自成为首的西部农民军造成了很大的压力。过天星、米闯将、邢家、混天星、大黄鹰等农民军首领也先后背着李自成投降了明军。不久，一直与李自成并肩作战的薛仁贵、黑煞神、中斗星（高迎祥之弟高迎恩）也先后投降了明军。甚至李自成的一些贴身将领也偷偷跑到明军那里请降。

为了缩小目标，李自成将所属诸部分成三支，分别与官军周旋，一路打一路退，从陕西退往四川，又从四川退回陕西，继而又转至河南、湖广等地。其中有数次他差点被官军擒获。崇祯十一年（1638 年）底，李自成又回到陕西，但洪承畴、孙传庭很快便尾随而至，他在陕西站不住脚跟，只得撤往河南，结果在潼关南原陷入官军的埋伏圈，全军覆没。李自成与妻女失散，仅带着 7 名手下逃进商洛山中。关键时刻，清军再次内犯，洪承畴、孙传庭被紧急调往京师勤王，李自成再次逃过一劫，从此息马深山，但始终未受抚。

在深山休养一段时间后，李自成带着手下亲信从山间小道来到谷城见张献忠。二人毕竟共事多年，张献忠设宴盛情款待，还给了李自成不少马匹装备与钱粮。

李自成走后便有人告发张献忠，说他不是真心受抚。熊文灿唯恐抚局遭到破坏，被朝廷降罪，所以不敢公开地惩治张献忠，反而对其种种不法行为极力掩盖。幸好他在朝中有杨嗣昌打掩护，这件事终于不了了之。

就在熊文灿以为万事大吉时，降了一年零一个月的张献忠又重新举起了造反的大旗，开始攻城略地。促使张献忠下决心复叛的原因，一是经过休整，他的羽毛渐丰，不愿一直受制于官府；二是官府对他一直都有疑心，不少人想要暗算他。就在张献忠复叛前一个月，清军退回辽东，杨嗣昌腾出手后便与熊文灿商议调外地精锐官军向谷城周围集中，打算一举将张献忠除掉，以绝后患。

张献忠觉察之后，决定先发制人，他劫尽谷城府库，还放了狱中的所有囚徒。谷城知县阮之钿被杀，熊文灿派驻谷城监视张献忠的 2 个将领也被他策反带走。更狠的是，张献忠在墙壁上写了一番话，说自己之所以再叛，完全是熊文灿逼的，并留下一张账单，上面写的全是向他索贿的官员。此外有一人特别引人注意："襄阳道王瑞旃，不受献忠钱者，此一人耳。"这对明代贪贿成风的官场来说，真是个绝妙的讽刺。

张献忠复叛后不久，驻房县的罗汝才也率众反叛，与张献忠合兵一处。之后，被安置在均州的五营农民军，也有三营叛去。讽刺的是，就在两个月前，熊文灿还向崇祯上疏，极力夸诩自己招抚政策的成功，没想到仅两个月后就变成了这么一个烂摊子。面对抚局的破产，熊文灿极为恐慌，急令左良玉率兵进剿。左良玉自度难以取胜，于是极力拖延。熊文灿一再严令进兵，否则军法从事。左良玉不得已，冒着酷暑进兵，结果在房县的罗猴山中了埋伏，被农民军打得大败，死伤过万。事后，左良玉被降职三级。

熊文灿也注定了不会有什么好下场。崇祯得知张献忠等复叛后，极为震怒，尽削熊文灿所领官职，令其戴罪自赎，连熊文灿以重贿所托的官员也不敢为他辩解。

与此同时，李自成也走出深山，积极行动起来，在竹山与张献忠、罗汝才会合。熊文灿不仅未能镇压叛军，反而丢了竹山县。局势越发败坏，崇祯再也无法容忍了，随即将熊文灿逮治下狱，不久处死弃市。

七、嗣昌自尽

盐梅今暂作干城，上将威严细柳营。
一扫寇氛从此靖，还期教养遂民生。

这是杨嗣昌赴边时崇祯亲自写给他的诗。不过，杨嗣昌不是在朝中坐镇吗？崇祯怎么给他写上壮行诗了？

原来，熊文灿抚局彻底破产后，杨嗣昌自感难辞其咎，便主动上疏请罪，并表示愿亲去督师。而杨嗣昌此前力主对大清和谈，以集中全力平息"中原群盗"，但却没有成功，以致清军于崇祯十一年（1638年）大举入塞，连陷数十城。崇祯似乎也渐渐发觉杨嗣昌有点不靠谱，面对朝廷言官的弹劾，自己已经三番五次地保他，现在应其所请让他外出督师，倘若取得成功，也能挽回自己的一点面子，有个交代。因此，当杨嗣昌主动请缨时，他便顺水推舟地同意下来，并赐尚方宝剑，允许杨嗣昌在需要的时候代天子行事。另外，崇祯特意发给杨嗣昌一颗"督师辅臣"的银印，并拨银50万两。

临行前，崇祯赐宴送别，还亲自为杨嗣昌斟酒三杯。在封建时代，这是极高的礼遇。更让杨嗣昌感激涕零的是，崇祯还给他写了这么一首壮行诗，诗中更是包含着崇祯对他的极大期望，似乎将明王朝的安危都托付于他，这种礼遇真可谓无以复加了。杨嗣昌接过诗章，含泪跪诵，拜泣不已。

崇祯十二年（1639年）九月，杨嗣昌谢恩出朝，戎装于瑟瑟秋风之中，大有"壮士一去兮不复还"之状。

由于熊文灿主抚失败，当时朝野上下都十分忌讳谈及"抚"字。有的人甚至主张，凡是谈抚的，以奸细论，以通贼论处。杨嗣昌认为这样做并不可取，崇祯自然也不予允准。至于这次出师的策略，临行前崇祯给杨嗣昌的"密谕"也说得很清楚：剿抚互用，但张献忠曾经惊掠祖陵，决不可赦。

杨嗣昌怀揣密谕，手握尚方宝剑离京，于九月底到达围剿农民军的前方基地——襄阳，首先对这里的防务进行了加强。按照杨嗣昌的奏请，崇祯任命左良玉为大将，挂平贼将军印，有指挥其他总兵官的权力。左良玉正为丢失了官印而苦恼，现在居然有了更大的权力，他十分高兴，决心大干一场，以报知遇之恩。同时，杨嗣昌张榜通衢，悬赏万金捉拿张献忠。

张献忠见到榜尾所署的赏格是："能擒张献忠者，赏万金，爵通侯。"一时玩心大起，让人也贴出捉拿杨嗣昌的榜文，榜尾特注："有获杨嗣昌者，赏银三钱。"杨嗣昌看到张献忠的榜文后，大为懊恼。

杨嗣昌命左良玉将主力驻于兴安，另派 3000 人入川追剿。左良玉认为自己的兵力本来就不是很强，如此一分就更加薄弱了，所以坚持不肯分兵。杨嗣昌虽然不高兴，但也无可奈何，只能将左良玉的意见上报崇祯，为以后打败仗推卸责任做准备。

崇祯十三年（1640 年）二月七日，左良玉与张献忠两军在四川太平县（今万源市）遭遇。张献忠虽然先占据了玛瑙山据险而守，但仍抵挡不住左良玉的猛烈攻击，大败而逃，左良玉部"追奔四十里"，农民军伤亡近 4000 人。张献忠部下 16 个首领被杀，妻妾和家属 7 人被官军俘获。左良玉在这一战中立下大功，被加官太子太保。

玛瑙山之战后，如果左良玉乘胜追击，张献忠这支农民军很可能被彻底消灭。奇怪的是，左良玉却放松追击，甚至明追暗纵。原来，因为左良玉经常不听指挥，杨嗣昌便私下许诺贺人龙，由他代左良玉为平贼将军。不料左良玉在玛瑙山之战中立了大功，暂时换不了了，于是杨嗣昌便要贺人龙再等一等。贺人龙大为不满，就把这件事告诉了左良玉。左良玉怀恨在心，不肯再卖死力。张献忠也巧妙地利用了官军将领之间这种矛盾，派亲信带上珠宝向左良玉行贿，并说："有我张献忠在，你才被看重。如果我不在了，就凭你部杀掠抢劫的恶名，杨嗣昌很快就会夺了你的将军印。我张献忠垮台之日，也就是你左良玉灭亡之时。"左良玉认为张献忠的话并非没有道理，有贼才有自己这个"平贼将军"，于是故意网开一面，张献忠趁机逃往巴州一带。杨嗣昌命贺人龙急追，但贺人龙心怀不满，不愿去冒这个险。杨嗣昌一再致信左良玉，晓以利害，要他万万不可错过良机。可左良玉根本不为所动，"高卧竹溪，屡檄不动"，使官军难以组织起有效的进攻，张献忠得以从容而去。

七月间，张献忠和罗汝才又合兵一处，从四川返回湖北房山一带。杨嗣昌调各路官军向房山集结，张献忠、罗汝才又打回四川。杨嗣昌亲自赴川督师，结果却接连打了几个大败仗，不得不向崇祯上疏请罪。不过，他在请罪的同时，却巧妙地把罪责推到川军头上，说川军疏于防范，不值得依赖。结果，兵败的杨嗣昌没有受到任何处罚，四川巡抚邵捷春却成了替罪羔羊被处死弃市，三边总督郑崇俭也受到牵连被革职。而左良玉拥兵自重，不服调遣，杨嗣昌却对他无可奈何，别的将领见状也有意仿效，从而大大削弱了官军的战斗力。

就在杨嗣昌集中力量追剿张献忠之时，李自成趁机从山中突围而出，进入陕南，很快纠集起一支上千人的队伍。不久，一些农民军陆续前来会合，使李自成部众迅速扩至数万人。为了摆脱官军主力的进剿，李自成率众由商洛进入河南。得知李自成进入河南的消息后，杨嗣昌立刻命农民军降将王光恩等入河南进剿。

因为襄阳一带安插着大量招抚的农民军，如果李自成南下襄阳，他们很有可能闻风而动，那样一来局势将不可收拾，所以杨嗣昌十分担心，急忙传命襄阳官员早做防备，密切注意降兵的动向，对那些不安分的活跃分子可早作处置。出乎杨嗣昌意料的是，李自成并没有南下，而是向东发展，连续攻陷数个州县。

李自成进入河南便打起了"不杀平民唯杀官"的旗号，这正合老百姓痛恨官府的心理；他身边的谋士又到处散布"迎闯王，不纳粮"的口号，对贫苦农民产生了很大的吸引力，兵力迅速壮大。加上李自成每攻破一地，必将官府和富户的粮食拿来救济饥民。这与崇祯一再加征赋税形成了鲜明的对比。渐渐地，许多小股农民军纷纷归附，李自成的队伍很快壮大至数十万人。

到崇祯十三年（1640年）年底，李自成的队伍已对洛阳形成包围之势。洛阳是崇祯的叔父朱常洵藩封之地。作为中国历史上的古都，洛阳不论在政治还是军事上都具有十分重要的地位。福王朱常洵是万历帝最疼爱的儿子，万历帝一度还想把他立为太子。后来朱常洛被立为太子，朱常洵封福王至洛阳，万历帝因为没能让他当上太子，便尽量多赐金银以作补偿，致使福王"富甲天下"。李自成此来的最大目的就是拿下这块大肥肉。

福王平日里作威作福，当地百姓都十分痛恨他，无不盼着他早死。另外，他嗜财如命，在农民军大军压境时，还不肯拿一点王府的金银来犒军，城内守军也痛恨他。因为担心有人劫掠自己的财物，福王将前来援救的官军都挡在城外。这些官军颇为不满，夜里放了一把火，诈称"逐贼"而撤往外围，有的干脆投降了农民军。

崇祯十四年（1641 年）正月二十日，城内的一支官军发生哗变，打开城门，农民军蜂拥而入。福王见城已破，慌忙逃出城外，藏在一户老百姓家中。这家人也不真心掩护他，第二天他就被抓了。他的儿子朱由崧倒是逃了出去，清军入关后在南京即位为弘光皇帝，但仅维持了一年就宣告灭亡。

福王朱常洵身体肥硕，重达 300 余斤，据说农民军将他处死后，将鹿肉与他的肉杂和在一起，设酒宴办盛会，美其名曰"福禄（鹿）酒"。可见当时农民军和老百姓对明王室是何等痛恨！

进入洛阳城后，李自成命人开库放粮，大赈饥民。王府中积粮数万石，前来领粮食的饥民扶老携幼，络绎不绝。福王富甲天下，家中自有数不尽的珠玉金银，皆被李自成的军队运往卢氏山中的老营。之后，李自成放火将王府烧掉，不久即转战他处，只留了个投降的书办①邵时昌在洛阳驻守，实则如同放弃。攻陷洛阳，意味着农民军已具备打大型攻坚战的能力。

崇祯得知福王遇害的消息，失声痛哭，同时派人传旨，要杨嗣昌加紧剿匪。从福王的下场，崇祯似乎预感到了什么，此后数天一直神情恍惚，心神不宁。杨嗣昌也很想加紧剿灭农民军，只是自身才能有限，加上手下掣肘，督师一年多，寇不仅没有平下去，反而越平越多。

此时大明江山已是四处烽烟，很难找到一块安宁的土地。不少大臣陆续上疏，指责杨嗣昌好为大言，用兵不效，但崇祯对杨嗣昌仍倚信不疑。杨嗣昌虽然未被治罪，但眼看着城池一座接一座地被攻陷，不禁忧心如焚。他难以调度左良玉等将领，便亲自率军入川追剿张献

---

① 书办：明、清时期府、州、县署名房书吏的通称。掌管文书，核拟稿件，嗣后用为掌案书吏的专称。

忠，而张献忠却神出鬼没地折回了湖广，计划突袭襄阳。

襄阳位于湖北省西北部，处汉江中游平原腹地，是楚文化的主要发源地，更是军事与商业重镇，历来为兵家必争之地。这里更是杨嗣昌督师的大本营，储存有大量的军用物资和粮饷，更重要的是，张献忠的家属和他的军师潘独鳌也被关在襄阳监狱里。因此，张献忠决定趁杨嗣昌在四川作战之时，以迅雷不及掩耳之势奔袭襄阳，使杨嗣昌回救不及。

二月四日夜，张献忠部下二十八骑冒充杨嗣昌的差官，手持杨嗣昌的军符，到襄阳城下叫门。守城兵查验无误后，将他们放入城中。半夜时分，这些人一边在各衙门放火，一边在城中奔驰喊叫，城里的三四百名农民军降丁也倒戈哗变，城中秩序大乱。他们趁机打开监狱，将张献忠的家属和潘独鳌救出。天明时，张献忠大军赶到，很快占领了襄阳全城，活捉襄王朱翊铭，后将其拖至西城处死。

张献忠攻下襄阳后，马上发50万两银子赈济饥民。"城中军资器械堆积如山"，自然都归了张献忠。讽刺的是，左良玉多年掳掠的财宝也存在这里，他万万没有想到，当时自己放走的人如今却成了自己财富的主人。

短短半个月，洛阳、襄阳相继被攻陷，2个藩王命丧黄泉，这无疑是为帅者的重大失败，杨嗣昌深知罪责重大，马上向崇祯上疏请死。他强拖着病弱之躯赶到荆州，想求见受封于此的惠王，但惠王拒不接见，命门人转告杨嗣昌："先生如愿见我，请先朝见襄王！"

杨嗣昌羞惭得无地自容，遂于三月初一在沙市的徐家花园自缢而亡。"平贼将军"左良玉则因不听节制而被削职，被命"戴罪平贼"。

杨嗣昌去世后，崇祯心痛叹息不已，亲自为他写了一篇祭文，并追赠太子太傅。当时朝中大臣不断上疏弹劾杨嗣昌，说"其人虽死，然罪不可赦"，但崇祯一律驳斥为"意欲沽名"；至于福王、襄王二藩沦陷的罪责，以"议功"之例免于处分。由此可见崇祯对杨嗣昌的眷顾、信任可谓始终如一。

八、分庭抗礼

当张献忠在襄阳一带与官军周旋的时候，李自成率部由洛阳向东发展，于崇祯十三年（1640 年）二月十二日赶到开封城下，随即大举攻城。

开封是中原重地，地处黄河下游南岸之滨，地势平坦，土地肥沃，战国时的魏国，五代时期的后梁、后晋、后汉、后周，北宋等在此定都。金朝时曾大加增筑，城墙厚达 5 丈。明太祖朱元璋第五子周王即封藩于此。同时，开封又是河南布政使司驻地，相当于河南省省会。所以，对崇祯来说，失去开封就意味着了失去了河南。

李自成包围开封时，河南巡抚李仙风身在河北，副将陈永福驰援洛阳未归，城中只有巡按御史及很少一部分守军。这时，驻开封的世袭周王朱恭枵站了出来。他和福王截然不同，为了解开封之围，他拿出王府所存银两堆放在城头，对杀敌有功之人分级行赏：如果能出城杀敌，一个人头赏银 50 两；如果未出城而杀敌，一个人头赏银 30 两；射伤或用砖石击伤一个敌人，也可得赏银 10 两。周王还亲自登城防御，大大提升了守军的士气。李自成一连攻打数日，不但毫无破城之相，还损失了不少人马。不久，陈永福与李仙风先后赶到，李自成只得撤围而去。

李仙风来到开封城下时，周王气不打一处来，大骂他未能及时赶来守城，下令不许开城门将他放进来。不久，崇祯以洛阳被陷和福王被害为名，下令将李仙风逮治。李仙风自知难逃一死，便自杀了。高名衡因守开封有功，接任河南巡抚。

不久，李自成与罗汝才合兵一处，在马家庄与官军展开了一场激战，大获全胜，还俘获了陕西总督傅宗龙。傅宗龙视死如归，坚决不降，被农民军处死于项城城下。这次会战是李自成起事以来少有的几次大胜利之一。自此以后，李自成的农民军基本掌握了战场上的主导权。

马家庄之战后，李自成的大军又迂回向开封集中，准备再次攻打开封。李自成此次攻打开封虽有 50 万人马，但因城中守军抵抗顽强，外地援兵又陆续赶来，他只得在攻打数日后，留下数千部下的尸体再次撤离。不过，这一次李自成并没有走远，在开封东南攻陷几个县城后，他又率大军回来第三次包围开封。

崇祯得知开封再次被围，急命督师丁启睿督师前去援救。半个多月后，丁启睿等官军在朱仙镇①与农民军展开了一场大规模会战。起初官军凭借火器优良稍占优势，但李自成提前占领了朱仙镇的险要地势，切断了粮道水路，在断粮断水的情况下，实力最强的左良玉军拔营先逃，各路官军随之皆溃不成军，一发不可收拾。结果，李自成得骡马 7000 余匹，收降兵数万人。

消息传到京城，崇祯极为震怒，丁启睿因督导不力，加上逃跑时竟将敕书、印信全部丢失，被逮捕狱中；总督杨文岳被革职查问，总兵官杨德政被立即处死。左良玉虽然有罪在先，但他人多势大，而且骄纵难制，所以崇祯未对他治罪。

朱仙镇大战后，官军更加一蹶不振。号称百万的李自成农民军很快占领了开封周边州县，使开封形同汪洋大海中的一个孤岛。崇祯命新任督师侯恂援救开封，侯恂主张放弃开封、河南，在河南四周集中用兵，把李自成困在河南，然后再逐渐缩小包围圈。但崇祯断然拒绝了这一建议。侯恂无奈，只得率领身边不多的人马前往，并檄调左良玉前来会合。左良玉刚刚打了败仗，元气大伤，如今还没有恢复过来，于是坚决不肯前去。

此时开封的战斗正激烈地进行着，农民军虽然勇猛，但因为周王和高名衡等将领协力防守，打了半年也没将开封攻下。然而，由于长期受困，开封城内粮食早已断绝，人们不得已吃起了野草树皮，甚至出现了活人吃死人的现象。周王自恃开封城墙坚厚，下令决河灌敌。

崇祯十五年（1642 年）六月十五日夜，洪水咆哮而下。可惜李自

---

① 朱仙镇：中国著名古战场，中国四大名镇之一，位于开封市东南 15 公里。

成早有觉察，并已"移师高阜"，伤亡不大。随后，李自成以其人之道还治其人之身，派人在马家口决堤，以淹官军。开封城墙虽厚，但城门却堵不严。大水冲破城门，咆哮而入，开封古城顷刻成了一片汪洋，官军死难者难以计数，更可怜的是城中数十万百姓，不但房屋财产荡然无存，而且男女老幼大都葬身水底，只有少数青壮抱着木板逃出。周王在高名衡的保护下逃出，损失极为惨重。

开封被淹后，厄运也降临到了侯恂头上。不久，崇祯以按兵不救之罪将他逮治入狱。侯恂当时刚从狱中放出便接任总督，战而不胜，又被关入狱中，时而统帅，时而囚犯，可见做崇祯的臣子根本没什么尊严可言。

同年冬天，李自成在河南接连大败官军，随即大举南下进入湖广。这时，官军中能与李自成对阵的只剩左良玉这支队伍了。左良玉在朱仙镇大败后，狼狈逃回襄樊，对李自成颇为畏惧。他一面积极扩充队伍，一面在樊城加紧打造战船，准备顺江东下，以躲避李自成的进攻。当他得知李自成开始向襄城一带运动时，忙将财宝和妇女运走，他自己则暂时留在襄阳结营防守。

十二月四日，李自成率军逼临襄阳，由白马津①强行渡江。当地百姓以牛酒相迎，有的还自告奋勇为其当向导，绕过左军布置的伏雷、暗弩，大大减少了李自成军的伤亡。左良玉见李自成来势凶猛，在襄阳一带洗劫一番后拔营东遁。郧阳巡抚王永祚也心惊胆战，弃城登舟逃去。

王永祚一行刚起行，李自成的军队就开进了襄阳，不少州县闻风而降。农民军不久又攻占了荆州，惠王朱常润仓皇逃走。承天府就此陷入农民军的包围之中。承天府（今湖北钟祥）是嘉靖皇帝的"龙潜"之地，他登基后追封自己的父亲为兴献王，葬于承天，称作显陵，驻有重兵防守。湖广巡抚和巡按也都驻守此地。

---

① 白马津：黄河故道南岸渡口，位于河南省滑县城西北 5 公里，是古代兵事和行旅客商南北往来的重要通道。

十二月二十六日，农民军开始攻打承天。他们首先使用火攻，烧掉显陵外围的栅栏，很快占领了显陵，并俘获巡按李振声。除夕之夜，李自成督军攻打承天府城。巡抚宋一鹤率守城将士奋力防守，但军心已经动摇，有的将士偷偷地溜下城去，向李自成投降。宋一鹤知道大势已去，遂自缢而死。李自成入城后，钦天监博士杨永裕来降，自称有异术，能帮助李自成取天下，因而受到李自成的信任。杨永裕建议掘毁显陵，以断绝朱家的王气。这正中李自成下怀，因为李自成的祖坟已被明军掘毁，此时掘毁朱家的祖陵，正是一报还一报。于是，李自成马上命部下将显陵掘毁。

李自成打击的主要目标是左良玉，而左良玉此时已逃往武昌。崇祯十六年（1643年）正月中旬，李自成率军攻占汉阳，缴获大小船只四五千艘。但在他率军渡江攻打武昌时，因风急浪高，许多船只被打翻，部队伤亡陨重，他只得暂时放弃攻打武昌的计划，退回襄阳。

崇祯得知承天陷落、显陵被毁，大为伤心，又是减膳撤乐，又是派人到太庙祭告，多日郁郁寡欢。崇祯十六年（1643年）二月一日，天象出现日食。这在古代被认为是灾异之兆。崇祯的迷信心理很重，马上联想到祖陵被毁，联想到天下多事，联想到自己的命运，心情越发烦躁。

就在崇祯胡思乱想的时候，李自成正式自称"奉天倡义文武大元帅"，在襄阳建立了政权，暂做"中央政权"之所。同时，改德安府为安乐府，改承天府为扬武州，一些州县也改用了新名；在官制和军制上也采取了一些新的措施，设置部门、官职，又开科取士，初步具备了一个政权的组织形式。当时开科的考题是"三分天下有其二"，足见李自成对夺取天下已颇有信心。

为了稳定后方，李自成还提出"三年不征"的口号，大受老百姓的欢迎。当时明朝的一些官员上给崇祯的奏疏时提到李自成的不少经济措施，颇有赞许之意。

李自成这时没有称王，主要是因为还有一些势力颇大的农民军首领不愿向他称臣。因此，李自成在不久后便将他们一一铲除，从而清除了称王道路上的主要障碍。

不久，李自成"取顺从天意"之意，自号新顺王，这与他日后建国号为"大顺"是一致的。崇祯闻知李自成称王后，又气又急，马上颁旨以万金、封侯的条件悬赏李自成的人头。然而，面对山河破碎的败亡景象，他除了颁发一下赏格以外，也没有多少作为了，因为李自成已经具备了与其分庭抗礼的实力。

九、战死潼关

在官军一败再败，大明江山摇摇欲坠，无人可用之时，崇祯想起了尚在监狱之中的孙传庭。

孙传庭是代州镇武卫（今山西代县）人，万历四十七年（1619年）进士，初授永城知县，天启初年入京任事，因不满魏忠贤专政而弃官回乡。崇祯八年（1635年），孙传庭被重新起用，次年三月，请缨任陕西巡抚，负责剿灭农民军。他以足智多谋著称，在镇压农民军的战斗中颇有战功。

杨嗣昌执掌兵部后，孙传庭因与杨嗣昌意见多有不合，受到杨嗣昌的排挤，为保命不得不称病乞休，但在杨嗣昌的弹劾下，他被崇祯贬斥为民，接着又被逮捕入狱。很多大臣虽然知道孙传庭冤枉，但慑于杨嗣昌的淫威，也不敢为他申冤，所以他在狱中一关就是3年。

崇祯十五年（1642年）正月，崇祯召见孙传庭，询问平定内乱的方略。也许是在狱中待久了，不了解天下大事已经败坏到何等地步，也不知道农民军的实力已今非昔比，孙传庭居然在崇祯面前夸下海口，说如果自己挂帅，有5000精兵即可破贼。这是崇祯第一次单独召见孙传庭，听他这么一说，大有相见恨晚之感，当下任命地为兵部右侍郎兼三边总督，率陕西兵入中原围剿李自成。然而，当孙传庭率领京营部队前去解救开封时，李自成转而去攻打郾城（今河南漯河郾城区）了。

孙传庭对崇祯的信任颇为感动，决心奋力杀敌报效朝廷。他入潼关后的第一件事，就是杀了颇有实力但一直不服从调遣的总兵官贺人龙。如此雷霆手段也着实震住了所有人，各路将领畏于孙传庭的威严和名望，很快都驯顺起来。

九月，孙传庭与李自成在郏县展开了一场大规模会战，结果大败，在亲军的护卫下溃围而逃，退回陕西。

孙传庭败回陕西后，重整队伍，募集勇士，整修兵器，开荒屯田，囤积粮饷，积极备战，并督造了3万辆打仗时驱之可阻骑兵、停下可环以自卫的载炮兵车。在孙传庭的治理下，陕西军团成为了一支战斗力强大而又听从朝廷调遣的主力部队。崇祯更是将其视为王牌。为了能更好地镇压农民军，崇祯不断加重孙传庭的事权，先是特命他以三边总督的身份兼督河南、四川军务，继而又提升他为兵部尚书，改称督师，并加督山西、湖广、贵州和江南、江北军务，赐尚方宝剑，许便宜行事。很明显，崇祯已把孙传庭视为明王朝的最后一根救命稻草。

随着孙传庭兵权的增大，催促他出关杀敌的声音也越来越多。首先是在朝的陕西籍官员，因孙传庭大军驻扎陕西，所需粮饷多取之于当地百姓，故陕西百姓和士大夫都不希望孙传庭在陕西久留，于是广造舆论说孙传庭怯战不出。

这一时期，崇祯的心情一直很焦躁，甚至开始疑神疑鬼。眼看各地城池一个接一个地被农民军攻占，他居然怀疑这与宫中女眷所常玩的"掉城戏"有关。所谓"掉城戏"，是在一块正方形的绢布上绣成"井"字，分成9营，中间的一营为上营，四边的为中营，四角的为下营。宫眷们以银毯往上抛，落在上营者受上赏，落中营者受中赏，落下营者受下赏，落营外或压井字者受罚，自万历以来宫中就经常玩这种游戏，借以取乐，只是"掉城戏"这个名字起得确实不太好。在迷信心理的驱使下，崇祯认为大明王朝的城池不断丢掉，就是玩"掉城戏"玩的，于是严令宫中各色人等，今后不得再玩这种游戏。然而，宫里不玩"掉城戏"了，外边的城池还是接连丢失。而今付出巨大代价组建的救命之师却按兵不动，任由农民军肆意妄为，这让崇祯又恼又怕，也认为孙传庭故意不出战，所以马上下旨令他出关与农民军决战。

但官军新近集结，相互之间还不熟悉，更缺乏默契，并不利于速战，只宜坚守潼关伺机而动。孙传庭对形势已了如指掌，李自成建立襄阳政权后，于七月率军进入河南，就是打算经河南进入陕西，再以陕西为基地进军北京。在这种情况下，孙传庭固守潼关，以逸待劳，无疑是正确的策略。然而，面对崇祯一道又一道的催战命令，他只得硬着头皮率 10 万大军东出潼关，与李自成在河南展开一场激烈的角逐。在一定意义上，这场角逐关系到明王朝的生死存亡。

孙传庭这次出师，起初颇为顺利，接连收复了洛阳和许多州县，还攻克了李自成的老营唐县，并将其手下将领的家小全部杀掉。消息传到李自成处，"满营痛哭"，将士们都发誓要尽杀官军。之后，两军在郏县进行了一次规模较大的会战，这一战农民军大败，帅旗都被官军砍断，李自成本人也差点被俘虏。孙传庭督军掩杀，李自成仓皇逃回襄城固守。

孙传庭在河南接连打了几个胜仗后，初出关时的忧虑尽消，变得趾高气昂起来。他接连向崇祯报捷，表示誓灭李自成。崇祯看罢战报龙颜大悦，不断让大臣们传阅孙传庭的捷报。得意间，崇祯居然开始下谕众臣，催促拟定各镇、抚官员，并"星速赴任"，似乎光复河南、湖广已成定局，朝廷中一片欢腾。只有兵部尚书冯元飙表现得比较冷静，他不无担忧地提醒崇祯，说李自成没有那么不堪一击，可能是在故意示弱，"以诱我师"。这使崇祯大为扫兴，多年难得一见的笑容顿时消失了。

由于大雨连绵，官军缺饷的问题越来越严重，军纪也变得越来越坏。九月中旬，留守汝州的官军发生哗变，孙传庭不得不分出一些精力去处理。他深知，这场战争打得越久对自己越不利，于是买通李自成手下的右侍郎丘之陶，得到了不少襄阳城的军事秘密。因自恃有内线，孙传庭下令连营向前进发。没想到李自成早已发现丘之陶叛变，所谓的情报也是他故意透漏给丘之陶的，目的就是利用丘之陶将孙传庭骗入包围圈。不久，双方主力都集中在郏县和襄城的中间地带，摆出决战的架势。

此时官军已如强弩之末，失败是迟早的事情，即使孙传庭接连取得了一些胜利，也无法扭转败局，原因是官军将领的分化与互不信任，高杰便是其中之一。

高杰原为李自成部将，与李自成的邢夫人私通，被发现后与邢夫人一起投降官军。官军被围后，其实尚可一战，但高杰冲上不远的山头，一看农民军声势浩大，铺天盖地而来，忙率领自己的部下仓皇撤退。高杰军一撤退，诸路皆溃。白广恩所率战车营为了逃命，更是纷纷解下拉车的马匹，骑马逃命。农民军穷追不舍，一口气将官军追至孟津，官军死亡4万余人。这一战，孙传庭的精锐损失殆尽，苦心经营的战车营也全部丧失，他只得与高杰等合拢后迅速逃亡，渡过黄河，自山西绕道去潼关，力图在那里固守。

孙传庭前脚刚到潼关，农民军后脚便赶到了。李自成命侄子李过为前锋，以迅雷不及掩耳之势攻占了靠近潼关的阌乡，然后率大军马不停蹄地乘胜追击，直逼潼关，并夺取了孙传庭的督师大旗。

崇祯十六年（1643年）十月七日，李自成督诸部大举攻关。白广恩拼死抵抗，高杰因白广恩曾经在宝丰之战中不援救自己，所以这次眼见白广恩遇险也不相救，致使白广恩溃败，李自成得以绕道官军背后，对官军形成前后夹击之势，逼迫官军退入关内。李过用孙传庭的督师大旗骗开关门，农民军蜂拥而入，潼关遂破。农民军四处喊杀，官军乱作一团，四散奔逃。

孙传庭收拾散卒，准备退保渭南，途中被李自成追及，只得回头迎战。他毕竟是个久经沙场的勇将，临危不乱，和参军乔元柱一起督军奋战，跃马大呼，直冲敌阵，一度使农民军吃了不小的亏，但终因寡不敌众而战死阵中。崇祯闻报后极为震惊，神色失常。由于未找到尸体，孙传庭的政敌说孙传庭并没有死，加上崇祯对孙传庭是否真的死亡也持怀疑态度，所以未对孙传庭有任何赠荫。

　　李自成大军得潼关后，长驱直入，连克数州县，于十月中旬到达西安。陕西巡抚冯师孔原在商州驻防，听到消息后慌忙回防西安。西安是明太祖朱元璋的第二子秦王朱樉的封藩之所，不仅十分富庶，而且防守坚固。当时许多将士已外出作战，城中只有 5000 名川兵助防，主城守将是王根子。这年天气冷得早，士兵们缺少冬装，有人劝秦王朱存枢捐些银两为士兵添件棉衣，但秦王十分吝啬，一口拒绝。士兵们缺饷缺衣，士气十分低落。王根子知大势已去，就偷偷地射书城外，与农民军相约开东门投降。农民军由东门拥入，冯师孔等全部战死，西安很快落入李自成手中。秦王投降，被授为权将军。之后，李自成以西安为基地，兵分三路攻略陕西各地，很快，陕西全境便置于他的控制之下。

　　西安失陷的消息传到北京时，崇祯正在参加皇太子的生日宴会，朝中大臣和一些外国使臣也都到场祝贺。崇祯一听到西安失陷，不由得大惊失色，当即抛下众臣，飞驰回宫，宴席不欢而散。

第八章　大清兴兵战与和

一、杀毛肃军

正所谓"屋漏偏逢连夜雨"，对于崇祯来说，让他感到崩溃的除了李自成的农民军，还有来自建州女真的威胁。

女真是我国东北的一个少数民族。明朝初年在辽东地区设立辽东都司（沿所在今辽宁辽阳）、大宁都司（沿所在今内蒙古宁城县西）、奴儿干都司（治所在今俄罗斯特林）作为管理机构，女真各部皆臣服于明朝。

万历十一年（1583 年），建州女真首领努尔哈赤袭封为建州左卫①指挥使。之后，他相继征服诸部，统一女真。为了更好地管理女真，努尔哈赤筑城池、设大臣、定法律、理诉讼，还建立了历史上著名的八旗制度。所谓八旗制度，是指按军事组织形式把女真人进行编制，在贵族的控制下进行战争和生产活动。这种兵民合一的社会组织，不但促进了女真社会的发展，而且巩固了努尔哈赤的统治地位。

万历四十四年（1616 年），努尔哈赤在赫图阿拉（故址在今辽宁抚顺新宾县）建国称汗，国号金，史称后金，建元天命。这以后，后金不断强大，与明王朝的摩擦也不断加剧。万历四十六年（1618 年），不甘臣服的努尔哈赤，以"七大恨"为由誓师伐明，次年在萨尔浒（今辽

---

① 左卫：官署名。建州左卫，是明五朝为女真人在图们江流域设置的一个卫所。

宁抚顺东浑河南岸）大败明军。随后，努尔哈赤接连攻陷沈阳、辽阳，夺取辽东 70 余城。天启五年（1625 年），努尔哈赤迁都沈阳，改沈阳为盛京。天启六年（1626 年），努尔哈赤兵败宁远，身受重伤，数月后逝世，由第八子皇太极即位。

皇太极自小聪颖异常，据清代史书记载，他 3 岁就"耳目所经，一听不忘，一见即识"。这显然是夸大之词，但他确实是一个英勇的战士，也是一位深谋远虑的政治家。皇太极十几岁开始军旅生涯，20 岁出头就成了独当一面、权势巨大的后金四大贝勒之一。努尔哈赤死后，经过一场兄弟间的激烈角逐，皇太极继承大业，成为后金第二位大汗，自称"淑勒汗"。

鉴于边防吃紧，崇祯即位不久，便在朝中大臣的建议下，决定召回因受阉党排斥而家居的袁崇焕，让他承担复辽的重任。

袁崇焕是广东东莞石碣人，万历四十七年（1619 年）进士，被任命为邵武知县。袁崇焕在任时，喜欢与人谈论兵法，一遇见退伍的老兵，就与其讨论边塞上的事情，所以对边塞的状况比较了解，自认有镇守边关的才能。

天启二年（1622 年），袁崇焕到京城觐见明熹宗朱由校，被御史侯恂破格提拔到兵部任职。不久，广宁（今辽宁北镇）被后金军攻陷，朝廷商议应该派人镇守山海关，但一时找不到合适的人选。袁崇焕得知后，一个人跑到关外去察看地形。回朝之后，他上言称："只要给我足够的兵马钱粮，我一个人就可以镇守山海关。"朝中大臣也多夸赞袁崇焕的才能，于是，袁崇焕又被破格提拔为兵备佥事，督关外军，拨给帑金 20 万，并让他招兵买马。

天启五年（1625 年），袁崇焕与老将孙承宗定下计策，派遣将领占据锦州、松山（今辽宁锦州松山镇）、杏山（今辽宁凌海西南）、右屯，及大、小凌河等地，并修缮城防长期驻守，宁远（今辽宁兴城）因此由关外变成了内地，开疆复土达 200 里之多。

当时努尔哈赤所惧者唯孙承宗一人，同年十月，孙承宗受阉党排斥被罢职，由高第代任。高第为人庸懦，认为后金军势猛，关外诸城一定守不住，便令关外诸城将士全部撤入关内。明军刚收复不久的锦州、右屯、大凌河等地皆被放弃。袁崇焕在宁远坚持不撤，高第无奈，只得由着他。

努尔哈赤得知后，于天启六年（1626 年）正月率领大军西渡辽河，不几日便抵达了宁远，高第坐镇山海关，手握重兵却不发兵救援。袁崇很是气恼，写下血书与大将满桂、副将左辅与朱梅、参将祖大寿、守备何可纲等将士盟誓，以死守城。

努尔哈赤知道袁崇焕是个人才，很想收为己用，便将抓到的明朝百姓放回宁远，让他们劝袁崇焕投降，并许以优厚条件，但还是遭到了袁崇焕的拒绝。努尔哈赤见劝降无效，便大举进攻宁远城，但猛攻数日却攻不下。努尔哈赤十分气恼，亲自到城下督战，并让士兵举着盾牌攻凿城墙。袁崇焕见状，让罗立等人调来"红夷大炮"，对准后金军猛轰，很快，后金军在巨炮的攻击下溃不成军。次日后金军队再次攻城，明军再次以大炮拒之，这次不但后金军队损失惨重，就连亲自在阵前指挥的努尔哈赤也被明军大炮击中，数月后死去。宁远大捷是明金交战以来少有的大捷，明廷举朝欢庆。事后，袁崇焕被提升为右佥都御史，而袖手旁观的高第等人皆被罢官免职。

天启七年（1627 年）五月，皇太极继承父志，继续率兵与明军交战，包围了锦州。他担心袁崇焕前来救援，又分兵攻打宁远。皇太极的攻势虽然猛烈，但还是被袁崇焕一次次打退，最终未能攻克宁远。与此同时，锦州守军也击退了敌军，取得了锦州保卫战的胜利。

战后，宁锦守将都得到了应有的赏赐，但袁崇焕却被魏忠贤党羽弹劾，说他没有救援锦州，所以，论功行赏时只给袁崇焕增加一级官阶。同年七月，袁崇焕辞官回乡，但他的名字却响彻边关，成为后金军永远抹不去的阴影。

崇祯这个时候重新启用袁崇焕无疑是个正确的选择，因为此时能改变辽东战局的也只有袁崇焕了。

崇祯元年（1628 年）四月，袁崇焕被任为兵部尚书兼右副都御史，督师蓟、辽之师，兼督登州、莱州、天津军务。七月，袁崇焕入京后，崇祯于平台召见，慰劳备至，并询问复辽方略，袁崇焕依条回答。当崇祯问到边关什么时候可以平定时，袁崇焕说："只希望皇上能给我更多处治事务的权力，我计划用 5 年时间收复整个辽东！"崇祯听了十分高兴，朗声道："只要收复辽东，我决不会吝啬封侯赏爵。"君臣二人相谈甚欢。

眼见袁崇焕慷慨陈词，不少人为他轻许的 5 年复辽之事而担心，所以崇祯中途稍事休息时，给事中许誉卿将袁崇焕拉到一边，问道："5年复辽，你真的有把握吗？""没有！"袁崇焕回答道，"皇上整天为此事焦劳，作为臣下安慰一下有何不可。"许誉卿听罢摇头道："当今的皇上太过英明，你怎么能胡乱应对呢！倘若日后你不能按期责效，怎么办？"袁崇焕心中一惊，有些后悔，刚想问怎么挽回，崇祯便回来了，只得把话又咽了回去。

崇祯坐下后，袁崇焕赶紧上前奏道："复辽本来不是件容易的事情，陛下既然委任臣下，臣下当然不敢因为困难而推辞。只是在 5 年以内，户部转运军饷，工部供应兵器，吏部选调辅官，兵部调兵选将，需要朝廷内外事事配合，才能成功。"对于抓在手里的救命稻草，崇祯怎肯轻易撒手，他马上命四部尚书按袁崇焕所请去准备，不得有误。当时大学士钱龙锡等人都在场，纷纷称赞袁崇焕"肝胆义气，识见方略，种种可嘉，为当世真奇男子"。崇祯越听越高兴，觉得终于找到了一个可以信赖的将才，当即命人赐袁崇焕茶、果、瓜、饼而退。

袁崇焕轻许"5 年复辽"后，自知有失，事关重大，故离京前又对崇祯说："以臣之力，制全辽是绰绰有余，可是调众口却颇显不足。一出国门，便成万里，怎么可能没有几个忌能妒功之人？即使不以权力掣臣肘，也会以意见扰乱臣的谋划！"袁崇焕这番话的真正用意在于给自己留后路，言外之意是说，如果受到那些"忌能妒功"之辈的干扰，5年不一定能复辽。崇祯也很是认真，为了表示重视，还站起身来听袁崇焕陈说，听完后他安慰道："你不要担心，一切有朕给你做主。"大学士刘鸿训等人为了给袁崇焕争取更多的权力，便请收回王之臣和满桂的尚方宝剑，专赐袁崇焕，许便宜行事。崇祯立即允准，并赐袁崇焕酒馔。

即便这样，袁崇焕还是不放心，他想到了熊廷弼、孙承宗两个活生生的例子，他们并非没有能力，而且都心怀报国复辽之志，但最终都因受人排陷、壮志难酬。于是，他又向崇祯上疏道："恢复之计，不外臣昔年以辽人守辽土，以辽土养辽人，守为正着，战为奇着，和为旁着之说。法在渐不在骤，在实不在虚……驭边臣与廷臣异，军中可惊可疑者殊多，但当论成败之大局，不必摘一言一行之微瑕。事任既重，为怨实多。诸有利于封疆者，皆不利于自身者也。况图敌之急，敌亦从而间之，是以为边臣甚难。"

崇祯不但赞同袁崇焕的说法，表示全力支持，还赐以蟒玉、银币等物。袁崇焕辞蟒玉不受，谢旨出朝。上面这段话实际上就是袁崇焕督辽的策略，其中说到敌人用间，意在提醒崇祯警惕，不要中了敌人的离间之计，这也是袁崇焕最担心的，而结果也不幸被他言中。

崇祯元年（1628年）八月初，袁崇焕到达山海关，听到的第一个消息便是驻宁远的守军哗变了。原来，兵士们已连续4个月没领到军饷了，他们一时气恼不过，便将巡抚毕自肃捆绑起来，并将不少官员困在谯楼上。袁崇焕了解情况后，飞马赶往宁远。他很同情这些将士，到达现场后表示只要大家安分下来就不予追究，并宽宥了带头闹事的杨正朝，可是仍有很多人不肯罢休。袁崇焕无奈，只得在杨正朝的协助下，捕杀了15名闹饷的骨干分子，并对始终未参与哗变的一个营给予厚赏，才算平息了这场哗变。

之后，袁崇焕对驻守关内、关外的将领进行了调整，又把受招抚来归的一部蒙古势力予以妥善安置，他自己则留镇宁远。他所报请朝中诸事，崇祯无不应允。

有了崇祯的支持，袁崇焕做起事来十分顺畅，这也让他更加信心满满起来，没多久便把关内外防务打理得井井有条。皇太极得知袁崇焕来镇，不敢轻易触犯。一年来边境较为安定，崇祯念袁崇焕督辽有功，加太子太保，荫子为锦衣卫千户。

袁崇焕不但治军有术，而且有勇有谋，从他计杀毛文龙一事便可窥见一斑。

毛文龙是浙江杭州府钱塘（今杭州上城区）人，历仕万历、泰昌、天启、崇祯四朝，因多有战功，升左都督，挂将军印，持尚方宝剑，坐镇皮岛（位于鸭绿江口东之西朝鲜湾中），也称东江。当时朝鲜是明王朝的属国，与明廷关系极好，毛文龙凭着这层关系，经常借道朝鲜袭击后金，而且每击必中。因为皮岛在大海中，后金没有水师，所以拿他没办法。如果毛文龙诚心任事，对大清可起到很大的牵制作用。可惜他为人骄恣，嚣张难制，所上之事多有浮夸，而且经常利用地理之便贩卖违禁物品。更为严重的是，毛文龙每年向朝廷索要的军饷过多，致使不少大臣多次请奏要把东江镇撤掉。

崇祯二年（1629 年）初，毛文龙又奏请朝廷拨 20 万兵饷，崇祯命兵科给事中王梦尹等前去查验，发现其兵力还不足 10 万；又经登莱道王廷试裁之，定额在 2.8 万人。当时皮岛隶属登莱道，所以最后这个数字更接近实际。毛文龙为此大为不平，再次上疏请饷，而且要得很急。崇祯则命他裁减冗员，未按他所虚报的兵额拨饷。这时，袁崇焕也上疏请兵部派大员代毛文龙理饷。早把自己当成一方诸侯的毛文龙，自然不愿有外人插手自己的事务，遂抗疏反驳。袁崇焕深为不满，不过，当毛文龙来谒见时，他仍待以宾客之礼，而毛文龙毫不谦让，视如当然。这使袁崇焕内心产生了将毛文龙除掉的想法。

同年六月初，袁崇焕泛海到双岛，邀毛文龙会面。毛文龙虽然应邀前来，但却带着 20 名部将、100 名家丁和 3000 军士，足见其谨慎。出乎他意料的是，袁崇焕对他慰劳备至，经常与之宴饮到深夜，丝毫看不出半点他意，毛文龙的心也就渐渐放了下来。

六月五日，袁崇焕以在山上阅兵为名，设帐山上，令甲士埋伏于帐外。毛文龙来到后，禁止其随从兵士入内，只允许几个部将随毛文龙入帐。一番客气过后，袁崇焕语气突变，指责毛文龙违犯多条禁令，毛文龙不服，当场抗辩。袁崇焕顿时声色俱厉，命人上前剥去其冠带，绑于堂下。毛文龙的随从官员都大惊失色，面面相觑，但却被看得死死的，不能稍有反抗。接着，袁崇焕列举了毛文龙12条罪状：专制一方，糜饷无数；杀难民冒功；曾口出狂言"取南京易如反掌"；擅开马市，私通外番；部下数千人皆冒毛姓；滥予官职，剽掠商船；掠民间子女；用重金行贿京师；拜魏忠贤为义父，等等，所列之罪条条可杀。毛文龙吓得冷汗直流，魂飞魄散，叩头如捣蒜求免。

袁崇焕没有理会毛文龙，却转过头来问他的部将："毛文龙之罪，杀之可冤？"众人都很惶恐，相互对望一眼，大都说"不冤"；也有个别人说到毛文龙多年的辛劳，为其求宽免。袁崇焕立即呵斥道："毛文龙原本只是一介草民，受皇恩官至极品，满门封荫，这些配他为朝廷所立之功早已有余，但他不思报恩，居然做出如此悖逆之事！"随后以尚方宝剑将毛文龙斩杀于帐前。但只杀毛文龙一人，其余人全部放回。

袁崇焕杀了毛文龙，第二天又备牲醴祭将其厚葬，这让很多人摸不着头脑。在祭毛文龙时，袁崇焕边流泪边说："昨天我杀你，是出于朝廷大法；今日我祭你，是出于僚友私情。"他这一收心之举，使得毛文龙手下数万悍卒，没有一个人出来反抗。之后，袁崇焕将毛文龙的部众们分为4营，毛文龙的儿子毛承祚及其3个将领各领一营。因为担心毛文龙的部下生乱，袁崇焕又特意拿出10万两银子犒军，士兵每人领银3两。经过一番整顿，皮岛的局势很快稳定下来。

袁崇焕回镇后，上疏崇祯报告此事。崇祯对毛文龙的跋扈也早有耳闻，只因毛文龙势盛，对后金军是一个重要的牵制力量，故一直姑息。如今袁崇焕杀了毛文龙，崇祯吃惊之余，对袁崇焕的专断也十分恼火。但他只能先忍下来，毕竟人死不能复生，现在辽东又少不了袁崇焕，所以崇祯便认可了袁崇焕的做法，并将袁崇焕所列出的毛文龙多种罪状传谕各地。为了安抚袁崇焕，崇祯还将一些在京为毛文龙活动、力图为毛文龙翻案的人尽数逮捕，严加治罪。

对于崇祯的态度与处理方式，袁崇焕很是高兴，但他哪里知道杀毛文龙之举已为自己埋下祸根，后来他被下狱治罪时，擅杀毛文龙就是罪状之一。

二、蒙冤被杀

经过袁崇焕的整饬，辽东防务大有起色。当时各地都请求增兵增饷，经袁崇焕认真核查后，辽东军饷还减少了 1/4。那可是 120 万两银子呀！崇祯得到消息后十分高兴，特降谕对袁崇焕进行嘉奖。

当时，后金军进犯的目的很明确，不求短期内灭亡明王朝，只求攻城略邑，尽可能多地掠夺钱粮。后金多骑兵，可以长驱直入，扬野战之长，避攻坚之短，甚至对京师故意围而不攻，使明军疲于奔命，削其实力，等待时机，最后取而代之。如今袁崇焕镇守宁远，加上山海关一线的防务确实坚固，所以后金军不敢从山海关一线内犯，而选择了防务比较单薄的蓟州一带。袁崇焕自然也想到了这一点，并特地上疏给崇祯，称"蓟门单门，宜驻重兵"，说那里临近京师，倘若后金兵越过长城内犯，后果将十分严重。然而，他的担心并没有引起崇祯足够的重视，只是将有关章奏交兵部议论，并未采取切实有力的措施。这就给了后金兵内犯以可乘之机。

崇祯二年（1629 年）十月，后金兵大举内犯。皇太极亲自率领大军绕过山海关，轻易地突破大安口，并攻占了遵化。明军在后金军的进攻之下望风披靡，甚至未战先逃，更有的将领直接带着部众投降了后金军。所以，当崇祯还没有从震惊中回过神来，还在为将领的无能而大发雷霆的时候，后金军就已经打到家门口了。眼看后金军逼近京城，崇祯顿时慌了，马上命京师戒严，并传令各地将士迅速赴京师勤王。

当时驻守山海关的是总兵官赵率教。得知后金兵突破大安口内犯，他急忙率部赶去迎击后金军。他们历时 3 个昼夜到达三屯营（今河北唐山迁西县三屯营镇），但已是人困马乏，根本无法与精力旺盛的后金军一战，于是便想进城稍事休整。可是驻守三屯营的总兵官朱国彦拒绝开门，赵率教无奈，只好继续西行。

赵率教赶到遵化时，遵化已在 4 天前被后金占领。两军大战于城外，后金兵以逸待劳，占尽优势。尽管赵率教督军奋战，但劣势仍很明显，最后，赵率教中箭而死，所部全军覆没。崇祯得知后十分悲痛，赐赵率教恤典，并命"立祠奉祀"。在这危急时刻，他要借此鼓励那些在战场上为自己卖命的将士。

赵率教死后，后金军直扑三屯营，副将朱来同伙同一些人逃跑了。朱国彦极为气恼，将逃跑诸人的姓名贴在大街上，并将这些人的家产抄没，分给守城将士。他还把自己所积的 500 两银子全部分给部下，以激励士气。但毕竟寡不敌众，三屯营很快被后金兵攻克，朱国彦和妻子皆自缢而死。

袁崇焕得知后金兵内犯，急忙由宁远赶赴山海关。这时，各地援兵也纷纷赶来。袁崇焕对关外各地的防守事宜做了妥善部署：留原总兵官朱梅守山海关；命杨春守永平（今河北位龙县）；游击满库守迁安；都司刘振华守建昌（今辽宁葫芦岛建昌县）；参将邹宗武守丰润（今河北唐山丰润区）；昌平总兵官尤世威回镇，主要负责防守明皇陵。之后，袁崇焕又命随来的祖太寿驻蓟州，以阻遏后金兵；保定巡抚刘策驻守密云；他自己则亲率大军赴京勤王。得知后金兵越蓟州西去后，他亲率大军奔赴京师。然而，他怎么也没想到自己拼了命跑来勤王，等待他的却是崇祯的一纸罢书与天牢大狱。

此时京城散布着关于袁崇焕的流言，说他已与后金暗通，后金兵是他故意放过来的。造谣者大致有三类：第一类是京畿的勋戚中贵，后金兵内犯，将这些人大片大片的庄田蹂躏殆尽，他们因此迁怒袁崇焕，故散布谣言以相害。第二类是阉党余孽，崇祯刚定阉党逆案，使他们失去了原有的荣耀，只能苟延残喘，他们恨一切与自己不同类的人，特别是东林人和袁崇焕这种与东林党友善的人，本着弄死一个是一个心理，他们趁后金兵内犯之机广造谣言，对袁崇焕加以陷害。第三类是皇太极的人，他们故意制造与袁崇焕暗中相通的传言。有关史料表明，袁崇焕的确有与后金议和之意，但并非示弱，谈不上有意出卖，而更多的是作为一种策略。

谣言铺天盖地而来，崇祯很快就对袁崇焕起了疑心，于是密令各处守将不许袁崇焕的兵马过蓟门一步。然而，这一切袁崇焕都蒙在鼓里，一心只想着如何勤王。

本来崇祯对于这些传言还只是怀疑，巧合的是，当袁崇焕率援兵赶到左安门时，一队后金兵也恰好赶至城下，似乎一下子为袁崇焕与后金暗通提供了佐证。崇祯尽管心存疑虑，但还是将袁崇焕召入城内，"深加慰劳，咨以战守策，赐御馔及貂裘"。因军情紧急，崇祯不仅未表现出对袁崇焕的不满或疑虑，还优礼有加。但是，当袁崇焕说士兵疲惫，请入城稍事休息时，崇祯却一口拒绝了。袁崇焕无奈，只得出城督军与后金兵周旋。

在袁崇焕赶至京师之前，总兵官满桂已率 5000 人马来京应援。崇祯非常高兴，马上命满桂入城，并亲自召见，赐予他玉带貂裘。由此可以看出，崇祯此时对袁崇焕的信任已远不如满桂。

后金兵以骑兵为主，行动迅速，倏往忽来，京师附近的城邑一个接一个地被攻陷。此时的崇祯还不到 20 岁，根本没有应付过这样危急的局势，整天处于焦躁和慌乱之中。只要是臣下奏请的对防守事宜有利的，他都马上予以采用。

鉴于明军屡败，不少人建议崇祯起用民间豪杰之士，说什么"若招徕而鼓舞之，则一人可当千百人之用矣"，建议崇祯"开功名之门，选任豪杰"，凡御敌有功者，皆予爵赏。崇祯马上应允，命臣下荐举良才。也正是在这种氛围下，一个叫申甫的游棍登上了历史舞台。

申甫原本是个和尚，起初在云贵一带游荡，骗吃骗喝。他自称能驱使鬼怪格斗，庶吉士金声便将他推荐给崇祯。也许是病急乱投医，崇祯一听申甫有此等能耐，马上召见申甫，被其一阵忽悠之后信以为真，立即授他为副总兵，拨银 70 万两，供其造兵车和募兵士。因申甫为金声所荐，崇祯又特命金声为申甫的监军。但申甫哪有什么真本事，只是装神弄鬼罢了。他所募的兵大都是乞丐和演戏的优伶，"三尺童子知其必败"，但崇祯似乎把他当成了一根救命稻草。十一月十六日，申甫还装模作样地登坛誓师，结果卢沟桥一战，7000 人全部被杀。就这样，崇祯以 70 万两银子组建的一支队伍，如同儿戏般地全军覆没。

由于各路勤王军陆续赶来，加上袁崇焕等将领奋力御敌，后金兵渐渐后撤。为了尽早彻底逐出后金兵，十一月底，崇祯又发了一道严厉的敕谕，要求各地将领派兵勤王。

在崇祯的严厉催督下，各地援军纷纷赶来。袁崇焕命部将任守忠率 500 名火炮手偷袭后金军营，于半夜时分猛轰南海子的后金军。后金军惊慌失措，仓皇退去，京师的压力顿时减轻了。

十二月一日，崇祯再次于平台召见袁崇焕。这天他的态度格外严厉，指责袁崇焕有意逗留，且擅杀毛文龙。袁崇焕一时无法分辩，感到满腹冤屈。后金军这次内犯京师，他闻变后即千里赴救，自以为有功，没想到却成了有罪之人，还被逮捕下了狱。大学士成基命反复劝谏，力言不可："敌在城下，非他时比！"但崇祯坚持不听。

崇祯三年（1630 年）八月，袁崇焕被磔杀于西市，兄弟妻子被流放 3000 里，家产被籍没。京师士民不明真相，为流言所惑，多认为袁崇焕与后金相勾结，故意放后金兵内犯，因而大都对袁崇焕恨之入骨。据有关史书记载，袁崇焕死得极其悲惨，当他被杀于西市时，"百姓将银一钱，买肉一块，如手指大。啖之，食时必骂一声。须臾，崇焕肉悉卖尽"。袁崇焕一代名将，为朝廷出生入死，数度使辽东战局转危为安，结果却落得如此下场，实在是可叹可悲！

袁崇焕被杀后，辽东战局迅速败坏，明军除固守山海关外，仅保有关外的几座孤城，后金基本上控制了整个辽东，几乎是想内扰就内扰，明军无可奈何。同时，因袁崇焕素与东林党友善，所以东林党也受到牵连，好不容易稍稳的朝局再次陷入动荡之中，党争更加激烈，朝政更加混乱，从而加快了明王朝灭亡的步伐。

三、老帅遭罢

在对袁崇焕产生怀疑之后，崇祯未雨绸缪，提前找到了一位能与后金军相抗衡的将领，他就是原蓟辽督师孙承宗。孙承宗有勇有谋，晓畅边事，天启年间以内阁大学士兼兵部尚书经略辽东，在明军连遭败绩、边防形势危急的情况下，他构筑关宁锦防线，统领 10 万大军，收复失地 400 余里，逼迫努尔哈赤退兵 700 里；修筑大城 9 座，小城 40 余座，屯田 5000 余顷，安置战争难民近百万；选拔培养了如袁崇焕、马世龙等一批文武将领，也正是在他的支持下，袁崇焕在宁远大败后金兵。然而，孙承宗也和袁崇焕一样，因遭魏忠贤阉党排斥，于天启末年罢职还乡。崇祯二年（1629 年）后金兵大举内犯、京师危急之际，朝中大臣纷纷力荐居家的孙承宗，以收拾残局。此时崇祯对袁崇焕已不再信任，但又不能不用，而孙承宗与袁崇焕一向交好，用孙承宗来节制袁崇焕，既不会引起袁崇焕的怀疑，又能削夺袁崇焕的一些权力，可谓一举两得。所以，崇祯马上应允，命孙承宗以内阁大学士兼兵部尚书督理兵马，其职位和权力都在袁崇焕之上。可以看出，在起用孙承宗这件事上，崇祯还是比较清醒的。孙承宗入京后，崇祯立即于平台召见，慰劳备至，问退敌方略。孙承宗一一具奏，崇祯听罢深以为是，并表示支持，决定让孙承宗驻守通州，但他刚说完又改变了主意："卿不必往通州，为朕总督京城内外守御事务，参诸帷幄。"孙承宗出来时已是半夜时分，但他没有回去休息，而是到城中各门阅视，查看有无疏漏，直到天明他才检查完所有城门，之后交割事务，直到天黑才回府。这时崇祯又忽然降旨，命孙承宗急往通州驻防。孙承宗马上率领 27 人出东门，往通州疾驰。当他赶到通州城下时，城中还没得到旨意，守城人不肯放他进城，即使他反复解释也没有用，直到圣旨到达方得入城。袁崇焕被逮捕时，祖大寿也在场。以前祖大寿曾因罪被逮，孙承宗当时掌兵部，爱惜祖大寿之才，于是私下请袁崇焕解救，所以祖大寿对袁崇焕一直心怀感激。眼看袁崇焕要被治罪，他自感难逃厄运，回营后立命部下开拔，飞速返回山海关。第二天得知祖大寿率军叛去，举朝震惊。所幸袁崇焕识大体，答应写信劝说祖大寿，孙承宗派人带着袁崇焕的亲笔信前去劝谕，又派素与祖大寿友善的马世龙进行劝说，同时上疏崇祯，说祖大寿东溃，一是"危疑已甚"，二是不肯受满桂节制，"非部下尽欲叛也"，劝崇祯"大开生路，曲收众心"。崇祯答应后，孙承宗又赶紧起草密札，让祖大寿上疏自陈。祖大寿见孙承宗如此真诚，遂上疏陈述东溃的原因，并表示要立功赎罪。崇祯"优诏报之"，并命孙承宗移镇山海关。将士们听说孙承宗和马世龙来关，都很高兴，一些逃去的将士也纷纷来归。就这样，在孙承宗的妥善处置下，这场危机终于得以平息。否则，随祖大寿东去的将士约1.5万人，都是精锐之师，倘若与后金军合兵一处，不仅山海关必破无疑，明王朝的灭亡也将大大提前。因为关上守军大多去了京师勤王，削弱了防守力量，山海关的形势十分危急，人心惶惶。其实皇太极这次率军内犯，一开始就没有想要拿下北京城，甚至没打算攻打北京城，而是要极力攻占北京和山海关的中间地带，使山海关成为一座孤城。从当时的战局来看，只要山海关为明军所有，后金对明王朝的进攻就难以有大的进展。所以，后金军绕过山海关内犯，占领北京东边的重镇遵化，并以遵化为据点，四处出击攻城略地，接连攻占永平、迁安、滦州等地，继而向山海关推进，在离山海关30里处扎营。从这种态势可以看出，后金军试图以两面夹击之策，拿下山海关。倘若山海关被攻下，后金军进攻北京的道路就畅通无阻了。

孙承宗到山海关后，初步稳定了人心，但是局势仍十分危急。因为山海关去京师的道路已被后金军切断，稍有差池就有可能被后金军从大明版图上抹去。为了与京师取得联系，孙承宗募死士通过海路赴京师，崇祯这才知道山海关仍为明军所有。

因后金兵在西，山海关孤悬在外，两面受敌，无险可守，又无救援之兵，敌兵可沿级而上。万分紧急之际，孙承宗督军在关内另筑一墙，墙上留孔，孔中置炮，可以平射来犯之敌。城中饮水不足，他又带人一昼夜凿出百眼水井。此外，他又安排人巡视街道，守护粮仓，人皆有事可做，便没有了滋事现象。在孙承宗的激励下，山海关内上下一心，关门得以不破。

就在孙承宗一切安排就绪的时候，各地勤王兵也陆续赶来京师，大都列阵于蓟门和近郊，多达20万之众，却没人敢先行向后金兵发起攻击。崇祯一再督促诸将，令他们尽早收复失城，但遵化、永平等四城一直未能收复。崇祯遂催促孙承宗率兵西进，对后金所据四城进行两面夹击。马世龙请求先攻遵化，孙承宗仔细分析形势，认为遵化在北边，虽然易于攻取，但难以据守，如果暂时不取，却可以分散敌人的力量，所以决定佯攻遵化以牵制敌人兵力，而集中力量先攻滦州，继而再取永平，得此二城则与山海关连为一体，再取遵化就没有后顾之忧了。

根据这一部署，孙承宗于崇祯三年（1630年）五月四日关门誓师，一日达抚宁，又十日，祖大寿已兵临滦州城下，经过2天激战，收复了滦州。接着，明军又攻下了迁安。驻永平的后金军见大势不好，仓皇撤回遵化，与遵化守军一起往北撤去，四城遂被明军收复，明王朝又暂时转危为安。

崇祯大喜，遂"告谢郊庙，大行赏查"，加孙承宗太子太傅，赐蟒服，世袭锦衣卫指挥金事，孙承宗力辞太傅不受。

随后，孙承宗回山海关整饬防务，悉心防守，多次打退后金和蒙古诸部的攻扰。其间孙承宗但有奏请，崇祯无不应允，并屡次加赏。

为了长远打算，孙承宗数次出关东巡，决定修复右屯、大凌河二城。经批准后，于崇祯四年（1631年）七月动工，然而还未竣工，后金兵便又一次大举来犯。孙承宗不得不急驰赴锦州，派吴襄、宋伟二将率部前去救援。由于监军邱禾嘉一再改变进攻日期，加以吴襄与宋伟二人不和，互不配合，结果长山一战大败，祖大寿部被后金军重重围困于大凌河。

后金军在大凌河几番攻击无果，开始在城外挖深壕，想将祖大寿困死在城中。祖大寿所部是守辽的精锐之师，而且祖大寿也是难得的将才，皇太极很想将招降，为己所用，于是一边严加围困，一边接连致书祖大寿，劝其归降后金。援军在长山战败后，很长一段时间孙承宗都无力再次派兵救援。祖大寿只能一边固守，一边派人请求援兵，但所遣之人大都被后金军所俘获。皇太极心生一计，决定派一支队伍冒充明军，让这支冒牌明军在他督众攻城之时出现，祖大寿果然以为援兵来到，遂率众出城，并攻占西南隅一高台。等"援兵"来到近处，祖大寿才发现自己迎来的是铺天盖地的皇太极大军，心知中计，忙收兵入城，自此紧闭城门再不出战，后金军一时也无可奈何。

在祖大寿与后金军对抗之时，孙承宗又派明军来救，与后金军鏖战良久，但始终未能到达大凌河城下。祖大寿担心又是皇太极的诡计，未敢出城夹击，致使援救行动再次以失败而告终。因城中柴粮有限，祖大寿的处境越来越艰难，几乎到了山穷水尽的地步。

皇太极在围攻的同时，并没有停止对祖大寿及其部下诸将的劝降。他先致书祖大寿，祖大寿不降，他又派人劝降祖大寿的副将何可纲等人，反复晓以利害，并信誓旦旦地保证决不杀降。许多人见固守无望，便主张投降，祖大寿也随之改变了主意，只有何可纲拒不投降，祖大寿遂命二将把何可纲推出城外，在后金军面前当众杀掉，以示真诚。随后，在祖大寿的协助下，后金军又很快攻下了锦州。大凌河、锦州诸城再次被后金军毁掉。

胜败乃兵家常事，何况明军长期以来一直处于守势，面对的又是新兴的后金势力，而且明军内部处处掣肘，这次失败实在是不足为奇。然而这次战败被一些别有用心之人无限夸大，说成是"丧师辱国"，一时间弹劾的奏章如雪片般飞到崇祯的龙案之上。孙承宗感到事不可为，于是上折请辞。崇祯居然也不辨是非曲直，以筑城策略失当，招致后金军进犯之名降罪孙承宗，准其解职回籍。不久，又追论孙承宗"丧师辱国，夺官闲住"，并将他以前因功而得的世荫也夺去。

可怜这位数次力挽狂澜的名将，却落得如此下场。孙承宗对战事放心不下，临行时又"上边计十六事"，虽然言之切切，但却未能引起崇祯的重视，使得边境军事形势迅速败坏，几乎一发不可收拾。此后，随着明王朝内忧外患的日益加深，不少大臣屡请起用孙承宗，崇祯皆置之不理。崇祯十一年（1638 年）清军再次内犯时，高阳被围，孙承宗率众子弟奋力抵抗，怎奈寡不敌众，最终城破自尽。

孙承宗被罢无疑是明王朝继袁崇焕之后的又一重大损失，也是崇祯的又一重大失误。孙承宗与东林党友善，阉党余孽自然视其为攻击目标。崇祯自以为英明过人，实际上却不能分辨是非，终为流言所惑，对良将误加惩处，直接后果就是再次加速了明王朝的灭亡。

四、悍将倒戈

接连损失袁崇焕、孙承宗两员大将，对内忧外困的明王朝而言犹如雪上加霜。到了这个时候，崇祯仍然没有醒悟，对属下臣僚依然抱持着猜疑的态度，使得很多有才能的将领无法施展手脚，产生了叛乱之心。孔有德便是其中之一。

孔有德是辽东人，有个好兄弟叫耿仲明，时人又呼为"耿二"。起初他们只是名不见经传的小人物，后来两人一起投奔毛文龙，在战场上勇猛异常，屡立战功。

袁崇焕杀毛文龙后，耿仲明被调隶登莱巡抚①孙元化麾下，孔有德则留在了旧部，由副将陈继盛管辖。后来又投奔登莱巡抚孙元化，任游击将军。

孔有德并非贪生怕死、利欲熏心之人，否则他完全可以去投靠在福建垄断东南贸易的郑芝龙，或者投靠日本幕府或荷兰人。他带领众多手下去投奔孙元化，原因有两个：一是他的好兄弟在孙元化手下，二是冲

---

　　① 登莱巡抚：明天启元年设，全称"巡抚登莱地方赞理军务"或称山东海防巡抚，号防抚军门，有时简称"军门"，品秩为正四品，其上为山东巡抚兼提督军务，当时的登州镇总兵、东江镇总兵均归登莱巡抚节制。

孙元化之名。否则，以他手下精兵万余人，而且装备众多葡萄牙人为其所铸的"红夷大炮"，去哪里都会得到礼待。

孙元化是明末著名的西洋火炮专家，颇有清廉贤名。他历来主张"复辽土宜用辽人，固辽心宜得辽将"，故对辽人孔有德、耿仲明等都予以重用。

崇祯四年（1631年），祖大寿奉命督修大凌河城，尚未竣工，皇太极便率大军来攻。后金军在多次攻城无果的情况下改为围困。崇祯得到报告后，下旨命孙元化派兵赴援。

同年十月，孙元化命孔有德率800人由海上赴援。明末处于小冰川时期，冬季异常寒冷，此时北风正起，海面浮冰，孔有德不得不改走陆路。其实，通过这次调兵就可以看出大明朝廷的昏聩，解大凌河之围不由河北出兵，而从山东半岛调兵，而且仅800人，岂不如同儿戏？

孔有德是个难得的军事人才，与后金军作战向来是攻无不取，且善于治军，他的部队是毛文龙部为数不多的军纪严明的一支队伍。然而，千里救援，装备笨重，又逢雨雪，队伍不得不走走停停，仅在邹平就停了一个多月，沿途州县的各级官僚不仅不给丝毫关照，还关闭城门，拒纳一兵一卒。

当孔有德率军到达吴桥（今河北吴桥县）时，有个士兵终于忍不住了，偷了一只鸡，结果被告到了长官处。由于事出有因，孔有德得知后就命人多做补偿，而没有怎么处理那个士兵。不想这户人家在京城有人，不依不饶，不看到那个士兵人头落地决不罢休。想想自己率部千里赴援，大冷天没吃没住，今天为了一只鸡居然要自己的士兵抵命，本来就一肚子气的孔有德火了，于是冲突终于爆发……

孔有德于十二月发动叛乱，回师山东，很快就攻陷了临邑。孙元化闻讯大惊，但不主张立即派兵平叛，他想再劝一劝孔有德。然而开弓没有回头箭，孔有德又连续攻陷商河、新城（今山东淄博）等地。山东巡抚余大成吓得一病不起，后派兵抵御，也被孔有德打得大败。余大成见战而不胜，马上改剿为抚，这与孙元化的想法不谋而合。当时登莱总兵张可大正率 3000 人西进截击，孙元化派人追来说招抚之事已定，可不必再前往。

当孔有德到达青州①时，身边只剩下几百骑兵，其余人马都是一路收来的，真打起仗来根本不顶事，而且人困马乏，箭亦用完。如果这时张可大发动进攻，击溃孔有德并非难事，但孙元化和余大成主抚的奏议已经得到崇祯的支持，所以孙元化便以更加严厉的语气命张可大止兵。张可大只得停止进击，而孔有德佯装受抚，在前往登州（今山东蓬莱）途中未遇任何抵抗，很快抵达登州城下。

孔有德知道若此时停手接受招抚，自己和手下的兄弟们都不会有什么好结果，即便不死，崇祯也不会善罢甘休。所以，他现在要做的只能是不停地攻城略地，以增加与朝廷谈判的筹码。于是，他立即对登州发起攻击，但被守军用大炮击退。经过一番休整，孔有德再次对登州发起进攻，形势十分危急，但孙元化仍认为招抚有望，态度十分悠闲。然而不久，孔有德在登州守将也就是其兄弟耿仲明的配合下，一举拿下了登州，孙元化等人被俘。因孙元化对自己有恩，孔有德没有杀他，而将他用船送出。孙元化从海上逃至天津后，崇祯下令将其逮捕，不久处死。

登州是当时山东沿海最重要的港口城市，对辽东后金兵有很好的牵制作用。此城被孔有德攻陷，对崇祯的震动极大。更令崇祯恼火的是，他刚接到登州失陷的败报不久，山东巡抚余大成居然又上疏，请求将登州交孔有德掌管，以换取其对朝廷继续称臣。原来，孔有德攻占登州后，即用登莱巡抚的印符传令附近州县，要这些地方向他交纳粮饷。他又让被俘的登莱巡抚孙元化致书余大成，说自己也不想叛，一切皆有原因，事已至此，他得为手下弟兄找个栖身之地，假如朝廷将登州交给他掌管，他便不再与朝廷为敌。崇祯看罢奏请，极为震怒，立命将余大成革职查办，山东巡抚之职由徐从治代为，以谢琏代为登莱巡抚。

孔有德攻占登州后，接着又攻占了附近的黄县（今山东烟台龙

---

① 青州：古"九州"之一，地处山东半岛中部，今山东省潍坊下辖县级市。

口），知县吴世扬战死。随后，孔有德集中兵力进攻莱州（今山东掖县）。徐从治、谢琏和总兵杨御蕃协力防守，屡次击败叛军。孔有德见久攻莱州不下，便先攻占了平度，接着又围攻莱州，但经数次激战仍未能得手。

就在这时，孔有德旧友陈有德得知孔有德之事，马上在皮岛哗变声援孔有德。他杀死两名守将，收了岛上兵卒，然后率 3000 人乘船来投奔孔有德。这支生力军的到来，使孔有德声势大增，更加紧了对莱州的围攻。

莱州被孔有德围困一段时间后，城内开始缺粮。徐从治派人出城寻粮，但每次都被孔有德俘获。内无粮草，外援人多持观望态度，不敢奋勇上前解围，不少外地援军甚至到了昌邑就不再前进。崇祯派兵部右侍郎刘宇烈带 2.5 万人马往援莱州，但刘宇烈 "懦无谋略"，被孔有德派精兵绕到背后，将粮饷辎重烧了个精光。没了粮草，刘宇烈只得将主力撤往青州。孔有德怎会让他这么容易脱身，遂率军追击，官军伤亡颇多。刘宇烈这次军事行动至此便如同儿戏般收了场。

败报传至京师，举朝哗然。崇祯十分懊恼，下令将刘宇烈逮治下狱。兵部尚书熊明遇感到官军不可用，再次主张招抚。当时的内阁首辅是周延儒，他也暗中支持抚议。就在崇祯举棋不定之时，孔有德尽驱精锐猛力攻城，徐从治被炮火击中身亡，谢琏也中计被俘，莱州危在旦夕。此时，朝廷中的许多山东籍官员纷纷攻击熊明遇主抚误国，崇祯遂将其罢职，从此朝中无人敢力主抚议。

之后，在一些臣僚的奏请下，崇祯任命朱大典为山东巡抚，前去平叛。为了保证这次平叛成功，崇祯下狠心从山海关前线调 5000 精锐，并命金国奇、祖宽、吴襄及其子吴三桂等将领一同前往，务求必胜。同时，原在山东的几路兵马也奉命向莱州逼进，对孔有德形成包围之势。祖宽一军到达沙河时，孔有德率部迎战。祖宽是员猛将，督军奋击，随后其他几支官军跟上，孔有德军大败，官军一直追击至莱州城下。孔有德见势不可支，半夜解围逃去，退守合州。

朱大典随后率军将登州三面围定。孔有德自恃有水路可走，拒不投降。官军发动几次攻击皆未得手，双方一度处于相持状态。

数月后，即崇祯六年（1633 年）二月，登州城内粮绝，孔有德于夜间乘船逃往盖州（今辽宁营口市下辖县级市），后投降了皇太极，成了镇压李自成等农民军的悍将。

孔有德叛乱历时一年半，迫使崇祯接连调大军前去镇压，最后虽然成功平定，但对已焦头烂额的崇祯来说，无疑又是沉重的一击。

五、松山兵败

当崇祯为解决内忧外患而左支右绌的时候，后金却在不断发展壮大。

崇祯九年（1636 年）四月，皇太极在大臣们的拥戴下，放弃传统的大汗称号，正式即皇帝位，成为清朝历史上第一位皇帝，是为清太宗。即位后，皇太极宣布改崇德纪元，改国号为大清，设六部、都察院等各衙门，政权略如明制；在军事上，八旗劲旅不断扩充，而且利用大批投诚的明军和蒙古部民建立了汉军旗和蒙古旗，并配备威力巨大的"红夷大炮"；在政治上，渐次削弱几大贝勒分庭抗礼的权势，实现了南面独尊的独裁统治。同年，皇太极率军入侵朝鲜，逼迫李朝国王订立城下之盟，使这个世代忠于明王朝的藩属之邦，从此投入了大清的怀抱。

这个时候，尽管清王朝的人口无法与明王朝相比，但领土较之前已大为扩张，部队战斗力更是强大，而且体制初具，国势强盛，完全可以与明王朝相匹敌。面对这样一头虎视眈眈的雄狮，明朝君臣仍以天朝大国自居，还在为与其接触谈判有失国体国威而夸夸其谈。

之后数年，皇太极不断派兵内犯，崇祯却连连失策，致使辽东战局日益败坏。加上李自成等农民军的不断壮大，明王朝陷入了两面受敌的境地。

崇祯十二年（1639 年），皇太极亲自率师入关征明。一路克城败敌，锐不可当。崇祯非常忧虑，宣布京师戒严，并提升洪承畴为兵部尚书兼副都御史，暂时放松对农民军的围剿，先集中力量对付清军。

洪承畴上任后第一件事就是整饬关内外防务，严明军纪。一个姓刘的千总虚冒请功，被洪承畴当场斩首；凡将领临阵脱逃者，也一律处死。洪承畴还善抚士卒，帮助士兵们解决了不少实际问题，于是将士们都很卖命，关内外的防务大为加强。

不久，清军掠满回辽，皇太极想趁机攻占锦州，便亲率孔有德等降将前往，并用27 门"红夷大炮"环攻四门，但连攻20 余日，仍没有得手，只好退兵。皇太极遣人与明王朝议和，但崇祯不同意，加上清军几次入塞均未得尺寸之地，锦州和山海关一线的防务又颇为坚固，皇太极决定调整策略：不急于入据中原，先确立关外的一统之局，然后再根据形势的发展徐图进取。于是，宁远、锦州一带就成了两军周旋之地。

崇祯十三年（1640 年）三月，皇太极亲自率兵围攻锦州。当时清军不但造了60 门"红夷大炮"，还特意招募训练了千余名善于爬梯登城的士卒。面对来势汹汹的清军，镇守锦州的祖大寿率手下精锐奋力抵抗，使清军损失颇为惨重，皇太极垂头丧气，只好退回沈阳。

明军但经过这次大战，损失也极为惨重。另外，由于大清实行屯驻政策，锦州实际上处于清军的包围之中。祖大寿料定清军不会善罢甘休，便请求朝廷增加兵马，以加强锦州防务。此时的崇祯已成惊弓之鸟，害怕清军再次由蓟镇等地内扰，因而不愿减少蓟镇守兵去支援锦州。

四月，皇太极命郑亲王济尔哈朗、武英郡王阿济格、贝勒多铎等合力攻打锦州。此次清军可谓精锐尽出，攻城大炮更是有百门之多。驻守锦州外城的蒙古兵很快倒戈降清，使得锦州外城被清军尽占，锦州成了一座孤城。祖大寿不断激励将士，一面强力防守，一面向朝廷紧急求援。崇祯急命洪承畴出山海关，援救锦州。洪承畴命吴三桂为前锋，出杏山，援救锦州。不料清兵在松山与杏山之间设下伏兵，将吴三桂团团围住，幸亏总兵刘肇基及时援救，吴三桂才得以突围而出。副总兵程继儒因临阵退怯，被洪承畴立斩于军中。对于明军来说，如果能突破清军的拦堵，便可解锦州之危；而对于清军来说，只要将明援军挡住，就能为主力赢得时间攻下锦州城，于是双方以松山、锦州一带为战场，展开了一场长时间的大规模会战。

七月，洪承畴率13万大军援救锦州，他步步为营，以守为攻，不敢仓促冒进，立营在锦州南约18里的松山西北。济尔哈朗率右翼八旗兵来攻，结果大败，有3旗营地被明军夺去，人马死伤甚多。在随后的一系列交战中，清军连连受挫。清军在前线的失败影响到了后方，皇太极心急如焚，尽出沈阳之兵西赴锦州。

洪承畴深知皇太极决不会就此罢休，于是利用清军稍退之机，向前线急运粮草，做好打持久战的准备。明军的关外粮草大都集中在宁远，明军便从宁远将粮草运往塔山、杏山，再转运至松山、锦州。洪承畴亲临前线，日夜运送粮草；祖大寿也从锦州派兵到中途接应。到九月初，运至锦州的粮饷可支持到次年三月，松山的粮食可支持到次年二月。这就解决了与清军长期作战的粮食问题，稳定了松锦之战第一个年头的局势。

然而好景不长，洪承畴遇到了劲敌。九月上旬，洪承畴正准备兵分两路向锦州推进，睿亲王多尔衮[①]率2万清军前来进攻。双方在黄土岭展开一场会战，战事惨烈，杀伤更是相当。清军屯驻义州，应援及时，明军根本不可能在短时间内将其摧垮。洪承畴上疏崇祯，请调集宣府（今河北张家口宣化区）、密云等处明军来援，以便来年与清军决战。崇祯批准了洪承畴的计划，一面命户部措饷，一面调集援兵。

崇祯十四年（1641年）三月，清军大举来攻，将锦州四面围住。洪承畴督大军从宁远往锦州进击，稳扎稳打，步步为营，几次接战均有

---

① 多尔衮（1612—1650）：努尔哈赤第十四子，皇太极异母弟。清初杰出的政治家和军事家，大清入关的第一功臣，先后封叔父摄政王、皇叔父摄政王、皇父摄政王。

小胜。而锦州面对清军的日夜围攻，形势越来越危险，祖大寿忙遣人赴朝廷催促援兵。

五月，崇祯召兵部尚书陈新甲询问解救锦州之计，陈新甲请旨派人去与洪承畴面商。随后，陈新甲的亲信张若麒受命去洪承畴营中督察。张若麒自以为是上面派来的，不但不与洪承畴商量，还对军中事务指手画脚，说洪承畴稳扎稳打的思想是畏战。洪承畴闻言大怒，二人发生了冲突。张若麒带气而归，回来告诉崇祯"清兵一鼓可平"。崇祯听信了张若麒的话，便向洪承畴下密诏，命其速战。洪承畴不得已，只得立即率兵进击。

七月底，洪承畴将粮草囤于杏山和笔架山，亲率 6 万人开路先进，余军继进。皇太极得知明军起营来攻，也亲督大军迎战，陈兵于松山和杏山之间。他集中兵力攻击洪承畴的援军，暗中派人切断明军粮道，击败护粮的明军，一举夺得了明军囤于笔架山的粮草。

初战不利，又失粮草，明军的军心开始动摇。洪承畴主张决一死战，但各部总兵官则主张"回宁远就食"，以图再战。洪承畴无奈，只得放弃解锦州之围的计划，决定分兵两路，半夜突围。

然而，明军因为指挥混乱，很快土崩瓦解。当天晚上，总兵王朴过于恐惧，未到约定时间便率部逃遁；唐通、马科、吴三桂、白广恩、李辅明等争相突围，自相践踏，使大军不战自乱。洪承畴等人突围未成，只得退守松山城。冲杀出去的明军则遭到清军迎头截击，在前有大海、后有追兵的情况下，很多人淹死在大海中，仅少数人逃出。其中，吴三桂、王朴率军逃到了杏山，打算退往宁远。皇太极猜到他们的意图后，在松山与杏山之间的高桥设伏，明军大败，伤亡惨重，最后仅吴三桂、王朴率少数亲信逃回宁远。

据清方统计，在短短几天时间里，清军共歼灭明军 5 万多人，缴获战马 7000 余匹，甲胄近万件。

士兵死伤散亡，洪承畴几乎成了光杆司令。幸好还有几位将领没有逃走，洪承畴指挥着这几部人马撤入松山城中，乘夜冲击敌阵。双方在尖石山地区作战，明军获胜。但天时不利，清军撤退后涨了大潮，把扎营在海边的明军全部淹没，逃出来的官兵又遭清军截杀，最后只有几百人回到了松山城里。洪承畴的兵力一下子由优势变为绝对劣势，只得固守松山，等着下一批援军的到来。

此后，洪承畴又组织了几次突围，但皆未成功。形势变得越来越危急，洪承畴不得不一边激励将士固守，一边向京师求援。

崇祯闻知洪承畴兵败被困，十分震惊，忙召兵部尚书陈新甲等人商议应急之策。陈新甲逃避罪责还唯恐不及，自然没有什么锦囊妙计，只是一个劲劝崇祯命洪承畴坚守。崇祯无奈，只得敕谕洪承畴悉心守城，同时命兵部调兵解救。此时的明王朝，内地的农民军汹涌澎湃，关外的清军又步步紧逼，早已残破不堪，根本无兵可调。十月，崇祯命叶廷桂为兵部右侍郎兼右佥都御史，巡抚辽东宁锦前线。但在当时的形势下，叶廷桂已不可能有什么作为了。

考虑到洪承畴被围困在松山，崇祯又命杨绳武为代理蓟辽总督。可惜独木难撑倾倒之厦，崇祯十五年（1642 年）一月，杨绳武因积劳成疾，病逝于军旅之中。崇祯随即又起用范志完，命他督师出关，抵御清军。但范志完派出的副将焦埏部，一出关便被清军全部歼灭。吴三桂在宁远收集残兵，但始终未能组织起一支援军。加上兵部尚书陈新甲正秘密与大清议和，对增援松锦也不积极，故明军在半年间未对松锦进行有力的救援。此时松、锦两城已经到了山穷水尽的地步，粮草皆绝，将士们随时都有被饿死的可能。幸赖洪承畴是声望极高的将领，在他百般激励部下，苦苦支撑着危局。

二月十八日，松山守城副将夏成德暗中向清约降，并派自己的儿子赴清营做人质，约日献城。于是，松山一举被清军占领，洪承畴被俘。

洪承畴被俘后，皇太极待他为上宾，礼遇有加，洪承畴深受感动，加上对明王朝失望至极，最终归降清朝，成了清军入关难得的向导。

当时崇祯以为洪承畴已死，特设 16 坛赐祭，并在郊外为他建祠，亲自行祭，以激励臣下的忠义之心。后来的事实证明，他这一举动简直是一个天大的讽刺。

六、因颜废和

洪承畴、祖大寿皆为当世名将，所率将士皆为明军精锐，如果崇祯能坚定信念，相信洪承畴的进兵策略，松锦之战未必会输。可惜崇祯漫无主张，时而支持洪承畴，时而又听信他人流言，密诏速战，朝令夕改，使得战事渐渐陷入被动。

面对危局，朝中主张议和的人越来越多。其实，两军对垒，战与和都只是一种手段，是根据形势做出的权宜之举，若运用得当，便可使自己立于不败之地。努尔哈赤自建立后金起，与明王朝时战时和，使后金从一个番邦小国发展壮大成为足以与明王朝一争天下的大国。但在自视为天朝上国的崇祯看来，议和是一种耻辱，所以他心里虽然想议和，嘴上却不愿说出来。在松锦之战进行期间，崇祯十四年（1641 年）十一月，辽东下起了大雪，天气奇寒，清军前线粮饷不济，皇太极产生了撤兵之意，于是通过蒙古人发出了求和意向。此前广宁前屯卫任副使的石凤台曾自作主张派人去清营探问议和的可能性。清将回答："此吾国素志也。"石凤台马上报告陈新甲，陈新甲又将石凤台所言禀告崇祯，以作为"息兵"之策。由于崇祯以前屡次重惩主张议和的大臣，使得朝廷中弥漫着一种气氛，似乎议和就是卖国，所以，一些主战的言官听到议和之事后，纷纷上疏弹劾，崇祯便以"私遣辱国"之名，命人将石凤台逮捕入狱。就连支持石凤台的辽东巡抚叶廷桂也受到了崇祯的严厉指责，好在没有被罢官逮捕。

然而，辽东形势仍然十分危急，中原农民军又日益壮大，陈新甲想再次上折，主张与大清议和，以"专力平寇"，也就是说，先以议和稳住辽东局势，以便专心对付中原一带的农民军，待平定农民军之后，再与清军决战。可是，因为刚刚出了石凤台的事，他担心自己一人说不动崇祯，便将自己的主张私下告诉新任三边总督傅宗龙。傅宗龙很赞成陈新甲的主张，但他马上要离京去镇压李自成，于是就把陈新甲所言告诉大学士谢升①。谢升私下与陈新甲相商，也表示支持。

有了谢升的支持，陈新甲终于大胆地向崇祯提出议和的主张。然而，崇祯仍摆出一副反对议和的样子，对陈新甲大加训斥，然后又问内阁诸臣。周延儒内心也想议和，但又不敢明确表示。崇祯征询阁臣的意见，实际上就是想在阁臣中找替罪羊，一旦议和失败，就可将罪责推在阁臣身上。周延儒何等老奸巨猾，怎会不知崇祯的心机，所以说的都是模棱两可之言，其他阁臣更是不置可否。眼看议和又要告吹，谢升终于出班说话，表示可以议和。崇祯装模作样地沉默了很久，仍没有在朝堂上表态。因为崇祯总爱把责任推给臣下，所以大臣们也不敢再说什么，留着让他自己拿主意。事后，崇祯单独召见陈新甲，让他全权处理议和之事，但要严加保密。

陈新甲领旨，并向崇祯推荐兵部主事马绍愉，说此人可担当议和重任。于是，崇祯为马绍愉加衔职方郎中，赐二品服，命他前往清营议和。

皇太极对此次议和非常重视，要求明廷出据敕书以作凭证。于是，明廷便出据了敕书，文中称："谕兵部陈新甲，据卿部奏，辽沈有休兵息民之意。中朝未轻信者，亦因以前督抚各官未曾从实奏明。今卿部屡次代陈，力保其出于真心。我国家开诚怀远，亦不难听从，以仰体上天好生之仁……"

皇太极看后很不高兴，因为他发现此敕书并不是直接给清廷的，而是给兵部的；而且从语气上看，崇祯仍摆出天朝上国的架子，像过去对待建州卫那样对待清廷；敕书用纸颜色和制宝也不合定式，所以，皇太

---

① 谢升（1572—1645）：字伊晋，山东德州人。明末大臣，官至建极殿大学士兼吏部尚书，加少保兼太子太保。明亡后降清，任建极殿大学士兼吏部尚书。

极指责这是边吏作伪，予以拒绝。明朝使臣只好再换敕书。

在此期间，孔有德力劝皇太极不可撤兵，否则将前功尽弃。皇太极采纳了孔有德的建议，继续加紧对松山和锦州的围攻，连续攻克了松山等地，洪承畴被俘，祖大寿投降。在这种情况下，崇祯不得不作出让步。为了显示自己对议和的重视，崇祯还特派兵部司务朱济和马绍愉一起，带领近百人的使团前往沈阳。

崇祯十五年（1642年）五月，明王朝议和使团到达沈阳，皇太极特命大臣于城外30里等候，以示重视。之后，使团被安宿于馆驿，礼部设宴，招待甚优。说来可笑，明使团此来，担心清廷不管饭吃、不给予友好接待，不但带足了日用，甚至把厨子也带上了，没想到清廷表现得很友好，盛宴款待。

作为马背上的民族，其实清廷内部也不是都支持议和，幸好皇太极态度坚决，不过，众人对议和的条件也很不一致：有的要明廷割燕京以东，有的要割宁远以东；有的则认为明廷议和是假，只是为了"缓攻克而待各边之征调"。降清的汉族官员张存仁、祖可法向皇太极建议，应乘此机会最大限度地勒索明王朝，以割黄河以北为上策，割山海关以东为中策，割宁远以东为下策。让明王朝称臣纳贡为上策，令蒙古各部索其旧额为中策，只许关口互市为下策。

皇太极则表现得比较冷静，认为要明王朝称臣纳贡根本不可能，所以他表示只要能保住既得的地盘和利益，仍愿尊明王朝为上国，自己仍居于属国地位。但他知道崇祯一直反对议和，所以对这次议和的敕谕是真是假还存有怀疑。经洪承畴辨认后，确认是真，皇太极才认真对待，当即命令正在乘胜进攻宁远，与吴三桂对阵的清军停止进攻。

之后，皇太极回书崇祯，答应议和，条件除双方通好并互有馈赠外，双方以宁远、塔山为界，在适中之地开市通商，相互遣返逃人。信中还特地提到，只要明廷持积极态度，他还愿意做出一些让步。这些条件在当时的形势下也不算苛刻，基本上维持了双方军事现状。

六月三日，明使启程回京。临行前皇太极设宴饯行，并赏给马绍愉等白银200两，并进献了2车人参、貂皮给崇祯。皇太极对马绍愉说："秋初企听望好音。若逾期不至，我当问盟城下耳!"意思是说，是战是和，要崇祯速作决定，否则将再次兵戎相见。马绍愉一行到宁远后，马上派人将议和情况密报兵部尚书陈新甲。

虽然议和之事一直是秘密进行的，但其他大臣还是听到了一些风声，一些言官上疏弹劾，认为是阁臣谢升所主。崇祯为堵众人之口，便将谢升罢去。谢升的离去使议和活动失去了阁臣的有力支持，陈新甲十分担心，直到看过马绍愉的密报才放下心来。

然而，陈新甲看过马绍愉的密报后因临时有急事，将密报随手放在案上便出去了。他家的仆人以为是边关来的塘报，就送到了通政使司抄发各衙门，以前也都是这样做的。大臣们一直关心对清和谈之事但又不知其中内幕，现在忽然见到这份"密报"，震惊之余更多的是兴奋。言官们开始慷慨陈辞，据理力争议和条款的不可行，同时猛烈攻击陈新甲主和误国，阴差阳错地将崇祯推入了十分尴尬的境地。

言官们明知和谈有崇祯在后面做主，却把火力全部集中在陈新甲身上，用语严厉尖锐。如果崇祯在这个关键时刻能毅然出面，公开告谕群臣自己知道此事，这场风波也就平息了。然而崇祯在和谈问题上一直是理不直气不壮，生怕大臣因此看轻了自己，而这次陈新甲的不小心使他成了众矢之的，被放在了千夫所指的位置上。他的气急败坏是可想而知的。

实际上，陈新甲谈来的条件好得出乎崇祯的意料，如果有人在这个时候站出来，让他有个台阶下，兴许事情还有转机。于是，崇祯一再问内阁首辅周延儒是否应该议和。老于世故的周延儒深知崇祯喜怒无常，怕他事后翻脸无情，所以始终保持沉默。崇祯找不到台阶下，只得将责任都推在陈新甲身上。他在言官攻击陈新甲的奏疏上批旨，要陈新甲自陈回奏。

陈新甲认为和谈大事本来就是由皇帝主持的，自己并没有什么责任，因而在回奏中非常委屈地为自己辩解。崇祯恼羞成怒，又需要一个替罪羊为自己顶骂名，因而动了杀心。于是，陈新甲被逮捕下狱。

这实际上是一个无法审理的案子，但刑部侍郎徐石麒恰好是一个坚定的和谈反对者，一向痛恨陈新甲，于是，近来数城被农民军攻陷的罪名就被安在了陈新甲身上。洛阳、襄阳等处失陷，福王、襄王等亲藩遇难，已经是一年以前的事情，如果兵部尚书有责任，早就应该处理，何必要等到和谈的情况败露之后呢？这个借口连最糊涂的人也不会相信，但欲加之罪何患无辞。崇祯十五年（1642年）八月，陈新甲被斩，对清方的和谈彻底中断，从此，再没人敢提出与清方议和谈判。对于崇祯来说，这意味着失去了通过政治方式争取暂时和平的最后一丝机会。

七、清兵内犯

崇祯十二年（1639年）初到崇祯十五年（1642年）冬，是辽东最乱的日子，但也是明王朝与崇祯最为"安宁"的日子。因为清军自崇祯十二年（1639年）三月出塞后，近4年时间没有入塞内掠，主要原因是洪承畴、祖大寿等在松锦一带与清军对峙，清军把全部精力放在了松锦，无暇内犯。

随着洪承畴、祖大寿战败降清，议和又以失败告终，皇太极"秋初企听望好音"的希望落空，而山海关又一时难以攻下，崇祯的好日子也就到了头。皇太极决定再次绕过山海关大举入塞内掠，大将军、贝勒阿巴泰①奉命率大军讨明。在誓师大会上，皇太极告谕贝勒阿巴泰及众将士："朕命尔等统领大军往伐明国者，非好为黩武穷兵也。朕不忍使生灵罹害，屡欲与明修好，而彼国君臣执迷不从。朕是以命尔等往……"皇太极还特别嘱咐了入塞后要严明军纪。从这一点来看，皇太极已经把入主中原、推翻明朝列入了日程。

崇祯十五年（1642年）十月中旬，清军在大将军阿巴泰的率领下

---

① 阿巴泰（1589—1646）：满洲正蓝旗人，清朝宗室，清太祖努尔哈赤第七子。

浩浩荡荡向明廷边塞杀来。眼看前线连受重挫，崇祯心急如焚，急忙对各要地防务重新进行部署：命范志完为督师，总督蓟、辽、昌、通等处军务，并节制登州、天津等地。辽事急则移驻关外，关内急则星驰入援。关内外并设二总督，关内总督为张福臻①，范志完则加督师衔常驻关外，位在张福臻之上。同时，昌平、保定设二总督，"于是千里之内有四督臣"；宁远、永平、顺天、密云、天津、保定设六巡抚，又在宁远、昌平等地设八总兵，"星罗棋布，无地不防"。

崇祯以为这样"三步一岗、五步一哨"的部署可以万无一失，殊不知如此一来反而事权不一。不久，有言官弹劾张福臻昏庸不堪重任，崇祯便罢免张福臻，命范志完移驻山海关，全面负责关内外防务。范志完自觉能力不够，连疏请辞，崇祯不但不允许，还将他责备一通。范志完又极言决不可兼督关内防务，崇祯只得任命赵光抃为总督，分掌关内。

崇祯这边还没有准备就绪，那边清军就已打了进来。范志完虽然也预见到明军难以抵敌，很想辞职，但他又没有冯元飙那种佯装有病而辞官的计谋，更没有那么厚的脸皮。

十一月，清军由墙子岭（今北京密云区东北墙子路）大举入塞，连下迁安、三河等地，然后分兵两路，一路往通州，一路赴天津。清军很快又攻克重镇蓟州，然后分兵攻掠真定（今河北石家庄正定县）、河间、香河等地，京师周边再次陷入烽火连天的局面。崇祯闻报十分惊恐，开始为没有坚持议和，招致清军再犯而后悔懊恼，可事已至此，再难也得硬着头皮上了，于是，他照例急忙宣布京师戒严，命有功之臣分守九门。

闰十一月，清军由河北攻入山东，首先攻占临清，继而又大举进攻

---

① 张福臻（1584—1644）：字惕生，又字澹如，山东高密人。明末著名文臣，曾参与镇压陕甘农民起义，官至兵部尚书。

东昌（今山东聊城）。总兵官刘泽清①在东昌与清军展开了一场激战，清兵见短时难以得手，遂西撤改攻冠县，接着又南下攻略汶水（即汶河）、邹县一带。

十二月，清军进入河南东部，攻占了滑县等地；接着又返回鲁西，连下曹州（今山东菏泽）、济宁等地。清军几乎是马不停蹄，又开始攻打重镇兖州。这里是鲁王的藩封之地，设有重兵，但多年来的贪腐早已使军队失去了战斗力，经过一番激战，知府邓藩锡、副总兵丁文明等守城官员皆战死，兖州陷落。尤其令崇祯伤心的是，鲁王朱寿镛被俘后自杀。自明太祖朱元璋分封藩王以来，藩王被农民军或外敌俘杀者极其少见，到崇祯年间，各地藩王接二连三地出事，或被俘或被杀，这让崇祯大感内疚。这次鲁王被俘自杀尤其令他伤心，或许他从鲁王的遭遇中隐约看到，自己的末日已为时不远。

之后，清军向山东东部攻略，德州、寿光、莱阳等地相继陷落。清军进攻莱阳时，一度遇到明军的顽强抵抗。当时工部右侍郎宋玫等人在此协防，数次击退清军。然而，有很多人已不再看好风雨飘摇的大明王朝，他们趁城内因小胜而庆祝之时，打开城门，与清军里应外合，莱阳城陷落。宋玫知道已无力回天，与知县等人自杀于城内。至此，河北、山东和河南东部尽数落于清军之手。

清军入塞后，总督范志完也像袁崇焕那样急忙率师入援，不过他没有袁崇焕的勇略，虽称入援，却胆怯不敢奋击，生怕打了败仗，所以大多数时间都是跟在清军屁股后面转。兵部官员弹劾范志完疏于防守，致使清军再次内犯。一些言官更弹劾他贪懦，请崇祯对他严加治罪。崇祯大概是接受了逮治袁崇焕的教训，未对范志完马上治罪，只是责令他戴罪立功。但范志完实在胆怯无谋，终不敢对清一战，任清军四处攻略，只是远远地看着。

---

① 刘泽清（？—1649）：字鹤洲，山东曹县人，出身行伍，崇祯末年升至山东总兵。明朝灭亡后在江南拥立福王朱由崧登基，封东平伯，与刘良佐、高杰、黄得功并称为江北四镇。

崇祯十六年（1643 年）春天，清军由山东进逼京师近郊。崇祯一筹莫展，内阁首辅周延儒也惶恐不安。内阁大学士吴甡①奉命去镇压农民军，周延儒无奈，也只好自请誓师，去前线抗击清军。崇祯很高兴，马上又是放权，又是拨款地送他"出征"。周延儒出京赶往通州，其实这里根本没什么仗可打，于是他驻于此地，每日除了与幕下食客饮酒娱乐，就是写奏折向崇祯报捷，可怜崇祯被蒙在鼓里，还一个劲地下旨赏赐他。

四月底，清军北撤，崇祯一再严命追击，但各将领大都拥兵观望，即使有一两人装装样子，也是追而不击。"饰功报捷"者则多不胜数。当时清军满载掠夺所得从容出塞，"时边城既瑕，子女玉帛捆载，出入如纤，卒无一矢加遗也"。而明军在抵御清军方面显得极其无能，劫掠百姓方面则有过之而无不及，对此不少史籍中都有相关的记载。当时的给事中熊汝霖这样对崇祯说："比者外县难民纷纷入都，皆云避兵，不云避敌。霸州之破，敌犹不多杀掠，官军继至，始无孑遗。朝廷岁费数百万金钱以养兵，岂欲毒我赤子！"实际上，明军趁火打劫，军纪败坏，为害百姓，也是其屡战屡败的一个重要原因。但崇祯并不爱听这种话，熊汝霖因言语中有老百姓"饮泣地下"之语，惹得崇祯大怒，被贬为福建按察司照磨②。

清军此次入关历时 7 个月，前后共攻陷 3 府、18 州、67 县，共 88 城，俘获人口近 40 万，抢掠牲畜 30 余万头，另外还劫掠了大量的金银财物，攻城陷地之多、劫掠财物之巨、造成破坏之大，甚于以往任何一次内犯。这次内犯的目的在于将明王朝拖垮，并不以攻占京师为目的。这表明皇太极并未想在短时间内消灭明王朝，他说："城中痴儿，取之若反掌耳。但其疆圉尚强，非旦夕可溃者。得之易，守之难，不若简兵练旅，以待天命可也。"即当时消灭明王朝的条件还不成熟，"得之易，

---

① 吴甡（1589—1670）：字鹿友，晚号柴庵，江苏兴化人。明末大臣，名医，崇祯朝历任河南、陕西巡按，山西巡抚，户部尚书兼兵部尚书、文渊阁大学士。

② 照磨：官名，按察使司下属机构照磨所的长官，从八品。

守之难"，所以还要等待时机。

清军这次撤退后，崇祯照例对所谓失事的官员大加惩处。总督范志完与刚上任不久、掌关内兵事的总督赵光抃被处死；巡抚马成名、潘永图和总兵官薛敏忠等皆被斩首；周延儒自请督师谎报战功，蒙蔽圣聪，先罢职再赐死。至此，崇祯自己的末日也快来临了。

第九章　回天无力终亡国

一、绝处图强

"杀牛羊，备酒浆，开了城门迎闯王，闯王来时不纳粮。"这首民谣的传唱，标志着民心从崇祯的明王朝向农民政权的转移。当这一代表民心的歌谣传到京城时，崇祯禁不住毛骨悚然起来。

风雨飘摇中，崇祯已做了15年的皇帝。这一年，全国性的大饥荒达到了顶峰，河南、山东更是严重，有消息传来说这两地都有人吃人的现象。饥民们为了填饱肚子，不惜铤而走险，人心思乱。就在这时，李自成的农民军对河南开封发起了新一轮的猛攻。明廷调来了援军，但还没有接近开封城就全部投降了，城里的明军只能凭借还算坚固的城池死守。洪承畴正率所部残兵驻守在松山、锦州等几座孤城，毫无希望地等着清军攻破城池的那一天。天下形势之坏，可以说超过了以往任何时候。

此外，国家财政也恶化到了极点，虽然一再加征，但是依然抵消不了连年用兵的巨大军费开支。国库已经彻底空虚，户部能够直接支配的银两所剩无几，然而上至朝廷大员，下至地方文武官员，似乎根本不知道这些，也根本不在乎这些，丝毫没有表现出要振作图强的意向，文官们一如既往地贪污纳贿、榨取钱财，而且为了各自的利益相互勾结、相互排挤、相互咬噬，把朝廷搅得天翻地覆；武将们怯而不战，各地握有重兵的将领更是把军队当成自己的私人财产，为了保存实力而斤斤计较，甚至置同僚的生死乃至国家利益于不顾，临阵脱逃。

15 年来，崇祯可谓殚精竭虑、朝乾夕惕，换来的却是这样一个结果，他怎能不感到悲愤，感到沮丧，感到委屈与不甘！他哀叹时运的不济，痛恨朝臣的腐败无能，而身为帝国最高统治者的自己，不得不独自挑起挽救危亡的重担。所以，他再一次下定了奋发图强的决心，希望通过不懈的努力来改变帝国的命运。

为了让更多的大臣觉醒，也为了表现出更始维新的气象，崇祯在接受完崇祯十五年（1642 年）的新年朝拜后，特地召见内阁全体成员于皇极殿。待众人全部到齐，在殿檐下行过叩拜礼之后，崇祯吩咐他们在殿内西侧排班。自古就有文东武西一说，而在明王朝的朝仪中，文臣也是在东侧的，面对这突然的变故，周延儒等人一时摸不着头脑。

原来，民间有"西席"一说，这是古代富家对请来的教书先生的称呼。崇祯让阁臣们在西侧召对，是以老师之礼相待，以示对阁臣的尊重。

这次召见的形式也是破天荒的，崇祯走下宝座向西而站，面对阁臣们，语气平缓，很是客气地说："古来的圣明帝王都崇尚师道，至今天子称讲官为先生，仍然是自古尊师的遗意。卿等就是朕的老师，今天是正旦的日子，应当行礼为敬，就教于各位先生。"说罢躬身向阁臣们行了一礼。

皇帝向臣子行礼，周延儒等人哪里见过这等场面，甚至连听都没听说过，一个个受宠若惊，感动得泪流满面，只有跪伏叩头不已。

崇祯上前一个个扶起，接着说道："经书上说：'修身也，尊贤也，敬大臣也，体群臣也。'今天朕行此礼，本来也不过分。自古以来凡君臣能志同道合者，天下无不能平治的。今后主持决断，在朕；执掌政务，在各部院；调和于其间的就靠各位了。"说罢再次一揖，阁臣们只得惶恐地再次跪地叩头。

当天，崇祯正式发出成文的上谕，检讨德行"深惭德行浅薄，才识庸常，恐忝居君师之位"，并且对阁臣们寄予重托，说是"今而后，道德惟诸先生训诲之；政务惟诸先生匡赞之；调和燮理，奠安宗社，万民惟诸先生是赖"。崇祯的这番举动，在朝廷中反响强烈。

由于受到皇帝的礼遇，阁臣们无不感激涕零，还有一丝久违的暗喜，当然也有的是沾沾自喜。其他大臣也有一些认为皇帝此番表态是今后一番振作的前兆，更有不少上疏表达了自己的欣喜之情及对未来的乐观态度。有人甚至说，今年开年之日适逢瑞雪，京城的米价因而下降，这正是皇上锐意图强的精神感动了上苍，是太平盛世将要出现的兆头。无论如何，崇祯这异乎寻常的举动，使得这个新春佳节充满了欢乐。

过了几天，崇祯到城南的天坛主持了例行的祈谷礼①。天上又下起了鹅毛大雪，于是，皇帝亲临祈祷丰收的祈谷礼，便有了"瑞雪兆丰年"的注脚，似乎上天又开始垂青这个摇摇欲坠的王朝。当天晚上，天坛万灯齐明，映照着漫天飘飞的雪片，银光灼灼。在肃穆的鼓乐声中，崇祯一身素服，踏雪步入祈谷坛，对着昊天上帝的神主行了二十四拜的庄严大礼。每一个参加礼拜的人都感受到一种与苍天无比近切的神秘体验，自信的感觉油然而生。

之后整整一个月，京城里弥漫着一股盲目的乐观主义情绪。上至天子、朝臣，下至京城百姓，似乎都把重建太平盛世的信心建立在神的护佑上。他们认为，一个已有200多年历史的王朝，不应该这样没来由地衰弱下去以致消亡；一个仰承天眷的圣明天子，也不应该毫无道理地失去上天的宠信，因为上天是公平的，它会护佑自己的每一个信徒。

正月，除了春节就是上元节最热闹，这一年过得也更加红火。东华门外一年一度的灯市，不仅引来了万千看灯之人，更招来了八方商贩，摆摊的，挑担的，吆喝声此起彼伏；出售各种古董玉器、书帖字画、彩灯香烛、烟花鞭炮、时鲜蔬果、日用杂物的摊位应有尽有；卖小吃的商

---

① 祈谷礼：中国古代礼仪制度的主要部分，既反映了古人迷信的一面，又包含有祈盼丰收的心理。在此之前，此礼已荒废多年，崇祯十四年才恢复。

贩摆出热切糕、艾窝窝、爆肚、炒肝、羊头肉，甜香之气弥漫在整个街市中，馋得人们直咽口水。京城里上至达官贵人，下至贩夫走卒，甚至十里八乡的农民，都赶来灯市凑热闹，人头攒动，拥挤不堪。3 天的灯会，在正月十五这天晚上达到了高潮，宫中更是燃起了烟火。内官监火药房制作的花卉烟火堪称一绝，点燃以后有兰、蕙、梅、菊、木樨、水仙各种样式，"哧哧"地升上夜空，"嘭嘭"地炸开，闪烁如生。崇祯特别喜欢水仙，就让多放，一时金盏银盘漫天飘曳，只是没有那股袭人的幽香。此时此刻，谁还去想外有清军虎视眈眈，内有李自成持戈待发？

　　二月是春耕开始的时间，崇祯又按照古礼亲自参加了为振兴农业而举行的耕籍仪式。耕籍大典也是多年没举办过了，上几代皇帝都觉得没什么意思，自己不去做做样子，百姓们也照样耕田播种。事实正是如此，有没有这个典礼，大家一样得劳作，时间长了，皇帝忘了，百姓也忘了。崇祯其实很重视农耕，但他即位以后实在是太忙了，先是跟魏忠贤斗法，再为不争气的大臣们操心，还得时刻准备着应付大清铁骑与农民军，所以仅在即位第七年举行过一次，之后又搁置了。如今要振兴国家，最根本的农业当然要重视起来，耕籍的典礼自然不能马虎。

　　耕籍仪式先在农坛举行，祭坛上用黄色绸缎架起幄帐，先农神的牌位在里面供奉着。崇祯按照周代的仪礼换上皮弁①和绛纱祭服，在先农牌位前恭恭敬敬地揖拜，而后更换翼善冠②和黄袍，来到御田之中。御田是专门为天子准备的。天子要在御田里亲自操犁弄作，当然只是象征性地做做样子。天子的耕田仪式热闹得如同一台大戏。御田四周站满了观礼的百姓，不过这些百姓不是一般的百姓，而是国家歌舞团教坊司的优伶们所扮，他们衣饰灿然，载歌载舞，忸怩作态，特意装出一副春耕中酒足饭饱、心满意足的样子。琴瑟声声，合唱队高唱《禾歌》。除了

---

① 皮弁：古冠名，用白鹿皮制成。
② 翼善冠：冠的一种。皇帝、太子、亲王、皇室成员等所着的冠戴服饰。

演百姓，还有人演天神，各路天神一路翩翩起舞，很是花哨。两个所谓的老农为崇祯牵着牛，另有两个人为他扶犁，崇祯右手执鞭，左手秉耒，装模作样地耕完了一垄田地，再由顺天府尹代他在垄中撒下谷种，仪式就算完了。之后，内阁大学士、各部尚书、各位勋臣，也照样耕作了一垄，典礼才告结束。而后是摆酒设宴，全体参加仪式的成员胡吃海喝一番。

整个耕籍典礼听起来像是民间的一场社戏，粗俗、混乱，显然没有经过严格的训练，这让崇祯很不满意。祭天、祈谷时那种超凡入圣的感觉，他在耕籍典礼中丝毫没有感觉到，只是觉得吵嚷、烦乱。为此，他狠狠批了礼部一顿，说教坊司扮演的黄童白叟鼓腹讴歌过于俚俗粗鄙，祭乐舞容也不像样子。礼部连忙提出今后的改进办法，做了保证，才算了事。

春天很快过去了，上天不仅没有显露出特别垂佑的迹象，还来了一场严重的春旱，黄河流域和京城附近区域，禾苗干枯，千里焦土，这一年的收成是没指望了；江淮地区本来是种水稻的，可是没有水，不少地方只得把水田改成了旱田，能不能收还是两说。中原和西北地区十几年来就没有好过的时候，现在就更惨了，饥饿成了他们参加暴动的理由，从西北地区开始向全国蔓延，最后连一向治安比较稳定的南直隶（今江苏、安徽）和浙江，也出现了饥民揭竿而起的事件。在饥民们的呼应下，李自成等部农民军的攻势更加猛烈。

说起李自成，官府都镇压多少年了。崇祯十五年（1642年）崇祯又命陕西三边总督汪乔年率3万大军出潼关，进入河南剿杀李自成。汪乔年这次出师可谓踌躇满志，因为他在不久前刚刚指示米脂县令边大绶把李自成的祖坟给掘了，他认为破坏了李家的风水，李自成离死也就不远了，所以当他听到边大绶送来的喜讯时，非常高兴，恨不得当时就找到李自成与他较量一番，以为此战必定可以斩杀李自成。

结果，李自成是找到了，可惜死的却是汪乔年。二月，两军在襄城激战，汪乔年被擒杀，部队几乎全军覆没。之后李自成部又连下数城，各地民众对农民军热情欢迎，许多地方的百姓杀羊载酒犒劳农民军。

连番打击之下，崇祯渐渐意识到"天道远，人道迩"，神灵的佑护终究是靠不住的，复兴国运能只能靠自己。

二、治理推新

崇祯十五年（1642 年）四月，松锦之战失败。消息传到京城，崇祯震惊不已，但他也想不出什么好办法，只得召集群臣，发布上谕，再一次宣布要"治理维新，廓然更始"。在上谕中，崇祯做了自我检讨，说自己"求治之心非不甚殷，驭乱之方未得其要，施之政令未免失宜"，故而"虽切于忧民，恩不能以下暨，渐致闾阎困敝，灾害频仍，兵火纵横，中原涂炭……此孰非朕德化不敷、声灵不振之所至也"。为了弥补这些过错，崇祯决定再下罪己诏。也许是有了以往的教训，这一次他在罪己诏中提出"空言无补"，觉得应该提出一些切实可行的措施。可是如何解决问题呢？他苦思冥想无果，只得要求各部门的官员，"凡有可以利民之事，救时之方，裨助政治之规条，弥补朝廷之阙失者"，一律写成条款，"送阁汇奏"。他则从这些条陈中挑选确有意义的内容写进罪己诏中，并付诸实施。

由于崇祯在这道上谕中承认了自己急于求治的过失，并为此表达了深切的自责，态度也较为诚恳，加上此谕是公开发布，所以在一部分臣民中引起了震动。但这种震动与崇祯预期中的爆炸性效果还是相差太远，一些大臣在上疏中说了些令人激奋的话，还有一些大臣对朝廷面临的严峻问题提出了一些应急措施，但是这些办法仍然是纸上谈兵的居多，切实可行的则少之又少。所以，此次图强并没有什么效果，形势还是在一天天地败坏下去。

崇祯的"新政"涉及很多方面。比如，他对在押犯人进行了一次大清理，要求刑部及地方官员对全国在押囚犯进行一次大清查，凡是查出案情可疑或是情有可悯的案犯，可以给予取保假释，或减刑免刑；对于追赃的犯罪官员，大部分可以查明宽免，或全蠲，或减半。为了表示朝廷的恩典及对人才的渴求，他还决定增加各地乡试中举的名额。此外还做了一些礼制方面的改革，只是有些无关痛痒。

尽管崇祯此次维新迂阔而缺乏实效，但从中可以看出他对于时局的一种紧迫感。面对混乱的时局，他隐约感到了一种亡国的恐惧，只可惜他空有一腔强国志，却无一身治国才，虽然着急，虽然努力，终究不得其法，无法力挽狂澜。中原战场的局势仍在加剧恶化。

崇祯十五年（1642 年）五月，李自成又一次围攻开封，陕西三边总督丁启睿统率各路官军前去救援，兵力高达 10 多万，却在朱仙镇不战而溃。其后，李自成大军围困开封城达数月之久，明廷居然调集不起一支像样的部队前去救援。河南巡按高名衡等依靠城坚墙固殊死抵抗，可是城中粮绝，军民只能靠吃牛皮、皮胶、药材、水草、纸张、马粪拖延时日，最后竟发展到人吃人，饿死之人不下 10 万之众，中州古都危在旦夕。

中原局危，朝中大臣个个手足无措。复任首辅的周延儒趁机把大批东林党人引入朝中，这些把过去的执政者批判得体无完肤的忠臣义士的到来，使崇祯似乎再次看到了希望。可是，在应对国家大难的时候，重新得势的东林党人和他们的政敌一样不思进取、消极推诿，毫无可行之策。开封形势一天天吃紧，许多河南籍官员天天催促内阁尽快想出解围之法。周延儒又是开会讨论，又是冥思苦想，憋了多日竟憋出了一个放弃开封的"高招"。大家都愣住了，要知道，开封不是边疆城镇，放弃了只是缩小一点疆土，放弃开封就意味着放弃河南、放弃中原，允许一个反叛的国中之国存在。如此发展下去，后果不堪设想。

很多人为此痛骂周延儒，但也只是骂骂而已，因为谁也想不出更好的应对之策。一种亡国之感开始在朝廷中不动声色地蔓延开来，只是没有人公然点破，一是他们不愿承认国破家亡的大难就在眼前；二是他们不敢，因为大家都知道话出口之日，就是脑袋落地之时。

浓重可怕的阴云笼罩着整个帝国，笼罩在每个人的心头，压得人们喘不过气来。与周延儒一同被召入文渊阁的大学士贺逢圣，因为顶不住这种压力，上折乞请退休，回家养病。崇祯批准了，在他临行前，崇祯最后一次召见了他，并破格赐宴。

召见之时，贺逢圣似乎有什么预感，突然放声大哭，跪在地上连连叩头不止，边叩头边哭，哭声震撼殿宇。包括崇祯在内的其他人都被他哭得莫名其妙，不觉悲从中来，没来由地跟着抹起眼泪来，最后汇成了一曲君臣大合唱。

三、亡感渐升

内阁一共有 6 个人，在贺逢圣离开之前，谢升被指泄露对清和谈机密削籍回了乡，魏照乘、张四知也先后离去，所以，贺逢圣一走，内阁就剩首辅周延儒和阁员陈演了。那么多的事务，两个人根本忙不过来，于是，周延儒和陈演向崇祯请求再补充几位阁员。此时崇祯一门心思都在更始维新上，所以没有在这上面过多纠结，依照旧例由大臣们会推。

说起会推，崇祯年间举行过很多次，几乎每一次都出问题，掀起不小的风波，这也使人们产生了一种思维定式：这次会推又会产生什么风波呢？

李日宣是当时的吏部尚书，此次会推便由他主持。推举的人选出来后，崇祯嫌人少，便让大臣们多推举几个，这样选择的余地更大一些。于是会推又增加了 10 人，两次共推出 23 人。

入文渊阁为相是文人的终极目标，所以崇祯时期虽然入文渊阁很难，而且入文渊阁的人多数下场都不好，但还是有很多大臣为了得到这一荣耀，削尖了脑袋往里挤。不少人在会推前后积极为自己或为别人活动，大把的钱撒出去，只为能列入候选名单，可谓八仙过海——各显神通。一番活动后被成功推举的，自然皆大欢喜，而那些花钱费力最后却一场空的则愤愤不平，开始制造流言。还有一些人，与被推举之人素有仇隙，自然不想让对方太好过，如果能把对方搞下来，他们自然是乐意的。正因为如此，每一次会推后，朝廷中都是人言鼎沸，关于会推过程中营私舞弊的传说不胫而走，其中有真有假，也有半真半假，而这些流言很快就会通过各种渠道传进宫中，传到崇祯的耳朵里。

房可壮①、宋玫②和张三谟③是其中谣传最多的3个。他们三人都属于东林党一派，平日树敌不少。有人说他们暗中主使了此次会推，行贿受贿，连通关节，种种不法。这种说法也不是全然没有根据，宋玫确实请人打着首辅周延儒的旗号四处活动。房可壮则是因为得罪了朝中重臣，次辅陈演因为一个亲戚之事求助于他，他却不肯帮忙，所以陈演对他恨之入骨。有一次，崇祯游西苑的时候召见辅臣，周延儒恰巧因病未去，陈演乘机进言陈说了会推的弊端。内有东厂情报，外有辅臣陈言，崇祯没有理由不信。

一个人心态积极的时候，脾气会比消极的时候好得多。崇祯也不例外，在他统治后期，凡是心态较为积极，想要奋发图强的时候，往往显得比平时宽厚，也比较能听进不同意见。谢升泄密事件和洪承畴投敌事件都发生在这一时期，所以崇祯处理这两件事的时候都颇为宽容仁厚。然而，一旦进取无效，形势败坏，他就会由积极进取变为消沉，破罐子破摔，积郁在心底的刻毒也一起爆发出来。近半年来的奋发图强毫无成效，近半年来超出心理极限的宽和容忍，所积下的对国事的失望及对朝中大臣的怨恨，都在这个盛夏时节借着这次会推舞弊事件，如火般伴着高温酷暑倾泻了出来。

不知是因为天热还是心火过盛，抑或二者兼有，崇祯得了热病。不过，他还是努力打起精神，带病召见了所有候选人员，并分别与他们进

---

① 房可壮（1578—1653）：字阳初，一字海客，山东益都（今青州）人。明末大臣，官至副都御史。明亡后降清，历任大理寺卿、刑部侍郎、左都御史。

② 宋玫（1607—1643）：字文玉，山东莱阳人。明末大臣，官至工部左侍郎。清军破莱阳后被杀。

③ 张三谟（1585—1649）：字纬典，平定大峪人。明末名臣，历任御史、光禄寺丞、大理寺丞署、少卿、顺天府尹、大理寺卿等职。常直言指点朝政，多次被贬官降级，仍忠心耿耿。

行谈话。因为有成见在先，房可壮、宋玫和张三谟三人召对时的气氛十分紧张。宋玫有备而来，九边形势和御敌方略说得头头是道，却被崇祯斥责为虚夸浮躁。房可壮与张三谟就更别提了，只剩下弯腰挨训的份。当天夜里，宫中传出旨来，令第一次会推中提名的蒋德暻、黄景昉①、吴姓入阁，同时还指责吏部在会推中滥举多人，要求吏部明白回奏。

开始推举 13 人，崇祯嫌少；于是加了 10 人，如今又嫌多，还是滥举，吏部当然不服，所以他们在回奏中坚持自己是按章秉公行事，至于举荐过多，那也是遵从皇上的旨意。这分明是揭人之短，更激起了崇祯的怒意。仅仅过了 2 天，崇祯病情稍好，便再次召见内阁和部院大臣于中左门平台。也许是为了让儿子们见识一下大臣的阴险狡诈，也许是想让儿子们在朝堂上看一看自己杀罚决断的风采，崇祯特地带上了 3 个儿子，即太子、定王和永王。

"用人是治国的要害，凡用人不当，吏部都逃脱不了责任。如今天下动荡，而各地督、抚却不断更易，国家怎么能够有治平的希望呢？"崇祯把吏部尚书李日宣召到跟前，声色俱厉地说，"记得两年前朕曾经面谕诸臣，有人宁背君父也不肯背私交，宁损公务也不肯破情面。而今还是这样只讲情面，哪能办得好事？前者会推阁臣，何等重大，怎么也徇情滥举，任意夸扬呢？"

李日宣也很执拗，就是不肯承认自己有徇私之事。他还说："臣事皇上 13 年，精白一心，若有一丝徇私背公，今日文武同僚都在，皇上可一一询问，廷臣可一一参奏。"他这番辩解弄得崇祯一时竟无话可说。冷场了好一阵子后，想不出任何理由的崇祯，只得化繁为简，喝一声："拖下去！"锦衣卫上来把李日宣、章正宸、张瑄、房可壮、宋玫与张三谟 6 人全部拿下，送刑部问罪。

俗话说：吃一堑，长一智。崇祯自登基以来，发生过那么多次会推

---

① 黄景昉（1596—1662）：字太稚（穉），号东厓（崖），福建晋江东石人。明末大臣，以詹事兼掌翰林院，旋改户部尚书、文渊阁大学士。明亡后蛰居家中近 20 年，以著述为事。

风波，而且每一次的模式基本都一样，但他显然没有从中总结出什么有益的经验和教训。每一次都是群臣竞进相互倾轧，每一次都是他自作聪明大破情面朋党，最终又不免落入另一些情面朋党的套中。每一次风波之后，大臣的结党营私不减反升，君臣之间的隔阂和隐含的敌意也在悄然加深。一意维新半年来，崇祯刚刚有点好转的脾气，又在这次会推风波中故态复萌，几番振作刚刚在人们心中燃起的一点热情也再次冷却下来。

屋漏偏逢连夜雨，船迟又遇打头风。会推风波给崇祯君臣带来的不愉快还没有过去，一件更丧气的事件接踵而来。崇祯十五年（1642年）七月，田贵妃病故，崇祯悲痛万分。田贵妃是崇祯最宠爱的嫔妃，自她生病以后崇祯就非常惦记，吩咐宫中御医悉心调治，还亲自在宫中各处庙宇为她祈福。可惜崇祯的虔诚并没有感动上天，田贵妃的病还是一天天地恶化，终于在崇祯正在一处殿堂为她祈祷时香消玉殒。崇祯奔扑在陪伴自己十几年的爱妃的遗体之上，忍不住放声大哭，把对田妃的伤悼和多年来压抑在心底的委屈、怨恨，都化作滂沱涕泪哭了出来。

过度的悲痛，几乎又使崇祯大病一场。但在依照仪礼辍朝三日之后，他还是强打起精神处理来田贵妃的后事。

对于这位几乎专宠的田贵妃，京城的士大夫们都有所耳闻，因而对她早逝也不禁唏嘘不已。直到两年以后，明朝的遗臣们回想起田贵妃的早亡，才又慨叹她的死与其说是不幸，不如说是万幸。诗人吴伟业在他那首著名的《永和宫词》中还写出了"幸免玉环逢丧乱，不须铜雀怨兴亡"这样的诗句，庆幸田贵妃没有像唐代的杨贵妃那样在丧乱中惨遭杀害，也没有像曹魏末代后妃那样成为亡国臣妾。说起来，她今日的早逝比起两年后仓促自尽的周皇后要幸运得多。

田贵妃死后不久，不知是出于什么心理，在生活上一向严于律己、疏于声色的崇祯，居然提出要增选一批宫嫔，并且要求年龄要在14岁以上16岁以下。值此国难当前、万机待理之时，皇帝忽然把心思放在女色上，大臣们都认为此举实在有失为君之德。阁部大臣和言官们不敢直言，只能委婉相劝，在崇祯不置可否的情况下故意拖延时日，从头年秋天一直拖到第二年春天。为这种事与大臣们翻脸，崇祯自然不好意思，最后只得不了了之。

其实对于这件事，下面是有很多猜度的，有一种说法认为，崇祯这次选嫔，其实是专为田贵妃的妹妹而发。田妃的妹妹据说叫田淑英，相貌气质都与姐姐接近，当年曾经进宫，深得崇祯喜欢，而且此女当时正好 15 岁。如果真是如此，这次选嫔主要还是因为崇祯对田贵妃的思念。当然也不能排除他在多年的振作、失败，终致心力交瘁之后，产生了自暴自弃的心理。历史上陈后主、隋炀帝、李后主都是置国家大难于不顾，纵情声色，最后走上亡国之路的。但崇祯与一般的亡国之君不同，他内心很想让国家走上富强之路，所以在一番自暴自弃之后，他又再次振作起来，无奈地投入到无止无休的烦乱政务之中，只是心里总有一种莫名的慌乱。

四、无将可用

时间很快来到了崇祯十六年（1643 年），对崇祯来说，这一年的开端伴随着一系列不好的消息。清军兵分两路，一路下东南，围攻南京辖地海州（今江苏连云港海州区）、丰县、沛县等地；另一路渡黄河北上，目标为鲁西、鲁北地区。明廷也派了多支军队去征讨，但都以粮饷不足、修城筑垒为借口迟迟不前。地方官虽负有守土之责，可毕竟不是将领出身，哪里抵挡得住强悍的清军，所以要么带上细软逃跑，要么献地迎降，清军几乎没有遇到什么像样的抵抗。正因为如此，清军才敢趁春至草肥之际，在山东各地牧马歇兵，安安稳稳地休整起来。

四月，清军休整好了，才用大车小车载着大批战利品悠然北返，真可谓"鞭敲金镫响，齐唱凯歌还"。明军则暗自庆幸。对于将帅们的逗留怯战，崇祯只能眼睁睁地听之任之，丝毫没有办法。

但崇祯的忧患远不止于此，农民军在中原一带的攻势更让他心惊肉跳。崇祯十五年（1642年）秋，李自成部在河南大败明军，之后转而进攻荆襄地区。荆襄之地素为兵家必争之地，应该派重军防守，但这里的兵力部署却形同虚设，李自成不到一个月便拿下了襄阳和荆州，可谓不费吹灰之力。

崇祯十六年（1643年），崇祯和他的臣子们还在过新年，李自成拿下了湖广的承天府（今湖北钟祥）。不久又攻占汉阳，与湖广省城武昌仅一江之隔。此时，以李自成为首的农民军已经占有河南、湖广两省十来个府的全部州县。

与此同时，在崇祯十四年（1641年）八月信阳失利后一度蛰伏的张献忠，也再次活跃起来，率部西进湖广。崇祯十六年（1643年）正月，张献忠率部乘夜攻下蕲州，三月又连下广济（今湖北武穴）、蕲水（今浠水，含英山大部）、黄州府（今湖北黄冈）等地；继而西取汉阳，从鸭蛋洲渡过长江，迅速攻占武昌府城。在武昌，张献忠自称"大西王"，建立了大西农民政权，设六部和五军都督府，委派地方官吏，并开科取士，招揽人才。于是，明王朝又一个地域广阔、军力强盛的敌国出现了。

此时的崇祯早已无将可用，调集军队进剿的谕旨更是形同虚文，根本不起作用。在李自成、张献忠两支农民军的夹击下，明王朝在长江中游一带的统治迅速被推翻，像几年前那样凭城坚墙固奋力抵抗的地方官员几乎找不到了，越来越多的是带头开城投降的官员士绅。这是一种社会思潮的变化，随着国家的日趋衰落及对朝廷的日益失望，在明朝士大夫中极为流行的忠君气节已逐渐被消磨殆尽，相反，顺应天命，准备改朝换代的意识却在不断滋生。

北京城的金銮殿上，崇祯早已坐不住了。面对频频传来的各军失利、各地失陷的急报，他身上不由自主地冒着冷汗。一筹莫展之际，想到了左良玉，这位平贼将军、援剿总兵官所辖的是当时明王朝在长江中游一带最有实力的军事集团。虽然兵部册籍上左良玉部只有2万多人，但左良玉在与农民军周旋的过程中善于保存实力，又努力招降纳叛、扩充队伍，这时的实际兵力已不下 20 万之众，远远超出了一般总兵辖军的数量。且不说他是不是有违祖制，仅这 20 万人马，就比得上两个总督所能实际调遣的兵力。值此危难之际，还有这样一支颇具战斗力的大部队存在，乃明王朝之幸事，崇祯之幸事。可惜这支部队不会听从崇祯的调遣，在长期的争战中，这支部队早已充分军阀化，成为了左良玉的私有财产。

左军之所以走到这一步，崇祯是脱不了干系的。由于财政空虚，朝廷供应军队的粮饷严重不足，加上左良玉这样的不良长官，左军长期依靠搜括掠抢生存，可以说是走到哪里抢到哪里，残害乡民更甚于贼匪。崇祯对此不是不知道，但因拿不出钱来，只能睁一只眼闭一只眼，很少甚至不去过问。崇祯之所以这样，无非是想"养"一支不费朝廷粮饷，关键时刻还能为朝廷效力的部队。可天底下哪有这样的好事，平时不管不顾，危难时刻才想起他，左良玉并不傻，当然不会当炮灰，所以任由崇祯百般催促，他就是不理，对各地的局势坐而视之，一旦战火将要烧到自己，他便带上人马财物不战而走，找个相对清静的地方继续坐山观虎斗。

其实，左良玉的据点就在襄阳。李自成南下襄阳，左良玉稍稍抵挡了一下，见挡不住就把襄阳附近焚抢一空，然后率军向东逃窜。他先逃到了武昌，见农民军打来，又顺江而下去了芜湖。他刚到芜湖便向南京筹措军饷，吓得南京陪都官府乱作一团，急忙陈兵江上，准备防御左良玉部。幸好新任都御史李邦华口才好，对左良玉反复劝诱，又让安庆巡抚拿出 15 万两库银作为军饷，左良玉才让部众稍微安定一点。面对左良玉军的这次变乱，崇祯君臣竟然连声讨的勇气也没有。

为了面子，崇祯经与大臣们商议，决定把变乱之罪推到左良玉的一个部将身上。这个部将叫王允成，劫掠州县最为猖獗。崇祯的意思是让左良玉把王允成杀了，给朝廷一个台阶下，而他也能得个平叛有功，朝廷再给他加官赏爵，一举两得。但左良玉一点面子也不给，仍然把王允成留在军中，继续我行我素。

这样的军阀何止左良玉一个，宁远的吴三桂、山东的刘泽清等皆是如此。朝廷对他们只能小心笼络，而他们对朝廷的态度则根据自己的利益来决定。

崇祯不知道这是为什么，也弄不清楚这是从什么时候开始的，他只知道如今的天子要看几个粗鄙武夫的眼色行事。于是，他对自己也对朝臣说，这是为了大局。

如何才能扭转当前的不利局面呢？崇祯和大臣们所能想出来的办法只有一个，那就是派遣有威信、有胆略的大臣到前线督师，切实辖制诸军，与"流寇"进行一番决战。可是自从杨嗣昌身死、洪承畴降清后，实在难以找到这样得力的大臣了。崇祯脑子里迅速把朝中大员过了一遍，觉得只有内阁大学士吴甡还算差强人意。

吴甡担任过山西巡抚等要职，在任期间正值"流贼"蜂起的时候，办事较为得力，朝野多认为他是剿"贼"的干练之才。自崇祯十一年（1638 年）起，他被任用为兵部左侍郎，对全国的军事形势和各部队的情况都很熟悉。崇祯特地提升他为辅臣，主要也是为了在内阁中有一个通晓军事的顾问。比起杨嗣昌和洪承畴，吴甡虽然逊色一点，但论资历、地位、威望和能力，他也算是一个不可多得的人选了。

然而，吴甡本人并不想接这份差事。他心里清楚，如今的明王朝大势已去，官军很难节制，而"流寇"也不可能剿灭，去督师就等于去送死。但不去的话，也会因直接抗旨而被杀。于是，他在接受任命前提出了两个要求：一是要有精兵 3 万由他亲自统辖；二是先沿运河南下到南京，再相机溯江而上，进可讨贼，退可保卫南都及江南富饶之区。

从当时的实际情况来看，吴甡提出这两点是有一定道理的，崇祯无法驳斥，只得让兵部给他凑了 3 万人。但是，崇祯内心对吴甡却极为不满，认为这些都是吴甡有意避重就轻、推诿迁延的借口。

后来，吴甡在剿匪无功的情况下被革职，但总算把命给保住了。在这个差强人意的将才被罢充军后，还有谁可堪大用呢？

五、心乱思逃

崇祯十七年（1644 年）正月，李自成率军大举攻打山西，以当时的形势估算，至多 2 个月便可直取北京。形势已经到了万分危急的地步。崇祯统治明王朝 17 年，尽管一日未曾安逸放松，但因决策的不断失误，明王朝的气息越来越微弱，已行将就木，这使他产生了南迁的念头。而这个念头很快便被李明睿挑破了。

李明睿是江西南昌人，天启年间进士。危难之际，崇祯召李明睿商议对策，李明睿请崇祯屏退左右侍从，然后行到御案前，说话很是小心。李明睿认为，内忧外患日久，国力空虚，已经到了生死存亡的关键时刻，劝崇祯放弃北京尽快南迁，这是唯一可以缓目前之急的策略。崇祯沉吟半晌，用手指了指天，意思是不知天意如何。李明睿说："天意精微周密，还得皇上圣心独断，若不早图，恐后悔不及。"崇祯四顾无人，终于说出了自己的心里话："朕也早有此意，只是担心外边诸臣不从，所以迟迟未能做出决定。此事关系重大，你要注意保密，切不可轻易外泄。一旦泄露出去，到时朕也保不了你。"

其实南迁一事下面早有议论，崇祯也听到了一些风声，他自己也考虑过此事，但迁都毕竟不是小事，而且逃跑也不是什么好名声，所以他迟迟下不了决心。一些大臣也看出了崇祯的心思，只是没人敢捅破这层窗户纸，因为谁都怕掉脑袋。上次议和之事，明明是崇祯指示陈新甲办的，可是被捅出来之后，崇祯怕人议论就把所有罪责都推到陈新甲身上，还把陈新甲给杀了。迁都可比议和严重多了，轻言迁都会动摇人心，可是要掉脑袋的，一旦外泄就得做陈新甲第二。李明睿深知其中利害，所以议及此事也是胆战心惊，请崇祯屏退左右才敢说。

正因为崇祯犹疑不决，迁都之事一直没有真正进行。皇宫对于南迁也意见不一。周皇后虽然身居宫内，可是外边渐紧的风声也不时传进她的耳中。她希望南迁避祸，又不便直言，就旁敲侧击地说："吾南

（京）中尚有一家居。"崇祯听了先是一怔，然后马上追问她南迁之事是听谁说的，吓得周皇后一句话也不敢再说了。崇祯的皇嫂、懿安皇后对南迁则持反对态度。她听说有大臣建议崇祯南迁，就对周皇后说："南迁避寇，此谋误皇叔也。宗庙社稷陵寝居此，迁将安之？"这的确说到了问题的要害。身为一国之君，置宗庙社稷陵寝于不顾，只顾自己逃命，这是极其怯懦和不负责任的表现，是一种绝望之举，而且会极大地动摇民心，给全国造成混乱。这话传到了崇祯的耳朵里，他怒气冲冲地去找懿安皇后，问她南迁之事是谁说的。懿安皇后深知事关重大，如果说出此人，此人一准没命，所以不管崇祯怎么问，她就是不说。后来被崇祯逼急了，她便说："如再相逼，我就自杀。"崇祯只好作罢。但这件事给人的印象是，崇祯似乎是坚决反对南迁的，至少在表面上是如此。

在李自成农民军的猛攻之下，山西岌岌可危，京城即将失去最后一道屏障，可是南迁一事始终没有着落，李明睿十分着急，又上了一道奏疏提及南迁之事，但崇祯还是没有什么动静。

二月，李自成农民军占领了山西，左都御史李邦华仗着崇祯素来器重自己，上密疏道："请帝固守京师，仿永乐朝故事，太子监国南都。"这实际上是个折中的办法，既然皇上不愿迁都，可以让太子监国南京，万一有变，也能留一条后路。这比正式迁都造成的震动要小一些，但仍会引起人心浮动，所以崇祯考虑了好几天，还是下不了决心。于是，李邦华再上一疏，请将崇祯的两个儿子定王和永王分封到太平①、宁国②二府，以"拱护两京"。这实际上比太子监国南京又退了一步，应该不会引起太大的震动。崇祯颇为心动，就在他打算有所行动的时候，给事中光时亨当廷上奏，弹劾李明睿公开提出南迁，造成人心浮动。崇祯当

---

①　太平府：位于长江下游南岸，府治当涂县，辖区大致相当于今安徽马鞍山市及芜湖市辖境。

②　宁国府：属南直隶，下辖6个县：宣城县（今宣城宣州区）、宁国县（今宣城宁国市）、泾县、太平县（今黄山区除汤口镇以外的区域，县治在今黄山区仙源镇）、旌德县、南陵县。

时便一反私下所言，当着众臣的面慷慨激昂道："国君死社稷，正也，朕志定矣！"于是，关于南迁、监国和分封二子之事都被搁置，此后再也没有哪个大臣敢议南迁之事了。

不久太原被攻陷，李自成的军队迅速逼向京师，李明睿再次上疏请求马上南迁。崇祯又一次心动了，于是把这个提案下发各部讨论。他的意思是由各部门提出此事，自己装作不同意，如果群臣"含泪苦劝"，这件事就顺理成章了。但兵科给事中光时亨却激烈反对，并上疏弹劾李明睿公开宣扬邪说，应当杀之以安人心。光时亨如此不体上意、横加阻挠，让崇祯很是生气。许多大臣鉴于崇祯有过公开反对南迁的表态，大都附和光时亨，主张在北京坚守。如此一来，崇祯心里的气就更大了，只得愤愤地对近侍说："光时亨阻朕南行，本应处斩，姑饶这遭！"但南迁之事也就不了了之了。

实际上，南京是明王朝的陪都，一直保留着一整套官僚机构，并且有重兵驻守。在当时危急的情况下，南迁不失为一种变通之道。但身为一国之君，崇祯始终认为南迁有逃跑之嫌，誓以死守才是正理。正如他对臣下所说的那样："祖宗辛苦百战，定鼎此土。贼至而去，何以责乡绅士民之城守者？何以谢失事诸臣之罪者？且朕一人独去，如宗庙社稷何？如十二寝陵何？如京师百万生灵何？逆贼虽极猖，朕以天地祖宗之灵，诸先生夹辅之力，或者不至此。如事不可知，国君死社稷，义之正也！"如此大义凛然之言一出，各部主张死守的大臣个个热血沸腾，就连那些摇摆不定的大臣也吵着要为皇上卖命。但实际上，崇祯心里还是想走的，既想要面子，又想要里子的他，多希望此次如以前清年数次内犯一样，虽逼临京师，但京师依然无恙。

如果说此时的崇祯是抱着一种侥幸心理，那么光时亨反对南迁，实际上是出于一种投机心理：正统年间瓦剌①南侵，英宗被俘，即所谓

---

① 瓦剌：西部蒙古族明朝时期的称谓。

"土木之变"，徐有贞①等人主张南迁，为后世所不齿；于谦②反对南迁，力主固守北京，结果将瓦剌击退，万世流芳。所以，光时亨反对南迁并非出于忠君爱国，而是想为自己留下像于谦那样的好名声。但是，他没有于谦那样的胆略和气节，李自成攻进北京后，他投降得最快，反而力主南迁的李邦华等人誓死不降，最后以身殉国。如此看来，是否忠君爱国，并不在于是否主张南迁，而在于是否从实际出发，妥为应变。可惜的是，当时并没有像于谦那样的将领，即使有，崇祯也未必能推诚任用。

由于崇祯的犹疑不决，耽误了不少时日，不仅未能南迁，连太子去南京监国的事也未办成。就在他举棋不定之时，李自成率农民军以排山倒海之势向北京逼来，欲给这已经半沉的腐朽王朝最后的一击。

六、兵临城下

崇祯十七年（1644 年）正月，李自成在西安称帝，建立大顺政权，年号永昌。随即发兵东征，渡黄河，入山西，一路势如破竹，很快来到太原城下。

山西巡抚蔡懋德决心死守太原，但部众早已无心反抗，东门、南门官军投降，大顺军队当夜攻入城内，蔡懋德自杀，晋王朱求桂投降。

攻占太原后，李自成很快控制了山西全境。稍作休整后，他发布了讨明檄文，即历史上著名的永昌元年诏书：

上帝鉴观，实惟求瘼。下民归往，只切来苏。命既靡常，情尤可见。粤稽往代，爰知得失之由；鉴往识今，每悉治忽之故。咨尔明朝，

---

① 徐有贞（1407—1472）：初名珵，字元玉，又字元武，晚号天全翁，南直隶苏州府吴县（今江苏苏州）人。明朝中期大臣，参与策划发动夺门之变，拥戴明英宗复辟，被拜为华盖殿大学士、兵部尚书，封武功伯。
② 于谦（1398—1457）：字廷益，号节庵，浙江杭州府钱塘县（今浙江杭州上城区）人。明代名臣，民族英雄，官至兵部尚书，英宗复辟后遭诬陷被杀。

久席泰宁，寖弛纲纪，君非甚暗，孤立而炀蔽恒多；臣尽行私，比党而公忠绝少。甚至贿通官府，朝端之威福日移；利擅宗神，闾左之脂膏罄竭。公侯皆食肉纨绔，而倚为腹心；宦官悉龁粮犬豚，而借其耳目。狱囚累累，士无报礼之心；征敛重重，民有偕亡之恨。肆昊天既穷乎仁爱，致兆民爱苦于灾祲。朕起布衣，目击憔悴之形，身切痌瘝之痛。念兹普天率土，咸罹困穷；讵忍易水燕山，未苏汤火。躬于恒冀，绥靖黔黎。犹虑尔君尔臣，未达帝心，未喻朕意。是以质言正告：尔能体天念祖，度德审几，朕将加惠前人，不吝异数。如杞如宋，享祀永延，用彰尔之孝；有室有家，民人胥庆，用彰尔之仁。凡兹百工，勉保乃辟，绵商孙之厚禄，赓嘉客之休声。克殚厥猷，臣谊靡忒。惟今诏告，允布腹心，君其念哉！罔恫怨于宗工，勿贻危于臣庶。臣其慎哉！尚效忠于君父，广贻谷于身家。

对明王朝发出最后通牒后，李自成亲自领军向北京进发，一路上少有抵抗，许多府、州、县不战而下。有的地方，大军还没到，官员已被老百姓拘押，等着交给大顺政权处置。地方官员已毫无斗志，见到大顺政权来招降的官员就纷纷投降，只有少数地方官员据城坚守，被李自成以武力解决。有些州县的官员自知不敌，又不愿投降，便弃城而去。这些官员也有所不同：有一些是害怕被逼的，于是都带着官印跑掉；有一些对朝廷不满，又不愿与农民军"同流合污"，于是准备好清册账簿，交给大顺新官，妥善交割后离去。

李自成大军势如破竹，一路打到了代州（今山西忻州代县）。代州守将叫周遇吉，李自成派人前去劝降，但周遇吉不等来使把话说完便命人推出去斩了。之后，周遇吉激励将兵上城死战，使李自成几次攻城都没有得手。不仅如此，周遇吉还连出奇兵偷袭，让李自成军吃尽了苦头，伤亡惨重。后因城内粮绝、外无援兵，周遇吉只好撤至代州西边的宁武关（位于今山西宁武县城区），继续顽抗。李自成攻打宁武关，却接连损失了4员大将，死1万余人，伤者不计其数。

　　眼看进攻受阻又伤亡过重，李自成一时失去信心，萌生了撤军的念头，幸好被刘宗敏等将领以兵力"百倍于彼"为由劝下。周遇吉虽然才智过人，但毕竟敌我力量悬殊，又没有援军，在大顺军队的轮番攻击下，终于关破战死。周遇吉虽死，他的精神却让李自成产生了畏惧心理，深为明王朝还有像周遇吉这样的将领而担心，再次产生了返回陕西的念头。

　　关键时刻，大同总兵官姜瓖派人送来了降书。李自成大喜，便把撤军之事缓了下来，不过他对进军仍然没有多大信心。几天后，宣府总兵官王承胤也派人送来降表。大同和宣府是李自成进军路线上最主要的军事重镇，两地的投降无疑为他扫清了进京道路，这让他信心倍增，决定继续进军。后来，李自成在赶到北京城下的时候，感慨地说："他镇复有一周总兵，吾安得至此！"

　　三月一日，李自成大军过大同城，总兵官姜瓖开城门投降，虽然遇到代王与大同巡抚卫景瑗的反抗，但很快便平定了。接着，李自成挥师逼向阳和。驻阳和的宣大总督王继谟激励部下，准备死守，无奈人心已散，反被部下讥笑为不识时务。王继谟将这种情况上疏禀告朝廷。崇祯闻报后似乎失去了理智，不仅未采取任何切实有力的措施，反而大为生气，命他马上去解大同之围，戴罪立功。都到了这个时候，崇祯仍想充分使用自己处罚大臣的权力。王继谟接旨后哭笑不得，再也无心固守。李自成大军抵达阳和，驻阳和的兵备道于重华开门投降。王继谟率少数亲军仓皇逃去。

　　三月六日，李自成大军到达宣府。总兵官王承胤已打算投降，巡抚朱之冯则想要坚守，而此时大势已去，就连监视太监杜勋也劝他投降。朱之冯大骂杜勋之后，向南三叩头，自缢而死。

　　其实在大顺军攻打山西的时候，崇祯便采取了不少应急措施，只是一个也没有奏效。崇祯想派人出城侦查情况，居然因没有钱而派不出去。此时出城都难，向地方上的百姓征收当然不太可能，于是崇祯便想到了勋戚大臣。为了让周皇后的父亲、嘉定伯周奎带头捐助，他还将其晋封为侯，但周奎还是不愿捐，最后迫于无奈，他才捐银 1 万两。大太监王永祚、曹化淳等人有捐 3 万两的，有捐 5 万两的。崇祯知道太监王之心最富，反复责令，王之心才捐出 1 万两。崇祯忙活多日，到头来也只是杯水车薪。

为了筹备更多饷银，崇祯任命张国维①为总督，督办兵饷。张国维提出一个建议，即允许罪犯以金钱赎罪，还说这个方法一旦推行，自己一到江南，立马就会有数百万的银两送来。崇祯认为这也是一种救急的办法，便让他照此法去做。但张国维刚出京，李自成大军就打了过来。张国维知道大势已去，马上躲了起来，直到弘光政权在南京建立后才到苏州就职。

因现有的官兵难以御敌，崇祯让兵部在江湖中招募为自己卖命的勇士，可是还没等招到，大顺军便迅速逼近京师。在北方驻守的一些将领见形势危急，有的投降，有的趁机南逃，不听调遣，崇祯想找一个能担起督师大任的重臣。当时他心目中的人选是大学士李建泰，可是又担心他借故推辞，于是就在朝堂上故意说自己要亲征，说什么"朕愿督师亲决一战，身死沙场无所恨，但死不瞑目"，说罢痛哭流涕。内阁大学士陈演、蒋德璟见状，马上表示愿代皇上前往；李建泰见另外两个大学士都做了表示，也慷慨请行，还说自己家是山西的，可以以家资充军饷。于是，李建泰被任命为兵部尚书，携尚方宝剑，带 500 名官兵赴前线督师。李建泰虽有威重的头衔，但没有粮饷，也没有大军。以区区 500 人去对付百万农民军，无异于以卵击石。但崇祯却对他抱有很大的期望，并在后来颁布的敕书说，要李建泰早日"奏捷"。

李建泰刚出都门，便听说山西已被李自成攻占大部，他老家的资产也都归了农民军所有，他顿感心灰意冷，也恐慌至极。到达邯郸时，听说农民军的主力乘胜攻来，竟掉头而逃，沿途更是靠劫掠维持。后来李

---

① 张国维（1595—1646）：字玉笥，浙江东阳人。明末大臣，曾任江南十府巡抚，后任兵部尚书。清军入关后宁死不降，以身殉国。

建泰躲入保定，先是投降了李自成，清军入关后又投降了清廷，因响应姜瓖起事而被清廷处死。

不久，李自成主力到达居庸关，总兵唐通和监视太监杜之秩一起投降，大顺军长驱直入。消息传出后，京师大乱。为稳定人心，崇祯下诏亲征，但是明眼人都看得出来，崇祯的所谓亲征不过是装模作样而已。于是，人们开始考虑城破后如何投降。

七、垂死挣扎

在李自成大军破居庸关前，崇祯已急令各地军民火速赴京勤王，也许是因为前次赴京勤王将领的下场让大家感到害怕，也许是认为明王朝已经无可救药，结果竟没一个人来，连派出去宣召的官员也没有再回京城。

三月十日，昌平守军发生哗变，引起兵变的表面原因是缺饷，实际上是害怕李自成大军，不愿白白送死。崇祯闻报忧愁万分，真是祸不单行，这时近畿官军又发生了哗变。这下崇祯真的坐不住了，马上下令京师戒严，并派内监及一些科道言官分守九门，普通百姓则一律不许上城。很多大臣想把家眷送出城去，崇祯下令封闭城门，禁止外出。

从派太监分守九门来看，此时崇祯不仅对老百姓不信任，对身边的官员也不信任了。

比如内阁大学士魏藻德，崇祯本来想派他出京"视师"；左谕德杨士聪则是要出京去山东招募"义勇"，以解京师之危。但他们还未出发，便有宦官向崇祯秘密进言说："此时不可派官员出京，不然他们会借机'潜遁'"。于是，崇祯马上下令不让他们二人出京。后来，魏藻德又请求"出京议饷"，崇祯认为他是想借机外逃，当即予以拒绝。

三月十一日，崇祯命太监王承恩提督内外京城，这几乎是崇祯唯一用对的一个太监，王承恩始终没有投降。

三月十四日，崇祯又命太监曹化淳戴罪守城。据说，崇祯命曹化淳

"戴罪守城"时，曹化淳趁机向崇祯进言说："要是魏公在，时事也不会到如此地步！"崇祯居然深以为然，后悔当初杀了魏忠贤，所以在曹化淳"戴罪守城"时，崇祯特下密旨，令他收葬魏忠贤的遗骸。而那么多被他冤杀的大将大臣，他却一个也没有想起，更别提到后悔了。处死魏忠贤可以说是崇祯最为人称道的为政举措，如今他对这件事居然后悔起来，可见他当时倚信宦官的心理是何等之重。殊不知，这些宦官不但危害了大半个明王朝，更成为葬送明王朝的重要力量。

居庸关是京北沿线长城的一个重要关口，是京师的北边门户，号称天险。李自成能够兵不血刃，成功夺关，这是崇祯始料未及的。而怂恿守将唐通献关投降的正是他派出去的最信任的监视太监杜之秩。在杜之秩之前还有宣府献降的大太监杜勋，但这些并没有让崇祯改变对太监的看法。

为了安定人心，崇祯故作镇定，于三月十六日在中左门召见了黄国琦等33个考选官，询问"安人心、剿寇、生财足用"之计。召对开始没多久，一个太监急匆匆地呈上密件，崇祯看后脸色突变，起身入内，在场之人面面相觑，也不敢擅自离去。过了好一会儿，里边传出话来，召对到此结束。大家不知出了什么事，一个个惊疑不定，后来才知道是昌平被李自成攻占了。据说，召对当天崇祯总显得心不在焉，时而斟茶，时而磨墨，时而干笑，显然他的镇静是强装出来的。

三月十七日，李自成大军兵临北京城下，并开始攻城。早朝时，崇祯坐在那里面带戚容，一副心绪不宁的样子。大臣们面面相觑，谁也不敢多说一句话，有的人还伤心地流下了眼泪。朝中一片悲凉的气氛。

中午时分，李自成大军攻占了卢沟桥①，继而开始攻打平则（即阜成门）、彰义（即广安门）等城门。驻守城外的三大营兵不但没有抵抗，反而一起投降了李自成。此时京城炮声轰鸣，负责守城的襄城伯李国桢惊慌失措地来求见崇祯，被宦官喝止。李国桢气得大叫道："现在

---

① 卢沟桥：原名永定桥，因横跨永定河而得名，位于北京西南约30里处。

都什么时候了你还拦着，恐怕君臣见一回少一回了！"宦官进去禀报，崇祯传出话让李国桢入见。李国桢报告外边情况，说："守军不用命，鞭一人起，一人复卧如故。"崇祯闻报大惧，可是眼下又能让谁上城防守呢？

值此紧急关头，崇祯想到的不是如何激励军民协力守城，而是依靠宦官，在他看来只有这些宦官才能与自己共命运。然而，宦官们似乎并不领情，一听说要他们守城，立时大叫："这么多文武大臣都干什么呢？"还说："当初言官阻止我们内操，现在我们一没有甲胄，二没有武器，如何上城御敌？"崇祯拿出库银 20 万两，好不容易组织起数千宦官。这些宦官见有钱可赚，终于勉强登城。守城大权都掌握在宦官手中，文武大臣不敢干预，一个右都御史要协助守城，也被宦官阻止。

这些宦官虽然经过内操训练，但只是徒有虚名，根本不懂用兵之道。而且，他们平时跟着主子锦衣玉食，哪里受得了苦，根本不愿去与敌兵拼杀。崇祯把都城防务交给这些既不懂用兵又不能拼杀的人，结局可想而知。这些被以重金"求"上城的太监们并没有替崇祯卖命，也正是崇祯信任的太监为李自成打开了京城的大门。

八、以身殉国

炮声震天，一声声地轰在崇祯的心上，让他陷入了极端的悲怆绝望之中，精神几近崩溃。他知道事到如今，坐守京师只会是死路一条，可是逃跑又是很没面子的事情，自己杀了那么多弃城而逃的将领，如果现在弃京而逃，以后还有何面目面对自己的臣民呢？

三月十八日，也就是京城被攻破的前一天，李自成大模大样地在彰义门设座，投降的大太监杜勋在旁边侍候，就像平时侍候崇祯一样。在李自成前面席地而坐的是之前被俘的秦王和晋王。杜勋向城上的官兵喊话，要面见崇祯。于是，守城太监王承恩让人从上面放下一个筐子，把杜勋缒上城去。

杜勋见到崇祯时，一反平日奴颜婢膝的样子，声称大顺兵力强大，官军已无力回天，劝崇祯不如及早逊位。崇祯闻言怒不可遏，大骂杜勋。堂下不少人主张将杜勋杀掉，杜勋不但不怕，反而威胁道："我现在是大顺的使者，如果不回去的话，秦王和晋王就会马上被杀掉，而且北京城将遭到屠杀，鸡犬不留。"崇祯无奈，只好将杜勋又缒下城去。杜勋临下城前，还不忘劝守城的太监们投降。他说明王朝将亡，如果再执迷不悟，最后一定是身首异处；又说身为宦官，谁当皇帝就侍候谁，谁当皇帝都一样，没必要为崇祯卖命，弄得守城太监人心惶惶。守城将士听说杜勋秘密地觐见了崇祯，士气也更加低落。

由于长期缺饷，城上守军个个满腹怨气，加上防守事宜尽归宦官掌管，将士们大都不肯用命。而朝廷又不许百姓上城，因此没人送饭，守城将士吃饭还要自己拿钱去买，更使人心思变，谁也不愿为这个即将灭亡的明王朝去送死。在这种情况下，守城几乎成了一句空话，就算崇祯给每个守城士兵发 100 文钱，也激不起他们的斗志，城之所以未破，只是凭城墙坚厚而已。崇祯也知事不可为，于是一边以亲征鼓励将士为自己卖命，一边暗暗做着外逃的打算。

3 天前，崇祯曾秘密召见驸马都尉巩永固①，询问南迁之策。巩永固说："陛下轻车简从立即南去，或许还能逃掉。"

现在看来是时候要走了，崇祯又召来巩永固和新乐侯刘文炳，命他们带家丁护驾南行。他们慌忙禀告说自己从未蓄过家丁。崇祯闻言十分失望，转身回了内宫。此时他已顾不得什么脸面了，召来太监王承恩，密语一阵后，命他部署兵丁护驾"南巡"。"南巡"说起来比较好听，实际就是逃跑。崇祯又命人将亲书的谕旨传至内阁，"命成国公朱纯臣②提内外诸军，夹辅东宫，留守京师"，以便自己"南巡"。然而京师

---

① 巩永固（？—1644）：字洪图，北直隶宛平（今北京）人。娶明光宗之女乐安公主，拜驸马都尉。北京城陷后自杀。

② 朱纯臣（？—1644）：明末贵族，祖上为靖难名将朱能，世袭成国公。李自成攻入北京时被处死。

早已乱成了一锅粥，王承恩也无兵丁可集，所谓的"谕旨""南巡"也都成了空话。

李自成见崇祯没有投降的意思，便下令大军攻城。三月十八日夜，彰义门失陷，李自成大军蜂拥而入。这也意味着外城已破，崇祯闻报更加惊慌，立即召阁臣商议对策。阁臣们都束手无策，只是操着习以为常的官腔说："陛下之福，自当无虑。如其不利，臣等巷战，誓不负国！"崇祯当然知道这些都是废话，失望之余挥手把他们轰了出去。他感到累极了，想睡一会儿，可是翻来覆去总是睡不着。

天快亮时，内城也被攻破了。一个小宦官急匆匆地跑来报告，说李自成打进来了，要皇上快逃。崇祯刚想细问一下情况，小宦官却转身不见了。崇祯更加惊疑不安，便和太监王承恩一起登上万寿山（今景山），只见下面到处火光冲天，人马的呼叫声响彻京城，整座京城已乱成一片。

崇祯决定不再等了。他回到乾清宫，把妻儿都叫来，见 3 个皇子衣着华丽，急忙命人找来几身破旧衣服，亲自为他们换上，叮嘱他们说："你们今天还是皇子，明天就是平民了。在离乱之中，要匿形迹，隐姓埋名。万一能活下来，日后报父母仇。"他声音颤抖，颇为凄切，身边的人听了都不禁落泪。随后，崇祯命人将 3 位皇子送到外戚家，设法外逃。

安顿完皇子，崇祯命人找来酒与周皇后、袁贵妃等共饮，然后命周皇后与袁贵妃自缢，理由是避免她们在城破后受辱。之后，崇祯又把 15 岁的公主召来，悲怆地叹道："你万不该生在帝王家！"说罢左袖掩面，右手挥剑向公主砍去，公主左臂应声而断，一下子昏死过去。看着平日活泼可爱的女儿倒在血泊之中，崇祯像发了疯似的，又挥剑向其他嫔妃砍去，接连砍杀嫔妃数人后，又挥剑砍向苏醒过来的袁贵妃。

之后，崇祯拿着三眼铳，和王承恩一起领着几十个手执刀斧的宦官冲出东华门。他们来到朝阳门后，假称王太监奉旨出城。守城人让他们等天亮后验明再放行，崇祯便和这群宦官一起向城门冲去。守城人以为发生了内变，遂发炮还击。崇祯身边人少，无力强夺城门，只得退回。崇祯一行接着来到安定门，但城门的门闸十分坚固，怎么也打不开。倘若这时城门能够打开，崇祯一行说不定就逃出去了。天津又备有接驾的船只和士兵，可能会是另一种局面。

此时天色将明，崇祯逃跑未成，只好又回到内宫。就在这时传来消息说，北京内城被攻陷。崇祯亲自在前殿鸣钟召集百官，可是钟声一响再响，却没召来一人，就连当天晚上值夜的大学士方岳贡也不见了。原来，大约四更天时，方岳贡听说崇祯已经出宫，也就擅自离开了内阁值房，想趁混乱外逃。农民军入城后，方岳贡被抓获，后自缢而死。

崇祯彻底绝望了，踉踉跄跄地来到万岁山，在寿皇亭旁的一棵老槐树上自缢而死，享年34岁。死时"以发覆面，白袷蓝袍白细裤，一足跣，一足有绫袜"，一副狼狈之相。王承恩则吊死在他的对面。崇祯自缢宣告了明王朝的灭亡。

九、官员乞降

崇祯十七年（1644年）三月十九日中午，李自成在大将军刘宗敏等百余骑的陪同下，由德胜门进入北京城。沿途百姓跪拜道旁，迎接这位不知能否给他们的生活带来改变的新皇帝。李自成传谕市民，大军入城秋毫无犯，让大家不要害怕。百姓高呼"大顺永昌皇帝万岁，万万岁"。从相关史籍的记载来看，李自成初入城时，军纪确实是比较严明的。

这一天，城内不少居民在门口大书"大顺永昌皇帝万岁"，大街上来往的人，不少在帽子上贴着"顺民"字样，表示不会再反抗。

据说大军走到承天门（即天安门）时，李自成顾盼自雄，看着上面的门额对身边的人说："我射一箭，如能射中中间，必能一统天下。"说罢一箭射去，结果却射在了天字的下边。李自成之所以那样说，是因为对自己的箭法颇为自信，可是平时十拿十稳的一箭居然射偏了，莫非这是天意？李自成心中一阵惊愕。牛金星先是一愣，旋即上前道："好，好个一箭定天下。"这句话不但及时，而且贴切，李自成听罢转忧为喜，弃弓而笑。

作为征战沙场多年的英雄人物，李自成向来只敬顶天立地的汉子，如果不是有利用价值，他绝不会对那些奴颜婢膝、卖主求荣的软骨头多看一眼。此时，太监杜之秩率同党为前导，得意扬扬。李自成十分厌恶，当场怒斥他"背主当斩"。杜之秩弓腰陪笑道："识天命。"李自成内心很是不屑，但他也知道不能寒了降人之心，况且杜之秩还有点用处，所以只是将他斥退。最先迎降的也是杜之秩的宦官同党，掌印太监王德化率内廷二十四衙门宦官迎接李自成，并献上宫中印玺。李自成从二十四衙门中挑选了百余名宦官听用，其余遣散。

崇祯的3个儿子尽管"穿民间破衣，帽上亦贴'顺民'字样"，还是很快被搜了出来。兄弟3人惊魂不定地看着李自成，等待着命运的安排，出乎他们意料的是，李自成没有杀他们，还劝他们不要害怕，并命人为他们换上新衣服，然后送往刘宗敏营中看管。公主被崇祯砍得血肉模糊，但并未死去。李自成看到后叹息不已，马上命人救治，各人仍回自己宫中调治。

李自成最关心的自然还是崇祯的下落，他询问宦官和宫女，但没有人知道崇祯到哪里去了。李自成命人把宫中里里外外搜索一通，但毫无所获，于是又扩大搜索范围。李自成心里很清楚，只要崇祯还活着，走到哪里都是一面旗帜，只要他适时登高一呼，自有不甘帝国灭亡、荣华尽失的遗老遗少及忠臣迁士追随，对大顺政权构成不小的威胁。2天后，有人在煤山发现了崇祯的尸体，李自成这才消除了这块心病。

崇祯与周皇后的尸体被找到后，被放在东华门外的施茶庵，起初用柳木棺收敛，后来李自成接受部下的建议，对崇祯改用丹漆梓棺，周皇后则改用黝漆梓棺。李自成还下令允许明朝旧臣对帝、后进行礼祭。不久，李自成又下令将天寿山田妃的墓穴打开，将崇祯和周皇后合葬于此。于是，天寿山①的十二陵就变成了后来的十三陵。

---

① 天寿山：原名黄土山，位于今北京昌平区北部。

崇祯死后，除了留下一个破败不堪的江山外，还留下了一个庞大的官僚队伍。三月二十一日，按照大顺政权的命令，一大批热衷仕途的旧官僚齐集午门，报名听用。他们当中有平时气宇轩昂的，恃才自傲的，如今都一个模样，畏畏缩缩，任凭士兵戏弄，不敢出声，昔日的威风荡然无存。他们在午门等了一天，始终无人接见，饥疲交加，但又不敢擅自离去。傍晚时分，终于来了几个人，将他们原来的任职名单一把火烧了个干干净净。他们一个个愁眉不展，狼狈不堪，任由农民军士兵摆布。

三月二十三日，这些人再次来到午门等候，见了大顺政权的官员都强露笑容，深深地作上一揖，但挨饿受辱一天后又各自回去。直到傍晚时分，李自成才在牛金星、刘宗敏等人的陪同下到来。他高坐于上，面对跪伏于地的前明遗臣说："各官于城破日能死，便是忠臣。"众人皆沉默不语。李自成见其中有几个削了发准备当和尚的也来了，便道："身体发肤，受之父母，不敢毁伤。削发之人，不忠不孝，留他怎的？"随即下令凡削发之人一概不予任用。等手下把这些人驱逐出去后，李自成才开始授官。第一榜选 92 人，分三等授官，其余的人押往刘宗敏营中看管。这些平时鱼肉百姓、作威作福惯了的官老爷，不得不像猪羊一样任人驱赶。据史料记载："各兵驰马驱逐，如羊豕然。行稍迟者，刀背乱下，至有仆地晕倒、踏作肉泥者。"不久，李自成又公布了三榜名单，第三榜和第四榜基本上都是地方官。

在这些前明旧官员中，李自成任用的大都是四品以下的中下级官员，三品以上的文武大员基本一个没用，反而要将他们发往各营"追赃助饷"。当然也有例外，如前督师侯恂，李自成认为他是个好官，入京第二天就将他从狱中放出任用。四品以下的也不是全用，也要自动捐银助饷，少数劣迹昭著者还要发往各营追赃。

除留用官员外，一多半旧官员或被杀，或被用刑，或被遣散。仅三月二十四日便有 200 余人被斩杀于平则门外。从这一天开始，大顺政权开始对前明官员追赃助饷。凡被任用的官员派给的银数较少，未被任用的官员派给的银数较多，稍不顺从即被动刑追赃。"其输饷之数，中堂十万，部院、京堂、锦衣七万，或五万、三万，科道、吏部五万、三万，翰林三万、二万、一万，部属而下，则各以千计矣。勋戚之家无定数，人财两尽而后已。"

李自成对百姓"三年不征"，军饷一靠没收明朝宗室、勋戚、宦官的家产，二靠劫掠官府和追赃助饷来解决。当崇祯要这些人捐输助饷时，人人都喊穷，甚至故意把一些家具拉到大街上去卖，以示自己确无余资。周皇后暗中资助她父亲1万两银子，她父亲又扣下一半，只捐出5000两。但在农民军严刑追赃下，周皇亲先后输银60万两，其余绸缎、珍宝不计其数。大学士陈演主动献银4万两，得以免刑，后被仆人告发，从他家院子里又挖出白银数万两。

当初崇祯让勋戚大臣捐款，大臣们根本无心为国，一个比一个会哭穷，只想着一己之私，所以崇祯说"朕非亡国之君，臣乃亡国之臣"并非全无道理。

第十章 是非功过后人评

一、孝念生母

双排天使凤楼前，恭迎灵舆御几筵。

白发内臣相顾问，玉容可觉老当年？

这首诗写的是崇祯迎生母画像入宫时的情形，从中可以看出崇祯非常孝顺。

崇祯 5 岁的时候，生母刘贤妃便离他而去，因为生前惹怒了父亲朱常洛，死后被草草葬于西山。按照明朝宫廷旧制，这种情况下，到生母忌日时，崇祯不能为生母设祭，也不能穿祭服。因而，每逢宫中行祭，崇祯都恍恍惚惚若有所失。

朱由校即皇帝位后，崇祯被封为信王，他探听到一些有关生母的传闻，但也只能暗暗为生母的不幸落泪。作为亲王，他不能违犯随便出京的藩禁，所以不能亲至生母坟前祭奠，只能不时交给贴身宦官一些银钱，要他们代自己祭祀生母。他一直认为没尽人子之道，愧对母亲。所以，他即位后马上为生母上尊谥，称"孝纯恭懿淑穆庄静毗天毓圣皇太后"，迁葬庆陵，即父亲明光宗朱常洛的陵墓。

崇祯贵为九五之尊，拥有整个天下，却不能一睹亲生母亲的容颜，为此感到十分遗憾。尤其是在祭祀列祖列宗的时候，这种感情尤为强烈。为解思亲之苦，他请外祖母和熟悉生母仪容的宫人指示画工，为生母画了一幅画像，并以隆重的礼节将生母画像迎进了宫中，早晚瞻仰供奉。这在某种程度上弥补了他感情上的缺憾，更让他找到了一些勇气和信心。

在崇祯以前的几代皇帝中，还有几位嫔妃与崇祯生母身份一样，被尊为皇太后。崇祯想为她们这7个人共建一座庙，以表达自己及后世之孝思。为此他专门把阁臣与礼部官员召至德政殿，问道："太庙之制，一帝一后，祧庙亦然。历朝继后及生母凡7位，皆不得与，即宫中奉先殿亦尚无祭，奈何？"礼部侍郎蒋德璟进言说，宫中除奉先殿外，其实还有一座奉慈殿，是专门奉祀继后和生母的，不知出于什么缘故，嘉靖帝将奉慈殿给撤废了。他建议将奉慈殿再建起来。崇祯听了很高兴，便下令在奉先殿旁再建一殿，用于奉祀继后及皇帝生母。

大殿建成后，崇祯马上把生母的牌位请入殿中。至此，他终于可以在宫中对生母进行祭祀，心理上得到了不少安慰。他希望生母的亡魂能有所归属，也希望其在天之灵能够保佑自己江山永固。然而他没想到，奉祀生母的大殿建成不久，李自成便打进了北京，大明灭亡，自己也成了煤山游魂。

二、不忘发情

因为早年丧母，缺乏母爱，特别是庄妃死后，崇祯平日里总是郁郁寡欢，难得一笑。明熹宗很关心这个皇弟，于是早早命皇后为当时还是信王的崇祯选妃，希望以此转移他的注意力，为他带来一些欢慰。这个信王妃就是后来的周皇后。

周皇后原籍苏州，后迁居大兴。她天生丽质，不苟言笑，对崇祯十分体贴。尤其令崇祯高兴的是，她自幼熟读《资治通鉴》，通晓史事。由于两人都喜欢读书，他们在各宫几案上都摆放了一些书籍，不管到哪儿随手便可以披览。周皇后甚至把书放在床头，只要一有空便会看，每天晚上睡前也要看一会儿。崇祯每次到周皇后宫中时，两人总有很多话题可谈。

崇祯念及二人在信王府的那段美好时光，后来就算有了不施粉黛依然面色如玉，深得自己喜欢的田妃，他对周皇后的爱依然没有丝毫减弱。

崇祯对周皇后宠爱不减还有一个原因，那就是周皇后从来不干预朝政，也不为自己的娘家人邀宠。平时他们在一起总是有说有笑。有个小太监当时才 11 岁，聪明伶俐，但大字不识一个，周皇后就教他识字，可是他过一会儿就忘了，周皇后便罚他跪在台阶上。崇祯知道后对小太监说："朕向先生求求情，请她对你免罚，怎么样？"周皇后嗔笑道："坏了学规。"小太监遂谢恩而起。

据说有一年夏天，周皇后穿着薄如蝉翼的暑衫在梳洗，崇祯蹑手蹑脚地来到她身后，撩拨她的头发。周皇后随手往后一甩，正打在崇祯的脸上，恰巧被一个内侍看到。这对一向爱面子的崇祯来说是件很窘的事，但崇祯并没有生气，反而一笑了之。

从这些生活小节可以看出崇祯与周皇后十分恩爱。崇祯不管在政事上有多累，只要到周皇后宫中便会很快好起来。

农民军掘毁凤阳皇陵后，崇祯减膳撤乐，不吃肉食。周皇后见他形体日益消瘦，十分心疼，便亲自烹制了些带肉的食物呈进，虽然被崇祯拒绝，但可看出周皇后对崇祯的关心。

当然，周皇后与崇祯也有不和的时候，据说有一次二人起了争执，崇祯骂了周皇后，周皇后虽不敢骂崇祯，却直呼："信王！信王！"而不称他皇上。还有一次，二人在交泰殿话语偶有不合，崇祯一下子将周皇后推倒在地。周皇后本来就身体瘦弱，更不曾受过此等屈辱，遂数日卧床不起，饮食不进。崇祯感到很后悔，便赐给她一床貂皮褥子，并问候起居。周皇后这才勉强开始进食。

此外，皇室之人一般成婚较早，随着年龄的增长和嫔妃的增加，皇帝们大都喜欢和年轻貌美的嫔妃待在一起，这就大大减少了和中宫待在一起的时间，所以中宫无子为历朝所常见。周皇后则不然，她在崇祯二年（1629 年）二月便生下了皇太子，从这一点也可以看出崇祯与周皇后感情之深。

三、笃道误国

崇祯从小接受的是儒家教育，读的是四书五经，所以受儒家思想影响最深，并以儒家学说作为治国的指导思想。他经常到国子监视学，而且每去必祭奠孔子，以示提倡。即使在崇祯十四年（1641 年）秋各地战场败报接连不断的情况下，他仍前去视学，典礼结束后就步行到东西厢房，依次瞻仰先儒牌位。

儒学不是宗教，有较强的包容性，所以不少儒生还信奉其他宗教。明朝皇帝大都信奉道教，崇祯亦然。

明太祖朱元璋小时候当过和尚，他称帝后对佛、道二教都有所限制，但总体看来对佛教较为宽容。但到明成祖朱棣时情况却有了变化。据说在明成祖朱棣与侄儿建文帝朱允炆争夺皇位的战争中，真武大帝数次率兵甲从天而降，挽救燕军（明成祖的军队）于危难。正是在这位道教大神的帮助下，明成祖朱棣打败南军，最终夺得了皇位。当然，这只是个传闻。后来，明成祖朱棣大兴土木，斥巨资修建了道家圣地武当山宫观。之后的明朝皇帝都崇奉道教。明中期以后的几个皇帝崇奉道教几乎到了狂热的程度，其中尤以嘉靖、万历两个皇帝最为典型。他们长期在宫中做斋醮，万历更是十几年不上朝理政。

崇祯对于道教不像他的祖辈那么狂热，但起初还是很真诚的。他在宫中设了斋坛，不时去斋坛做斋醮，祈求玉皇大帝降福。遇到大旱时，他也通过斋醮来求雨。崇祯十二年（1639 年）三月，一场大风袭击了京师，摧毁不少民舍。为了禳灾，崇祯身穿布袍，连续数日居于斋宫，祈求神灵给予保佑。

在战事连连失利时，崇祯也希望能像明成祖朱棣那样得到"天兵天将"的帮助，为此，他去玉皇宫祈祷。还有书上说，当时"玉帝"降批，说是"天将皆已降生人间，无可应召者"。还说"唯汉寿亭侯①受明深思，不肯下降，余无在者"。可见，崇祯起初还是崇奉道家的。

面对乱局，崇祯无计可施，便希望道家神灵能帮助他转危为安。崇祯十一年（1638 年）正月，崇祯向"玉帝"问卜，"玉帝"降批道："九九气运迁，泾水河边，渭水河边。投秦入楚闹幽燕，兵过数番，寇过数番。抢夺公卿入长安，军苦何堪，民苦何堪！父母妻子相抛闪，家家皇天，人人皇天。大水灌魏失秦川，流寇数载即息，红顶又将发烟。虎兔之间干戈乱，龙蛇之际是荒年。"也许是天机不可泄漏的缘故，"玉帝"只说了这些玄而又玄的话。不过其中一些内容并不难理解，只是崇祯依然没有妥善应对，抑或根本忘了这些预言。

有一年宫中闹鬼怪，崇祯特请龙虎山的三天大法师张真人来宫中驱邪。张真人奉召来京时，还带了多位真人、仙童前来助法。又选僧、道各 300 人，设坛作法七七四十九日，崇祯每隔 7 天就亲自去行香一次。张真人神游一番后，说了一句："灾异妖孽，上帝已命北极佑圣真君，咸斩收逐矣。国家绵久，万子万孙。"随后就告辞回江西了。此事在《明季北略》上也曾提及，可见确实发生过。张真人的意思是说，妖魔鬼怪该斩的斩，该收的收，从此便国家太平，国运绵长。但后来明王朝的命运并非如此，于是有人把张真人所说的"万孙"与万历之孙联系在一起，说是明朝到这一代终结。这似乎也没错，毕竟天启、崇祯和南明的福王、桂王都是万历帝的孙子。

最初崇祯对道教很虔诚，每到正月初九和十二月二十五日，都要到玉皇大帝像前行香，并自称"孩儿"。田贵妃是崇祯最宠爱的妃子，她生的皇五子早夭，田贵妃为此一病不起。崇祯十分悲痛，多次在玉皇大帝像前为她祈福，只是他的祈祷并未留住自己的爱妃。

---

① 汉寿亭侯：指关羽，东汉末年名将，以义传天下，被后世尊为武圣。

崇祯后期，随着危机的日益加深，崇祯发现道教真人并没有降福自己，于是不再笃信。那么他是幡然醒悟不再迷信了吗？当然不是，他只是开始信奉其他大神了。

四、西神不佑

天主教是基督教的一个分支。16世纪，欧洲发生宗教改革，基督教作为新教势力日益壮大，作为旧教的天主教则开始极力寻找新的天地。当时正值明万历年间，海禁逐渐松弛，海外贸易有了不小的发展，渐渐有更多西方人来到这块东方大陆与中国人做起了生意。于是，中国便成了天主教布道的重要目标。

最初随商人来中国的传教士是耶稣会士，属天主教中较开明的一派，其中最著名的代表人物是利玛窦①。利玛窦来到北京后，经万历帝的允准，在北京建造了第一座天主教堂。到天启年间，天主教在中国已有6处教会，教徒约1.3万人。

崇祯即位后，对天主教没有任何排斥之举，故天主教在中国的传教事业得以继续发展。这从黄贞的《请颜茂猷先生辟天主教书》一文中可略窥一斑，文中说："今南北两直隶，浙江，湖广，武昌，山东，山西，陕西，广东，河南，福建福州、兴、泉等处，皆有天主教会堂，独贵州、云南、四川未有耳。"据《正教奉褒》记载，到崇祯末年，明朝宗室信奉天主教的共有114人，宦官信奉天主教的有40人。崇祯身边有了这么多信奉天主教的人，必然会对崇祯产生影响。

崇祯对天主教的更深了解则来自徐光启。徐光启为明末名臣，既是科学家，又是军事家。崇祯时他官至礼部尚书兼东阁大学士，曾力请仿西洋火器，多铸"红夷大炮"；还曾推荐传教士龙华民②等人入宫，用

---

① 利玛窦：意大利人，天主教耶稣会传教士、学者。
② 龙华民：意大利西西里人，天主教耶稣会传教士。

西洋历法推算日食、月食，并制定新历。这使崇祯无形中对天主教产生了好感。

汤若望①也是劝崇祯信奉天主教的重要人物。他受徐光启推荐，进入钦天监，帮助明廷制定新历，深受崇祯信赖。这位西方传教士在崇祯十三年（1640年）曾上疏崇祯，详细阐述了天主教的真谛和信奉天主教的好处，尤其是天主可以帮助崇祯治理好国家，使天下太平。这着实令崇祯心动，"虽未毅然顺从，而于圣教之真正，异端之无根，固已灼有所见"。也就是说，他虽未接受洗礼，但在思想意识上已无限接近天主教了。

随着明王朝的日益衰败，崇祯渐渐对自己一直笃信的道教产生了怀疑，进而失去了信心。宫廷陆续出现了数次毁撤佛像和道家神像的事情。由于崇祯起初信奉道教，所以最先遭毁撤的是佛像。

对此，《烈皇小识》记道："上初年崇奉天主教，（徐光启）上海教中人也，既入政府，力进天主之说，将宫内供奉诸铜佛像尽行毁碎……京师天主教有二西人主之，龙华民、汤若望也。凡皈依其教者，先问汝家有魔鬼否，有则取以来。魔鬼即佛也。天主殿前有青石幢一，大石池一。其党取佛像至，即于幢上撞碎佛像头及手足，掷弃池中。候聚集众多，然后设斋邀诸徒党，架炉鼓火，将诸佛像尽行熔化。"

这段记载清楚地表明，徐光启曾对崇祯产生了很大影响。在天主教徒眼中，佛像就是魔鬼，应予撤毁。也正因为如此，有些佛像才被从宫中移出，而后来的毁金银铜佛充军饷不过是借口而已，更深层的原因是他的信仰变了，开始接受天主教的学说，进而变得虔诚。

崇祯信道是为了得到神灵保佑，改信天主教亦是如此。然而，后来的事实证明，天主教的诸神也如道教神灵一样，未能在冥冥中保护他的大明江山。

---

① 汤若望：德国人，神圣罗马帝国的耶稣会传教士，修士、神父、学者。

五、外政保守

明王朝一向注重发展对外贸易，郑和下西洋就是一个很好的例子。在明王朝鼎盛时期，每年都有很多番邦小国前来朝贡。可是随着明王朝的没落，到崇祯时期只剩下朝鲜、琉球与明王朝保持着密切的关系。这两个国家自明初就与明王朝保持良好关系，所以他们受到的礼遇也最优厚。其他国家的使节来贡，要按指定时间在京师会同馆①开市 3～5 日，唯独朝鲜、琉球不受限制，来即开市。

万历年间，日本经过长时间的诸侯战乱，终于出现了一个头领，那就是丰臣秀吉。他眼红中国的富饶，便把各路人马组织起来，对朝鲜发动战争，想以朝鲜半岛为跳板，进而入侵中国。但丰臣秀吉显然太高估自己的能力了。明廷两次派大军援朝抗倭，将日军驱逐出境，维护了朝鲜的独立。

努尔哈赤建立后金后，朝鲜一直坚定地与明王朝站在一起，为明王朝助兵助饷，牵制后金。一直到崇祯即位后，形势才发生急剧的变化。

崇祯即位第二个月，后金入侵朝鲜，朝鲜大败，被迫与后金订立"江都之盟"。皇太极要求朝鲜"不必仍事南朝（明朝），绝其交往，而我国为兄，贵国为弟。"另外，朝鲜还要每年向后金贡献数量巨大的"岁币"。朝鲜不甘居于这种屈辱地位，所以与后金的这种"兄弟关系"一直不和谐，暗中仍与明王朝保持着传统的宗藩关系。也正因为如此，朝鲜国王才遣使辗转来到，向崇祯报告后金出兵朝鲜之事。

当时崇祯刚刚即位，国力疲弱，朝中局势不稳，且以前数次对后金用兵也是胜少败多，所以对朝鲜的处境只能表示同情，不可能像万历时那样大举出兵相助。崇祯在回书中让朝鲜国王卧薪尝胆。

---

①　会同馆：元、明、清三朝接待藩属贡使的机构，专门接待外地或外邦来京公干人员居住。

崇祯九年（1636年），皇太极改后金为清，自称大清皇帝。因朝鲜不肯以属国的身份劝进，皇太再次发兵攻打朝鲜。明廷仍无力保护朝鲜，朝鲜不得不与大清签订城下之盟，改双方关系为君臣之义，朝鲜王世子赴沈阳做人质，奉大清为正朔，每年向大清贡纳数量巨大的金银财物。朝鲜君臣受此屈辱，而明王朝却没有任何援助的表示。于是，朝鲜就断绝了与明王朝的官方往来。

明中期以后，随着国力的衰落，西方殖民者陆续将明王朝的一些传统朝贡国占为殖民地，明王朝在海外的影响力大减，使臣在海上往来也变得危险起来。因此，前来明王朝朝贡的国家和地区迅速减少，明王朝对派使臣赴海外册封之事也变得消极起来。

崇祯即位不久，琉球请求崇祯"谕令该国领封，永著为令"。崇祯对此颇为重视，不顾何如宠等大臣的反对，仍坚持派官员亲往，命给事中杜三策、行人杨抢一同去琉球，成礼而还。

崇祯四年（1631年）七月，琉球遣使来京，贺册立皇太子。从一些史籍来看，自此以后琉球未再来入贡。

从上述内容可以看出，崇祯在对外政策上明显表现得比较保守，而这归根结底也是内忧外患接连不断，朝廷疲于应付的结果。

六、海禁伤贸

所谓海禁，就是禁止海外贸易，不仅私人海外贸易为非法，即使官方贸易也被严格限制在朝贡贸易的范围内，即通过外国来朝贡和明朝皇帝回赐所进行的物品交换。这种海禁政策还载于《大明律》中，成为"祖制"。明成祖朱棣在位时期对海禁有所放松，并出现了郑和下西洋的壮举，但并未明令将海禁废除。正德年间，葡萄牙人最先来到中国沿海，明朝的海禁进一步放松，允许外国海商到广东沿海一带进行贸易，并实行"抽分"，一般十抽二，是一种实物税。这也是明王朝在海关上有税收之始。此后海外贸易迅速发展，中国海商队伍也迅速扩大。

　　嘉靖二年（1523 年），宁波发生了两个日本朝贡使团"互争真伪"的"争贡之役"，两使团在中国境内大动干戈。嘉靖帝一怒之下，申严海禁，连传统的朝贡贸易也被禁止，遭到海商的激烈反对。旷日持久的所谓"嘉靖倭乱"，实际上大部分是中国海商发起的，真正的日本海寇是极少数。当时最大的"倭寇"头目王直就是徽州人。隆庆帝即位后，接受了"市通则寇转而为商，市禁则商转而为寇"的教训，于隆庆元年（1567 年）宣布部分开放海禁，允许中国海商在领得"由引"（许可证）后出海贸易。本来只开月港（位于福建漳州）一地，但受月港开放的影响，其他港口的海禁也大为松弛。这在中国海外贸易史及对外政策上都是一个重大事件。从此，私人海外贸易迅速发展，白银大量内流，东南沿海地区的商品经济有了长足进步，并最先在东南沿海地区出现了资本主义萌芽。

　　崇祯即位后，最关心的是国内的安定，对私人出海贸易之事不甚热心。崇祯元年（1628 年）三月，东南沿海的海寇活动猖獗传到他的耳中，似乎触动了他的神经，他立即下令禁止私人出海贸易，海禁顿严。当时私人海外贸易已有一定的规模，官府一纸命令是难以禁止的，不能公开出海，他们就通过各种办法偷偷出海。这样一来，海禁不仅没有禁绝私人出海贸易，反而使官府失去了许多税收。因此，这种政策不仅遭到海商和沿海百姓的反对，也遭到许多开明官僚的反对。一些大臣上疏请求开放海禁，崇祯同意开放福建一带的海禁。当时广东有一个相对有序的海外贸易环境，所以隆庆以后的海禁主要是针对福建沿海一带。

　　但这次开放海禁只延续了一年多时间，由于大海寇刘香老等骚扰浙闽沿海，崇祯又下令申严海禁。崇祯五年（1632 年）十一月，苏松巡按林栋隆上疏称："至通番之禁未严，或多漏网……今日久禁弛，大盗仍往来其中……当如嘉靖故事，复加禁约……"其时明王朝东有后金虎视眈眈，西有李自成等农民军，若东南海上再出现像"嘉靖倭患"那样的祸乱，全国就真的没有一片安静之地了。因此，崇祯对海寇问题十分敏感，又一次申严海禁，禁止福建沿海商民出海。

崇祯八年（1635 年）四月，刘香老被消灭，东南海上的寇患基本平息，请求开放海禁的呼声又渐渐高了起来。崇祯十一年（1638 年）一月，给事中傅元初上了一道奏疏，题为《请开洋禁疏》，其中说道："今军需孔亟，徒求之田亩，加派编户，此亦计之无如何也。"详述了开市可以增加军饷的理由，并可为福建沿海百姓开条生路。崇祯便又开放了福建海禁。

自此以后未见崇祯有申严海禁的诏令，也是因为此时明朝已到灭亡前夕，天下汹汹，无论颁发什么诏令都难以得到认真执行。但从上面也可以看出崇祯年间的海禁时松时紧，无疑不利于海外贸易的正常发展。

七、引西不坚

对于西方科技，崇祯一开始是持反对态度的，但因徐光启等人的坚持，他最终改变了看法。

首先是历法。崇祯四年（1631 年）四月的一天，夜里有月食，当时钦天监官员测日食不准，当食不食。日食在当时的人看来是一件很不吉利的事情，是上天示警。因此，日食的测定不仅是一个采用什么历法的技术性问题，更是一个事关国家大局的政治问题。徐光启推荐使用西洋历法推算日食、月食，果然无误。崇祯遂对西历产生好感。有些大臣见状建议废掉大统历，采用西历，由此激发了一场激烈的新旧历法之争。

崇祯心里很清楚西历比大统历精确，也想改用西历。但是，朝中大臣大都因循守旧，不想改变，尤其是西历为西方传教士所传入，更为他们提供了反对西历的口实。一番争论之后，崇祯最终屈服于保守势力。西历虽未得到推行，但也得到了一定程度的承认，李天经被提升为光禄寺卿。徐光启死后，李天经是研究西历最得力的一个人，崇祯对其极其重用，表明他内心对西历是信任的，只是没有果断推行的决心和勇气。

　　李天经也没有辜负崇祯的期望，与汤若望等传教士合作，制定了连英国著名科技史专家李约瑟也高度评价，被称为科学史上"不朽巨著"的《崇祯历书》。崇祯对汤若望等人慰劳有加，并颁诏加封汤若望为尚宝司①卿。一个西方传教士堂而皇之地登堂入室，再次引起了保守官僚的极力反对，崇祯大为生气，当场予以斥责。当时内忧外患不断，在崇祯看来，这时的天象已不仅仅是自然现象，更关系到王朝的安危和兴亡。

　　崇祯十六年（1643年）可谓多灾多难。年初，李自成建立了襄阳政权；五月，张献忠在武昌称"西王"；清军内犯近半年之久；七月，京师发生瘟疫……这一切都让崇祯感到是天象示变，于是想借改历来扭转天象。八月，他终于下定决心，颁诏实行新历，只是名称使用的是较容易为人们所接受的"大统历法"，但是不久就发生了"甲申之变"，明王朝灭亡，新历也未认真推行。倒是清军入关后推行了这套历法，也就是后来的"时宪历"，仍由汤若望主持此事。

　　其次是仿造西洋火器。自崇祯登基以来，明军在战场上接连失利，徐光启向崇祯上"复申练兵之说"，主要内容是引用西人，仿造西洋火器。其实，徐光启等人在天启年间便提出过这个主张，并派人到澳门购置了一批火铳加以仿造，但未得大用。西洋火炮既然能提高明军的战斗力，便被崇祯看成是挽救危亡的一根救命稻草，故命徐光启主持此事。

　　崇祯二年（1629年）后金兵内犯时，徐光启曾通过传教士告知澳门葡萄牙人，速运西洋火炮来京迎敌，并命兵仗局仿造。崇祯知道后非常高兴，令在冲要之处安置大炮御敌，但后金兵没有打到北京便退去，

_____

　　① 尚宝司：明朝官署名，命名于1367年，迁都北京后又名外尚宝司。尚宝司官位居于正五品，掌宝玺、符牌、印章。

这批火炮也没派上用场。后金军退后，崇祯命从澳门来的传教士和随从工匠留京听用，帮助中国工匠制造火器。但这件事进行得并不顺利。因为徐光启在造火器的同时，还招募 300 名洋兵帮忙，这在保守官僚看来，大大有损于天朝上国的尊严。尤其是西人的学说，更不容于中国的儒家传统，因此遭到保守官僚的激烈反对。崇祯的态度也随之发生了动摇。于是，徐光启派往澳门置办火器的姜云龙被革职回籍。陆若汉受徐光启委托，在澳门招募 300 名洋兵北上助明军作战，结果半路上被崇祯急令返澳。崇祯对西方科技摇摆不定的态度，使许多臣僚手足无措，也使先进的火炮难以在战场上发挥应有的作用。

崇祯年间，除了历法、火器知识影响较大以外，物理学、地理学、医药学、机械制造以及农业知识也不同程度地传入中国，但明廷成年累月地忙于战争，使这些知识没有得到有力的推广。

八、罪己欺下

在中国历史上，不少帝王都下过罪己诏，但像崇祯这样接连下罪己诏的皇帝却极为罕见。

崇祯八年（1635 年），在中原数省流窜奔袭多年的陕西农民起义军突然挥师南下，一举攻克了明王朝中都凤阳，并掘毁了凤阳皇陵，还放了一把火，熊熊大火和弥天烟雾持续了数日之久。

祖陵被毁，这可是坏龙脉的大事，崇祯极为悲痛，闻报后当场大哭，并马上下诏不居正殿，停乐减膳，以示哀悼。随后，朝廷匆忙调集各省精兵数万入中原会剿，剿灭农民暴乱军的战事在全国范围内拉开了帷幕。接着，一向孤傲自负的崇祯首次向天下臣民承认朝廷的政策失误及天下局势的险恶，颁布"罪己诏"：

朕以凉德，缵承大统，不期倚用非人，边虏三入，流寇七年，师徒暴露，黎庶颠连。国帑匮绌而征调未已。闾阎凋敝，而加派难停。中夜思惟，不胜愧愤。今调勃兵留新饷，立护元元，务在此举。

今年正月，复致上干皇陵。祖恫民仇，责实在朕。于是张兵措饷，勒限责成，伫望执讯歼渠，庶几上慰下对。又不期诸臣失算，再令溃决猖狂。甚至大军辱于小丑，兵民敢于无上。地方复遭蹂躏，生灵又罹汤火。痛心切齿，其何以堪！若不大加剿除，宇内何时休息！已再留多饷，今再调劲兵，立救元元，务在此举。

惟是行间文武，主客士卒，劳苦饥寒，深切朕念，念其风食露宿，朕不忍安卧深宫；念其饮冰食粗，朕不忍独享甘旨；念其披坚冒险，朕不忍独衣文绣。兹择十月三日避居武英殿，减膳撤乐，除典礼事，余以青衣从事，以示与我行间文武士卒甘苦相同之意，以寇平之日为止。文武官也各省察往过，淬励将来，上下交修，用回天意，总督总理，遍告行间，仰体朕心，共救民命。密约联络，合围大举，直捣中坚，力歼劲寇……

在这里，崇祯虽然将责任归于自己，但最终还是把原因归结为臣下不尽心用事。说实话，这道罪己诏除了"减膳撤乐"等装装样子的表示以外，并没有什么实质性的内容，对拯救明王朝没有丝毫作用。如果非要找出一点作用的话，那就是为崇祯挣点好名声。

崇祯十三年（1640年），全国发生大面积灾荒，各地官员纷纷向朝廷告急。据史料记载，当时中国北部的确发生了旱灾、蝗灾，且这时的明王朝已彻底腐败，加征不断，老百姓流离失所，大大加重了饥荒的严重程度。灾报如雪片一样飞来，使崇祯大为震动，为此特颁下一道谕旨，其中说道：

……天心仁爱，警示频仍。非政事之多失，即奸贪之纵肆，或刑狱之失平，抑豪右之侵虐。诸如此类，皆干天和。兹许文武人等直言无隐，悉陈利弊，以裨时政。

没过两天，崇祯又颁下一道谕旨："朕于三月三日始深居斋祷，大小臣工痛加修省。"为此，他还派大臣祭告天地。在这里，崇祯"深居斋祷"是给臣下看的，要"大小臣工痛加修省"才是其真正的目的。在他看来，不论政事多失还是奸贪纵肆，主要还是臣下不尽心所致。然而，崇祯和百官的"修省"似乎未能使上天回心转意，各地的饥荒日益严重。对此，崇祯没有从政策上去找原因，而认为是上天降灾。所以，他在崇祯十五年（1642 年）闰十一月再下"罪己诏"：

> 比者灾害频仍，干戈扰攘，兴思祸变，宵旰靡宁，实皆朕不德之所致也！罪在朕躬，勿敢自宽。自今日始，朕敬于宫中默告上帝，修省戴罪视事，务期歼胡平寇以赎罪戾。惟二祖旧制，每日朝毕，勋戚文武诸司奏事者，赴弘政门报名候召。

与上一次的"罪己诏"比较起来，这道诏书的语气显然重了许多。崇祯自称"实皆朕不德之所致"，并表示要"戴罪视事""以赎罪戾"。他以九五之尊公开向天下臣民认罪，着实令人感动，但到底应如何"回转天意"，他并没有拿出什么具体措施，只是"于宫中默告上帝"。这显然是不够的，当务之急是取消加征，让百姓回乡安于农事。但他却不肯松口，加征依旧。

崇祯十六年（1643 年）年初，李自成在襄阳建立大顺政权。二月起，京师瘟疫流行，死者无数。三月，左良玉部哗变。清军进犯达半年之久，四月才出塞。五月，张献忠部攻克武昌，建立"大西"政权，楚王被沉江。崇祯痛心疾首、欲哭无泪，于六月向天下官绅百姓第四次下"罪己诏"，谴责自己的失德和过失导致生灵涂炭、社稷遭殃，希望天下官民士绅能够振聋发聩、共赴国难，鼎立拯救危机重重、病入膏肓的明王朝。

崇祯十七年（1644 年）二月十三日，李自成农民军攻下山西重镇太原后，挥师直逼京师。崇祯见大势不好，于当天下了一道更加痛切的

"罪己诏":

朕嗣守鸿绪十有七年，深念上帝陟降之威，祖宗付托之重，宵旦兢惕，罔敢怠荒。乃者灾害频仍，胡寇并急，生民荼毒，靡有宁居……朕为民父母，不得而卵翼之；民为朕赤子，不得而襁褓之。坐令秦豫丘墟，江楚腥秽，贻羞宗社，致疚黔黎。罪非朕躬，谁任其责？所以使民罹锋镝，蹈水火，瑾量以挈，骸积成丘，皆朕之过也；使民输骀挽粟，居送行赍，加赋多无艺之征，预征有称贷之苦，又朕之过也；使民室如悬磬，田卒污莱，望烟火而无门，号冷风而绝命，又朕之过也；使民日月告凶，旱潦荐至，师旅所处，疫蔓为殃，上干天地之和，下丛室家之怨，又朕之过也。……己实不德，人则何尤……

战场上打了败仗，皇陵被毁，他下诏罪己；天不降雨，数省大旱，他也下诏罪己；李自成农民军兵临北京城下，他又想通过下"罪己诏"来激励臣下，以挽救危亡。但这只不过是他一厢情愿的梦想。

三月十九日，绝望无助的崇祯在袍服上写下人生中最后一份"罪己诏"后，自缢身亡。这份"罪己诏"中写道：

朕自登极十七年，逆贼直逼京师，虽朕薄德匪躬，上干天怒，致逆贼直逼京师，然皆诸臣之误朕也。朕死，无面目见祖宗于地下，自去冠冕，以发覆面，任贼分裂朕尸，勿伤百姓一人。

可以看出，崇祯在生命的最后时刻仍然认为是臣下亡国，主要责任不在自己身上。

总的来看，崇祯的几份"罪己诏"中不乏真诚的忏悔和自责，然而治国理政能力的欠缺及外在客观环境的险恶和复杂，使他终究无法挽救明王朝于危亡。

九、君非甚暗

李自成说崇祯"君非甚暗"，而更多的人则为崇祯身死国亡而惋惜。一个亡国之君为什么能赢得人们如此评价？概括起来主要有以下几点：

一是裁撤阉党。崇祯刚即位时，阉党权势熏天，令天下侧目。崇祯作为一个十七八岁的年轻皇帝，却从容不迫，步步为营，一举除去魏忠贤，并将其党羽几乎尽数拔除；然后钦定逆案，为蒙冤之人平反昭雪，使天下人心大快，臣民欣欣望治。

二是勤于政事。自明中期以后，皇帝大都怠政，正德帝今日出塞外，明日下苏杭，视政务为儿戏；嘉靖帝笃信道教，整日在宫中做斋醮；万历帝一连十几年不上朝理事；天启帝忙于斧斤之事，把国家政务尽委于魏忠贤。崇祯一反过去几代皇帝的怠政之风，日理平台，忧勤不怠。从这一点来看，崇祯很符合一个好皇帝的标准。加上他不好声色，所以不少人认为明王朝会由他中兴。

三是生活节俭。节俭是帝王难得的好品德，而崇祯的节俭是出了名的，一次在御座讲筵时他因"袖微损"而令讲官交口称赞。在他的约束下，后宫嫔妃也"常服布衣，茹素食，与先帝同尚节俭，一切女红纺织，皆身自为之"。直到崇祯十六年（1643 年）的时候，他还在坚持带头节约开支："先自朕躬始，若祀典丰洁，仍旧不敢议减外，朕久服浣濯之衣，此无可议。"

四是微宽藩禁。以前皇族不论亲疏，皆不得从事士、农、工、商四业，完全靠官府养活。明朝开国 200 多年来，皇族人口急剧增加，至明末已达数十万，养活这些人成了国家的一个沉重的经济负担。崇祯在位时允许宗党自谋职业，对这些人来说是一种解放，更为国家经济减轻了不少负担。

五是严控外戚。崇祯即位之初就严令外戚依仗权势横行乡里，鱼肉百姓。田贵妃的父亲田弘遇"恃宠横甚"，受到了崇祯严厉的责备；周皇后的亲戚陈文庄也因事被免职。

六是用人不拘一格。终明一朝，非进士出身而官至巡抚的，崇祯之前只有3人，而崇祯年间就有10人。兵部尚书陈新甲即属此例。另外，崇祯开创了阁臣非翰林而入文渊阁之先河。他还大开文武科举，并亲点第一个武状元。

七是解放文化专制。著名的科技著作《农政全书》① 和《天工开物》② 都成书于崇祯时期。崇祯还允许西方的一些科技著作在中国流传。他重用推崇西方科技的徐光启等人，并按照近代科学知识制定了《崇祯新历》，这个历法虽因明王朝灭亡而未实行，但它在中国科技史上仍占据重要地位。

当然，"君非甚暗"并非完全不"暗"。尽管崇祯口口声声说自己不是"亡国之君"，但明王朝的确是在他手里走向了末路，这是不可否认的事实。导致明王朝灭亡的原因有很多，但崇祯自身的问题不容忽视：

一是不知恤民。翻开崇祯时期的史书，我们会发现除了议兵外，议得最多的就是饷。明朝的赋税本就不少，可是崇祯先加辽饷，再加剿饷，之后居然还有练饷，加征额远远超过了正赋之额。地方官以刮饷为能，乘机中饱私囊，更加重了百姓的负担。有些稍有同情心的官员不忍心对百姓过于摧残，反因催征不力而被崇祯治罪。有的百姓因不堪重负而逃亡他乡，他们欠下的税居然让未逃的农户补交。自己的都完不成，怎么能再担重负？于是他们也只能跑了。这些人后来大部分都投入到农民军队伍之中，更增加了反抗朝廷的力量。

二是宠宦败疆。崇祯虽然在即位之初赐死魏忠贤，清除阉党，尽撤镇守太监，给了宦官势力一次沉重打击，但第二年他就重新起用宦官，

---

① 《农政全书》：徐光启著，书中记载了古代劳动人民积累了数千年的耕作经验。
② 《天工开物》：明代科学家宋应星所著，是世界上第一部关于农业和手工业生产的综合性著作，西方称之为"中国17世纪的工艺百科全书"。

而且变本加厉地用东厂特务刺探臣下，向各军事重镇派出大批宦官监军，使宦官几乎成了天下兵马的总监督。臣僚一反对他就撤，过一段时间再设，如此这般形同儿戏，不但进一步激化了外廷臣僚与宦官的矛盾，更加深了君臣之间的矛盾。这些宦官一旦大权在握，便趁机大肆搜刮；将领们也把这些监军宦官当成保护伞，虚报军情升官发财，如此一来，封疆也被极度败坏。

三是反复无常。这一点在崇祯对待宦官的态度上表现得淋漓尽致。还有就是对清的议和问题，陈新甲与清议和本来得到了他的允许和支持，后来事情外泄，他怕失了颜面，居然把责任尽推给陈新甲，结果将陈新甲处死。一个领导者应勇于为部下承担责任，才能激励部下诚心用事。而崇祯却恰恰相反，这实在是犯了领导者之大忌。这样做的结果就是臣下只求自保，不敢诚心用事，进一步发展下去就是上下离心，朝事尽坏而后止。加上崇祯不爱惜人才，为政察察，对内阁、九卿和督抚大臣动辄诛杀，更造成人人自危，终成孤立无援之主。

四是邀誉过甚。在中国古代帝王中，崇祯算得上是个邀誉高手，他在位17年，今日减膳，明天罪己，日理平台，给人以颇为爱民和励精图志有所作为的感觉。但是，别人下罪己诏后会采取一系列的措施来弥补过错，而他却只图虚名、不求实效。他以为做做样子，天下臣民就可以任由自己驱使，没想到他们被逼上绝路后竟揭竿而起，直捣龙廷。

崇祯登基的时候，朝中局势虽有好转，但从总体上看，明王朝已到了日落西山的境地，官吏腐败，灾害濒发，财政枯竭，内忧外患，局面难以挽回。而崇祯的志大才疏、急于求成无疑加速了明王朝的败亡，将奄奄一息的大明帝国推入了毁灭的深渊。